손태진
문법 원리

손태진

저는 서강대 대학원을 졸업했고, 학교 다닐 때에는 영어에 미쳐서 살았습니다.

영어를 너무 잘하고 싶어, 몇 개월간 한국말을 한 번도 하지 않은 적도 있습니다.

대학생활의 거의 대부분을 TIME와 CNN 그리고 영어 Debating을 하면서 말 그대로 영어의 바다에 빠져서 재미있게 보냈습니다. 그런 결과 대학교 2학년 때 토익과 토플이 만점이 나왔으며, 그 이후로 죽 25년간을 시험 영어만 연구하고, 강의하고 있습니다. 많은 책과 모의고사를 집필해서 누구보다 정확한 출제자의 시선을 가지고 있습니다. 지문의 어디에서 빈칸이 있을 것이며, 어디에서 어떤 문제를 출제할지를 정확히 볼 수 있습니다. 현재는 공단기(ST Unitas)에서 영어과 대표교수로 강의하고 있으며, 현강 인강 통틀어 부산 지역에서 가장 많은 학생들이 수강하고 있습니다. 평생을 영어를 연구하고 강의하는 데 시간을 쏟았으며, "영어 강의에서만은 대한민국 최고다"라는 자신감도 가지고 있습니다.

3년 전 딸이 중3이던 때부터 영어를 직접 가르치면서, 중, 고등부 학원에 관심을 가지게 되었습니다. 한 살이라도 어릴 때부터, 제대로, 체계적으로 강의를 하면, 엄청난 효과를 볼 수 있다는 것을 느꼈고, 전에 없던 보람을 찾게 되었습니다.

그래서, 손태진 영어학원을 개원하게 되었고, 더 좋은 학습 자료로 가르치고자 하는 소망에서 수능 관련 교재를 집필하게 되었습니다.

대표이력

현) 공단기 영어과 대표교수

전) 영단기 토익 대표강사

전) 파고다어학원 토익 대표강사

그 외 다수의 기업체 영어강의

수상경력

- 파고다 어학원 2004년 BEST TEACHER상

- 파고다 어학원 수강생이 뽑은 2015년 전국 최우수 강사상

저서

- 손태진 수능만점어휘(2026, 좋은땅)

- 손태진 문법 원리(2026, 좋은땅)

- 손태진 독해 원리(2026, 좋은땅)

- 손태진 수능만점구문(2026, 좋은땅)

- 손태진 수능만점독해(2026, 좋은땅)

- 뿌리 깊은 어원 영단어(2021, 혜지원)

- 손태진 공무원 영어 뽀개기: 문법(2021, 혜지원)

- 손태진 공무원 영어 뽀개기: 구문(2021, 혜지원)

- 손태진 공무원 영어 뽀개기: 독해(2021, 혜지원)

- 손태진 공무원 영어 실전동형 모의고사 1(2021, 하움)

손태진 지음

손태진 문법원리

시험에
출제되는
핵심문법 개념
총정리

다양한
연습문제부터
수능대비 실전
문제 수록

좋은땅

영어가 어려워서가 아니라
어디서부터 어떻게 공부해야 할지 몰라서
수많은 학생들이 영어 앞에서 멈춰 서고, 좌절감을 느낍니다.

이 책은 그런 학생들을 위해 만들었습니다.
영어 실력이 부족하다고 느끼는 학생,
아무리 공부해도 점수가 오르지 않는다고 느끼는 학생,
그리고 "나는 영어랑 안 맞는 것 같다"고 생각해 본 적이 있는 학생에게 분명히 말해 주고 싶습니다.

영어는 재능의 과목이 아닙니다.
방향의 과목입니다.

수능영어는 감각이나 센스가 아니라
문장을 읽는 법, 구조를 파악하는 법,
그리고 **문제를 풀 때 어떤 유형이고, 어디서 어떤 정보를 확인해야 하는지를 배우고 익히면** 누구나 잘할 수 있습니다.

이 책은
무작정 많이 풀게 하지 않습니다.
막연한 암기를 요구하지도 않습니다.
대신,
수능이 요구하는 사고의 순서와 문법, 독해의 원리를 하나씩 차분히 익히도록 설계되어 있습니다.

공부를 하다 보면 분명 이런 순간이 올 것입니다.
"왜 이렇게 더디지?"
"나는 안 되는 것 아닐까?"
그럴 때 기억해 주세요.
지금 느끼는 막막함은 실패의 신호가 아니라,
실력이 만들어지기 직전의 신호입니다.

수능영어는 어느 날 갑자기 오르지 않습니다.
하지만, 제대로 된 방향으로 쌓인 공부는
어느 순간 반드시 점수로 모습을 드러냅니다.
그 변화는 생각보다 조용하지만,
결코 우연은 아닙니다.

이 책을 끝까지 공부했다면
여러분은 더 이상
"영어 문법과 영어 지문이 무섭다"는 말을 하지 않게 될 것입니다.
완벽하지 않아도 괜찮습니다.
중요한 것은 **도망치지 않고 끝까지 읽어 낼 수 있는 힘**입니다.

수능영어라는 멀고도 힘든 길을
끝까지 함께 가겠습니다.
여러분의 영어에 분명한 방향이 생기기를.

손태진

1. 수능문법은 '문제 풀이 과목'이 아니다

많은 학생들이 수능문법을
'외워서 맞히는 문제',
혹은 '감으로 푸는 파트'라고 생각한다.
그러나 수능에서 문법은
규칙을 암기했느냐의 문제가 아니라,
문장을 정확히 읽어 낼 수 있느냐의 문제다.
수능문법 문제는
단순히 맞고 틀림을 묻는 것이 아니라

· 문장에서 **주어와 동사를 정확히 구분할 수 있는지**
· 수식 관계를 **끊어 읽을 수 있는지**
· 의미상 어색한 구조를 **논리적으로 판단할 수 있는지**를 묻는다.

즉, 수능문법은
독해를 가능하게 만드는 최소 조건이며,
영어 실력의 바닥을 단단히 다지는 핵심 영역이다.

2. 수능문법의 본질은 '형식'이 아니라 '구조'다

수능문법에서 중요한 것은
문법적인 용어나 법칙이 아니다.

· 분사구문이냐 아니냐보다 중요한 것은
→ **어떤 문장이 어떤 문장을 수식하는가**
· 가정법이냐 아니냐보다 중요한 것은
→ **시제와 의미가 왜 어긋나는가**
· 관계대명사의 종류보다 중요한 것은
→ **선행사가 무엇이고, 문장이 어디서 끝나는가**

수능문법은
문장을 **해체하고 다시 조립하는 연습**이다.
이 책은

문법을 '외워야 할 규칙'이 아니라
문장을 읽기 위한 도구로 이해하도록 구성되었다.

3. 수능문법은 '적게, 정확하게' 공부해야 한다

수능에 나오는 문법은
생각보다 많지 않다.
하지만 그 몇 가지 개념이
다양한 형태로 반복되어 등장한다.
따라서 문법 공부에서 중요한 것은

× 많은 문제 풀이
× 끝없는 개념 확장

이 아니라,

✓ 자주 출제되는 핵심 개념을 정확히 이해하고
✓ 틀리는 이유를 구조적으로 설명할 수 있게 되는 것

이다.
이 책은
수능에서 **실제로 쓰이는 문법만**을 선별하여
불필요한 설명을 줄이고,
문제에서 바로 적용할 수 있도록 정리하였다.

4. 수능문법은 독해 · 빈칸 · 순서 문제까지 연결된다

문법 문제는 문법 문제로만 끝나지 않는다.

· 문장 구조를 정확히 아는 학생은
→ 독해 속도가 빨라지고
· 구조가 보이는 학생은
→ 빈칸 추론의 근거를 찾을 수 있으며
· 문장 연결 원리를 아는 학생은
→ 순서 · 삽입 문제에서도 흔들리지 않는다

즉,

**문법을 제대로 공부한 학생은
독해 전 영역에서 이점을 가진다.**
이 책은
문법 개념을
독해·문제 유형과 연결해 이해할 수 있도록
설계된 수능형 문법서이다.

5. 이 책의 문법 학습 방향

이 책은 다음의 원칙을 따른다.

1. 수능에 실제로 출제되는 문법만 다룬다
2. 개념 → 문장 → 문제의 흐름을 유지한다
3. 모든 설명은 "왜 틀리는가", "어디서 헷갈리는가"에 초점을 둔다
4. 문법을 통해 영어를 읽는 눈을 키우는 것을 목표로 한다

이 책을 통해
문법 문제가 쉬워지는 것보다,
영어 문장이 덜 무서워지는 경험을 하게 되기를 바란다.

수험생에게 전하는 한 가지 당부

문법은 단기간에 점수를 올려 주지는 않는다.
하지만 문법을 바로잡는 순간,
영어 전체의 방향이 바뀐다.
조급해하지 말고,
하나의 문장을 정확히 이해하는 연습부터 시작하자.
**수능문법은
점수를 위한 공부이기 이전에,
영어를 끝까지 읽어 내기 위한 준비다.**
이 책이
그 준비의 기준이 되기를 바란다.

목차

1. 품사, 구와 절

1. 품사

품사란 단어를 문장에서 사용되는 뜻과 역할에 따라 나눈 것으로, 명사, 대명사, 동사, 형용사, 부사, 전치사, 접속사, 감탄사와 같이 8가지 품사가 있다.

1) 명사

사람, 동물, 사물의 이름을 나타내는 말이다.

Seoul, Tom, Korea, book, cat, water.

기능: 문장에서 주어, 목적어, 보어로 사용된다.

The **teacher** likes **novels**. 그 선생님은 소설을 좋아한다.

2) 대명사

명사를 대신하는 단어이다.

I, you, he, she, they, it, this.

기능: 문장에서 주어, 목적어, 보어로 사용된다.

I met some of my friends, and **they** told me the truth. 나는 몇몇의 친구를 만났고, 그리고 그들은 사실을 말했다.

3) 동사

사람, 동물, 사물의 동작이나 상태를 나타내는 말이다.

eat, study, read, run, like, have.

기능: 주어의 동작이나 상태를 설명해 주는 단어이다.

Jim **plays** soccer on weekends. Jim은 주말에 축구를 한다.

Laura **is** kind. Laura는 친절하다.

4) 형용사

명사를 수식하거나 명사의 상태나 성질을 설명해 주는 말이다.

beautiful, good, new, happy, sad.

기능: 명사를 수식하거나 보어로 사용된다.

Laura is **beautiful** girl. Laura는 아름다운 소녀이다.

She is **kind**. 그녀는 친절하다.

5) 부사

동사, 형용사, 다른 부사, 또는 문장 전체를 수식하는 말이다.

very, slowly, always, easily, hard.

기능: 수식어로 쓰인다.

Steve works **hard**. Steve는 열심히 일한다.

Laura is **very** kind. Laura는 매우 열심히 일한다.

Fortunately, I found the solution. 다행히, 나는 해결책을 찾았다.

6) 전치사

명사 또는 대명사 앞에 놓여서 시간, 장소, 방향, 목적 등을 나타내는 말이다.

기능: 연결어로 쓰인다.

at, in, on, by, until….

I get up **at** 7:00 a.m. 나는 7시에 일어난다.

I live **in** Busan. 나는 부산에 산다.

7) 접속사

단어와 단어, 구와 구, 절과 절을 연결해 주는 단어이다.

and, but, or, when, because, although.

기능: 연결어로 쓰인다.

Please call me **before** you leave. 떠나기 전에 전화 주세요.

8) 감탄사

기쁨, 놀람, 슬픔 등의 여러 가지 감정을 나타내는 말이다.

Oh, Oops, Bravo….

2. 구와 절

1) 구

두 개 이상의 단어가 모여 문장의 일부로 사용되지만, 주어+동사를 포함하지 않는 것이다. 한마디로 여러 개의 단어가 모인 덩어리 표현이라고 보면 된다.

(1) 구의 종류

① 명사구

To get up early in the morning 아침에 일찍 일어나는 것

② 형용사구

the book **on the desk** 책상 위에 있는 책

③ 부사구

Steve sleeps **on the bed**. Steve는 침대에서 잔다.

2) 절

두 개 이상의 단어가 모여 주어+동사를 포함하는 것이다. 구와의 차이는 둘 다 두 단어 이상으로 구성되지만, 절은
주어+동사의 문장 형식을 갖추는 것이다.

(1) 절의 종류

① 명사절

What you said is not true. 당신이 말한 것은 사실이 아니다.

② 형용사절

I like the girl **who lives next door**. 나는 옆집에 사는 소녀를 좋아한다.

③ 부사절

I will lend you some money **if you pay me back tomorrow**.
만약 내일까지 갚아 주시면, 약간의 돈을 빌려드릴게요.

3. 문장의 구성

1) 문장의 4요소

영어 문장은 4가지 주요소(뼈대)로 구성이 된다. 나머지는 이러한 주요소를 수식하는 수식어(형용사와 부사)와 연
결어(전치사와 접속사)이다. 문장의 형식을 따지고 구조를 분석할 때에는 이러한 주요소만을 고려한다.

(1) 주어(Subject)

동작이나 상태의 주체가 되는 말이다.

(2) 동사(Verb)

주어의 동작이나 상태를 설명해 주는 말이다.

(3) 목적어(Object)

주어가 어떤 동작을 할 때, 그 동작의 대상이 되는 말이다.

(4) 보어(Complement)

동사가 불완전해서 주어나 목적어의 보충설명(형용사/명사)해 주는 말이다.

4. 문장의 구성방식(동사에 의해서 그 뒤가 결정)

영어 문장은 동사의 종류에 따라서 5가지 형식으로 나누어진다.

1) 1형식(완전자동사)

주어와 동사만으로 구성되는 문장이다.

Tom **arrived** (early). Tom은 일찍 일어난다.

2) 2형식(불완전자동사)

동사가 불완전해서, 그 자체만으로는 의미를 완전히 전달할 수 없어서 보어가 필요한 문장이다.

Tom **became**+보어

　　　　+depressed. (형용사보어 '~하게') Tom은 우울하게 되었다.

　　　　+a teacher. (명사보어 '~가') Tom은 선생님이 되었다.

3) 3형식(완전타동사)

완전타동사로 뒤에 반드시 목적어가 수반되어야 한다.

Tom **bought**+목적어

　　　　+a book. Tom은 책 한 권을 구매했다.

4) 4형식(수여동사)

수여동사는 목적어를 두 개 데리고 다니는데, '~에게'라는 간접목적어와 '~을/를'이라는 직접목적어를 수반한다.

Tom **gave**+목적어(~에게)+목적어(~을)

　　　　+the man+a book. Tom은 그 남자에게 책을 주었다.

5) 5형식(불완전타동사)

5형식 동사는 불완전타동사로 뒤에 목적어가 있어야 하고, 동사가 불완전하므로 목적어를 보충설명해 주는 목적격 보어까지 나와야 한다. 공무원시험 최빈출구문이다.

Tome **made**+목적어+보어

+the house+beautiful. Tome은 그 집을 아름답게 만들었다.

5. 문장의 확장

1) 문장의 기본구성

S+V
명령문을 제외한 모든 문장은 무조건 주어와 동사의 기본구성을 갖추어야 한다.

2) 문장의 확장

동사의 종류에 따라서 타동사는 뒤에 목적어를 수반하고, 불완전동사는 뒤에 보어를 수반한다. 이를 종류별로 나누면 모든 문장은 5가지 형식으로 구분된다.

① 1형식: S+V
② 2형식: S+V+C
③ 3형식: S+V+O
④ 4형식: S+V+IO+DO
⑤ 5형식: S+V+O+C

3) 수식어 확장

주어, 동사, 목적어, 보어가 문장의 주요소, 즉 뼈대를 구성하고. 이들을 꾸며 주는 수식어에 의해서 문장의 의미가 더 구체적으로 될 수 있다. 수식어에는 형용사와 부사가 있다.

기본문장: The man gave the girl a book. 그 남자는 그 소녀에게 책 한 권을 주었다.

수식어확장: The nice man living next door kindly gave the girl wearing a blue jacket a book released the day before yesterday. 옆집에 사는 그 친절한 남자는 파란 자켓을 입고 있는 소녀에게 엊그제 출시된 책 한 권을 친절하게 주었다.

① **형용사**: 형용사+명사+형용사구(절)
② **부사**: 동사, 형용사(분사), 부사, 문장 수식

4) 연결어 확장

영어문자에는 연결해 주는 기능을 하는 게, 크게 두 가지가 있는데, 단어와 단어를 연결해 주는 것이 전치사이고, 문장과 문장을 연결해 주는 것이 접속사이다. 문장은 이러한 연결어에 의해서 더 길어질 수 있다.

① **전치사+**명사
② **접속사+**주어+동사

Breaking news reported that the storm severely damaged the home of residents in the state of San Francisco.

Breaking news reported (that) the storm severely damaged the home (of) residents (in) the state (of) San Francisco.
해석 충격적인 뉴스는 그 태풍이 San Francisco 주민들의 주택에 심각하게 손상을 끼쳤다고 보도했다.
해설 that은 reported라는 동사의 목적어로 사용되는 명사절 접속사이고 of, in, of는 그 뒤에 나오는 명사를 연결해 주는 전치사이다.

6. 끊어 읽기 방법

영어 공부를 본격적으로 시작하기 전에, 문장을 끊어 읽는 방법을 알고 시작하면, 앞으로의 학습에 도움이 된다. 끊어 읽기는 절대적인 원칙이 아니므로, 한눈에 문장이 파악이 되면, 굳이 끊어 읽지 않아도 된다.

1) 주어/동사/목적어/보어 끊는다.

2) 동사는 의미가 미치는 곳까지 끊는다.

불완전동사이면 보어까지, 타동사이면 목적어까지, 그리고 불완전타동사이면 목적어와 보어까지 한번에 묶어서 끊어 읽는다.

(1) 1형식

The workers/worked diligently/throughout the day.
그 직원들은/근면하게 일했다/하루 종일

(2) 2형식

New products/are becoming to profitable/in many countries.

새로운 제품들이/수익성이 나고 있다/많은 나라에서

(3) 3형식

Prime Electronics/has developed a system/in cooperation with Star Software.
Prime Electronics는/시스템을 개발했다/Star Software와 협력해서

(4) 4형식

The company/offers their clients various solutions/through subscriptions.
그 회사는/고객들에게 다양한 해결책을 제공한다/정기구독을 통해서

(5) 5형식

Joe/finds it helpful/to ask her colleagues/for suggestions.
Joe는/도움이 된다는 것을 알게 되었다/동료들에게 문의하는 것이/제안을 얻기 위해서

3) 준동사 앞에서 끊는다. (준동사 뒤에는 그 준동사가 의미가 미치는 곳까지 끊는다.)

영어에는 부정사, 동명사, 분사라는 준동사가 있는데, 이러한 준동사 앞에는 끊는다. 그리고 준동사 뒤로는, 준동사 역시 동사의 성격을 가지므로 그 준동사의 의미가 미치는 곳까지 끊어 읽는다.

Certain applications and software programs/require the use/to upgrade their operating system/to the latest version.
특정한 앱과 소프트웨어 프로그램들은/사용자들에게 요구한다/그들의 운영시스템을 업그레이드할 것을/최신의 버전으로

4) 수식어는 괄호로 묶는다.

형용사, 부사, 전명구(전치사+명사), 부사절(접속사+주어+동사) 등은 수식해 주는 기능을 하는 것이므로 괄호로 묶어서 처리한다.

5) 연결어(접/전/관) 앞에 끊는다.

접속사, 전치사, 관계대명사는 모두 연결하는 기능을 하는 것이므로 그 앞에서 끊어 읽는다.

6) 한번에 읽을 수 있는 것은 굳이 끊지 않는다. (실력이 늘수록 늘어난다.)

처음에는 위에서 언급한 끊어 읽기 원칙을 지키면서 문장을 독해하다가 실력이 붙어서 한눈에 보이는 단어의 수가 늘어나면, 굳이 끊어 읽지 않아도 된다.

1. The new Italian restaurant that opened last week was formerly a German bakery.

2. Meteorologist Karl Marks has studied how the climate has changed significantly over the last three decades.

3. Despite the difficulties he has faced in managing the company, Mr. Park remains the number one CEO nation-wide.

정답 및 해설

1. The new Italian restaurant/that opened last week/was formerly a German bakery.
그 새로운 레스토랑은/지난주에 오픈한/이전의 독일 빵집이었다.

2. Meteorologist Karl Marks has studied/how the climate has changed significantly/over the last three decades.
기상학자인 Karl Marks은 조사했다/어떻게 기후가 현저히 변해 왔는지를/지난 30년 동안에 걸쳐서

3. Despite the difficulties/he has faced/in managing the company,/Mr. Park remains/the number one CEO na-tionwide.
어려움에도 불구하고/그가 직면했던/회사를 운영하는 데 있어서/Gatersman 씨는 남아 있다/전국적으로 최고의 경영자로

1. 다음 중 어법상 적절한 것을 고르시오.

1. It is important [ensure/to ensure] the money is safe.
2. His [go/going] with us is out of question.
3. The Sahara was once an expanse of grassland [supported/supporting] the kind of animal life associated with the African plants.
4. Other types of organism like molds and fungi could also [present/be present].
5. There [is/are] some students who study abroad to lean a foreign language.

2. 틀린 부분을 바르게 고치시오.

6. When diving, it is important following the safety regulations.
7. The service center guarantees that a vehicle will available in a week.
8. The doctor believes it luck that her patient was not seriously injured in the car accident.
9. Visit the island is a favorite activity for many families.
10. The large earthquake left many homes in the region destroy.

1. 다음 밑줄 친 부분 중 어법상 옳지 않은 것은?

The earliest government food service programs ① <u>began</u> around 1900 in Europe. Programs in the United States ② <u>dating</u> from the Great Depression, ③ <u>when</u> the need to use surplus agricultural commodities was joined to concern for feeding the children of poor families.
During and after World War II, the explosion in ④ <u>the number</u> of working women fueled the need for a broader program. What was once a function of the family-providing lunch-was shifted to the school food service system.

2. 다음 밑줄 친 부분 중 어법상 옳지 않은 것은?

In the nineteenth century, the most respected health and medical experts all insisted that diseases ① <u>were caused</u> by "miasma," a fancy term for bad air. Western society's system of health ② <u>was based on</u> this assumption: to prevent diseases, windows were kept open or closed, depending on whether there was more miasma inside or outside the room; ③ <u>it believed that</u> doctors could not pass along disease because gentlemen did not inhabit quarters with bad air. Then the idea of germs came along. One day, everyone believed that bad air makes you sick. Then, almost overnight, people started realizing there were invisible things called microbes and bacteria that ④ <u>were</u> the real cause of diseases.

3. 어법상 옳은 것은?

① The poor woman couldn't afford to get a smartphone.
② I am used to get up early in the morning.
③ The number of fires that occur in the city are growing every year.
④ Bill supposes that Mary is married, isn't he?

4. 다음 글의 밑줄 친 부분 중, 어법상 틀린 것은?

Pre-emption means that a strategy is designed to prevent a rival from starting some particular activity. In some case a pre-emptive move may simply be an announcement of some intent ① <u>that</u> might discourage rivals from doing the same. The idea of pre-emption implies that timing is sometimes very important — a decision or an action at one point in time might be much more rewarding than ② <u>doing</u> it at a different time point. Pre-emption may involve up-weighting advertising for a period before and during ③ <u>when</u> a new entrant launches into a market. The intent is to make it more difficult for the new entrant's advertising to make an impression on potential buyers. Product proliferation is another potential pre-emption strategy. The general idea is to launch a large variety of product variants so that there is very little in the way of market demand that ④ <u>are</u> not accommodated. Arguably, if a market is already filled with product variants it is more difficult for competitors to find ⑤ <u>untapped</u> pockets of market demand.

* pre-emption : 선매 행위
** proliferation : 확산

5. 다음 글의 밑줄 친 부분 중, 문맥상 낱말의 쓰임이 적절하지 않은 것은?

Countershading is the process of optical flattening that provides camouflage to animals. When sunlight illuminates an object from above, the object will be brightest on top. The color of the object will gradually shade darker toward the ① <u>bottom</u>. This shading gives the object ② <u>depth</u> and allows the viewer to distinguish its shape. Thus even if an animal is exactly, but uniformly, the same color as the substrate, it will be easily ③ <u>visible</u> when illuminated. Most animals, however, are darker above than they are below. When they are illuminated from above, the darker back is lightened and the lighter belly is shaded. The animal thus appears to be a ④ <u>single</u> color and easily blends in with the substrate. This pattern of coloration, or countershading, ⑤ <u>reinforces</u> the visual impression of shape in the organism. It allows the animal to blend in with its background.

* camouflage: 위장

** substrate: 밑바탕, 기질(SS)

1. 다음 중 어법상 적절한 것을 고르시오.

1. 정답 to ensure

(해석)

그 돈이 안전하다는 것을 보장하는 것이 중요하다.

(해설)

가주어 It이 사용되고 있으므로 뒤에는 진주어로 to R가 와야 한다.

2. 정답 going

(해석)

그가 우리와 같이 가는 것은 틀림없다.

(해설)

본동사가 is이므로 빈칸에는 또 다른 동사가 사용될 수 없다. 동명사가 문장의 주어로 사용될 수 있으므로 going이 정답이다. 그리고 동명사의 의미상의 주어는 소유격이 맞는 표현이다.

3. 정답 supporting

(해석)

사하라 사막은 한때 아프리카 평원과 관련된 동물의 삶을 지탱하는 목초지였다.

(해설)

was라는 본동사가 앞에 제시되어 있으므로 빈칸에는 동사형이 아닌 분사형이 와야 한다. 그리고 뒤에 the kind of animal life라는 의미상 목적어를 수반하고 있으므로 현재분사형이 정답이 된다.

4. 정답 be present

(해석)

곰팡이와 균류와 같은 다른 종류의 유기체가 또한 존재할 수 있다.

(해설)

present는 동사와 형용사 둘 다 가능하다. 동사일 때에는 '제시하다'라는 의미이고, 형용사일 때에는 '출석한, 존재하는'의 의미이다. 문맥상 '존재하는'의 의미가 맞으므로 형용사를 사용해야 하고, 형용사는 단독으로 사용할 수 없고 그 앞에 be동사가 있어야 하므로 be present가 정답이다.

(어휘)

mold 곰팡이, fungi 균류

5. 정답 are

(해석)

외국어를 공부하기 위해서 유학을 가는 학생들이 있다.

(해설)

there는 유도부사로 그 뒤에 주어와 동사가 도치되어 나온다. 이때 주의해야 하는 것은 주어와 동사의 수의 일치이다. 이 문장에서 주어가 some students로 복수형이 제시되어 있으므로 정답은 are이 된다.

2. 틀린 부분을 바르게 고치시오.

6. 정답 following → to follow

(해석)

운전할 때에는 안전 규정을 따르는 것이 중요하다.

(해설)

가주어 it이 주어로 사용되고 있으므로 뒤에는 진주어로 to R가 사용되어야 한다.

7. 정답 will available → will be available

(해석)

그 서비스 센터는 자동차가 1주일 이내에 이용 가능할 수 있다고 보장한다.

available은 형용사로 단독으로 사용될 수 없다. 반드시 그 앞에 be동사가 와야 한다.

8. 정답 luck → lucky

그 의사는 그녀의 환자가 자동차 사고로 심각하게 부상을 입지 않을 것을 다행으로 믿는다.

believe는 5형식 동사이고 it이 가목적어이고 that 이하가 진목적어이다. it 뒤에는 목적보어로 형용사형이 필요하므로 명사형인 luck을 lucky로 바꾸어야 한다.

9. 정답 visit → visiting

그 섬을 방문하는 것은 많은 가족들이 좋아하는 활동이다.

문장의 주어가 is로 제시되어 있으므로 visit은 주어 자리가 되어야 한다. 동명사는 주어 자리에 사용이 가능하므로 visiting으로 바꾸어야 한다.

10. 정답 destroyed

그 커다란 지진은 그 지역의 많은 가정을 파괴시켰다.

이 문장에서 left는 5형식 동사로 사용되고 있고, many homes가 목적어이고 destroy는 목적보어 자리이므로 분사형으로 바꾸어야 한다. 집들은 파괴되는 것이므로 과거분사형이 적절하다.

1. 정답 ②

해석

가장 초기의 정부의 음식 서비스 프로그램은 1900년대쯤 유럽에서 시작했다. 미국의 프로그램은 잉여 농산물 활용의 필요성이 빈곤 가정의 아이들에게 식량을 제공하기 위한 관심과 맞물린 대공황으로부터 시작되었다. 2차 세계대전 당시와 그 후에는 일하는 여성의 폭발적 증가가 광범위한 프로그램의 필요성에 불을 붙였다. 한때 가정의 기능이었던 것이 — 점심을 제공하는 것 — 학교 급식으로 변경되었다.

해설

② Programs in the United States ② dating from the Great Depression에서 문장의 동사가 없으므로 dating을 동사형인 date로 바꾸어야 한다. date from '~부터 시작되다'

① 1900년도가 과거이므로 시제가 맞다. 그리고 begin은 자동사이므로 태 역시 맞다.

③ 앞에 the Great Depression(대공황)이라는 시간이 선행사로 제시되어 있고, 뒤의 문장이 완전한 구조이므로 관계부사 when을 사용하는 것은 맞다.

④ number는 앞에 the가 붙으면 '수'를 나타내는데, 문맥상으로 '여성이 수'이므로 맞는 표현이다.

2. 정답 ③

해석

19세기에 가장 존경받는 건강 의학 전문가들 모두는 질병이 '독기'에서 야기된다고 주장했는데, 이것은 나쁜 공기를 뜻하는 고급 용어였다. 서양 사회의 보건 체계는 이러한 가정을 근거로 한다. 질병을 예방하기 위해서, 방 안이나 밖에 독기가 더 있는지 아닌지에 따라 창문은 열리거나 닫힌 상태로 유지되었다. 귀족들은 나쁜 공기가 있는 방에 거주하지 않기 때문에 의사는 질병을 옮길 수 없다고 여겨졌다. 그런 다음 세균에 대한 개념이 생겨났다. 어느 날 모든 사람들은 나쁜 공기가 사람들을 아프게 한다고 믿었다. 그다음 거의 하룻밤 사이에 사람들이 진짜 질병을 유발하는 미생물과 박테리아라고 불리는 보이지 않는 무언가가 있다고 깨닫기 시작했다.

해설

③ 가주어 it이 주어이고 that절 이하가 진주어이다. 이때 명사절 'that+주어+동사'가 원래 주어 자리에 있었다고 생각하면, that 이하가 믿는 게 아니고 믿기는 것이므로 수동태가 되어야 한다. 따라서 'it was believed that ~' 형태가 되어야 한다.

① 주절 동사가 insisted라는 동사가 사용되었지만, '~해야 한다는' 의미가 아니라 과거의 사실을 주장하는 경우에는 동사원형이 아닌 과거시제를 사용한다.
'질병이 유발되는 것'이므로 수동태도 맞는 표현이다.

② be based 뒤에는 전치사가 in이나 on이 나올 수 있는데, be based in은 '본사가 -에 있는'의 의미이고, be based on은 '~에 근거로 한'의 의미이다. 따라서 맞게 잘 사용했다.

④ 관계절의 동사의 수는 선행사에 따라서 결정이 된다. 주격관계대명사 that의 선행사는 microbes and bacteria으로 복수명사이므로 동사의 수 역시 맞는 표현이다.

3. 정답 ①

해석

① 그 가난한 여자는 스마트폰을 구입할 여력이 안 된다.
② 나는 매일 아침 일찍 일어나는 것에 익숙하다.
③ 도시에서 발생하는 화재의 수가 매년 증가하고 있다.
④ Bill은 Mary가 기혼자라고 생각한다, 그렇지 않아?

해설

① 'afford to R'은 '~할 여력, 여유가 있다'라는 표현으로 제대로 사용했다.

② '~하는 데 익숙하다'라는 표현으로는 'be used to -ing'가 사용되어야 한다. 따라서 get을 getting으로 바꾸어야 한다.

③ 문장의 주어가 the number으로 '수'를 나타내므로 동사는 단수가 되어야 한다. 따라서 are을 is로 바꾸어야 한다.

④ 부가의문문을 만들 때에는 앞에 제시된 문장의 동사에 같은 종류를 사용한다. 앞에 동사가 일반동사인 경우 대동사인 do동사를 사용해서 부가의문문을 만든다. 앞에 동사가 supposes이므로 doesn't he가 되어야 한다.

4. 정답 ④

해석

선매 행위는 어떤 전략이 경쟁자로 하여금 어떤 특정한 활동을 시작하는 것을 방지하기 위해 만들어진다는 것을 의미한다. 어떤 경우에는 선제적 조치는 단순히 경쟁자들이 같은 행동을 하는 것을 단념시킬 수 있는 어떤 의도의 공표일 수도 있다. 선매 행위 개념은 때로 타이밍이 매우 중요하다는 것을 암시하는데, 즉 어떤 시점의 결정이나 조치는 다른 시점에 그것을 하는 것보다 훨씬 더 득이 될 수 있다. 선매 행위는 새로운 진입자가 시장에 진출하기 이전과 진출해 있는 동안에 광고의 가중치를 높이는 것을 포함할 수 있다. 그 취지는 신규 진입자의 광고가 잠재적 구매자들에게 인상을 남기는 것을 더 어렵게 만드는 것이다. 제품 확산은 또 다른 잠재적인 선매 행위 전략이다. 일반적인 아이디어는 수용되지 않는 시장 수요의 방식이 거의 없도록 다양한 제품 변형을 출시하는 것이다. 거의 틀림없이. 만약 시장이 제품 변형으로 이미 채워져 있다면 경쟁자들은 아직 점유되지 않은 시장 수요 주머니를 찾기가 더 어렵다.

해설

① that은 an announcement of some intent를 선 행사로 하고, 동사 might discourage의 주어 역할을 하는 관계대명사로 올바르게 쓰였다.
② 비교 대상은 일치해야 한다. doing은 than 뒤에서 앞의 명사구 a decision or an action과 비교되고 있는 동명사로 올바르게 쓰였다. than절의 생략된 부분을 완전한 형태로 바꿔 보면 than doing it at a different time point is rewarding이다.
③ when은 전치사 'before and during'의 목적어 역할을 하는 명사절을 이끄는 접속사로 올바르게 쓰였다.
④ 관계대명사의 수는 선행사와 일치해야 한다. 관계대명사 that의 선행사는 단수명사 'the way of market demand'

이므로 복수동사 'are'를 단수동사 'is'로 고쳐야 한다.
⑤ untapped는 명사 pockets을 수식하고, '점유되지 않은'의 수동의 의미를 지니고 있는 과거분사로 바르게 쓰였다.

어휘

at one point in time 어떤 시점에서 rewarding 이득이 되는, 수익이 많이 나는, 보람된 up-weight 가중치를 높이다 launch into ~에 진출하다 entrant 신규 진입자 potential 잠재적인 variant 변형 accommodate ~을 수용하다 arguably 거의 틀림없이 untapped 이용되지 않은, 미개발의

5. 정답 ⑤

해석

카운터셰이딩(명암 역위형 보호색)은 동물에게 위장을 제공하는 시각적으로 평평하게 하는 과정이다. 햇빛이 물체를 위에서 비출 때, 그 물체는 맨 위에서 가장 밝을 것이다. 물체의 색깔은 ① 맨 아래로 향할수록 점차 더 어두운색으로 음영이 생기게 될 것이다. 이러한 음영은 물체에 ② 농도를 주고 보는 사람이 그것의 모양을 식별하게 해 준다. 따라서 비록 동물들이 밑바탕과 정확하지만 균일하게 같은 색일지라도 빛이 비춰질 때 쉽게 ③ 눈에 띌 것이다. 그러나 대부분의 동물은 아랫부분보다 윗부분이 더 어둡다. 그들이 위에서 빛을 받을 때, 더 어두운 등은 밝아지고 더 밝은 복부는 음영이 생긴다. 따라서 동물은 ④ 하나의 색처럼 보이고 밑바탕과 쉽게 섞인다. 이러한 형태의 배색 즉, 카운터셰이딩은 생물체의 모양의 시각적 인상을 ⑤ 강화한다(→ 파괴한다). 그것은 동물이 그것의 배경과 섞이게 해 준다.

해설

동물에게 위장을 제공하는 카운터셰이딩을 설명하는 글로, 일반적으로 햇빛이 물체를 위에서 비출 때 맨 위가 가장 밝고, 맨 아래가 가장 어두워져 음영이 생기게 되고, 이로 인해 물체에 농도를 주고 그것의 모양을 식별하게 해 준다. 그런데 대부분의 동물은 아랫부분보다는 윗부분이 더 어둡고, 위에서 빛을 받게 되면 어두운 등은 밝아지고 밝은 아래 복부는 어두워지게 된다. 이런 형태의 배색, 즉 카운터셰이딩은 생물체의 시각적 인

상을 파괴하게 되어 그 배경과 섞이게 해 준다는 내용
이다. 따라서 카운터셰이딩은 생물체 모양의 시각적 인
상을 강화하는 것이 아니라 파괴한다고 해야 하므로 ⑤
'reinforces(강화하다)'를 'destroys(파괴하다)' 등의 어휘
로 바꿔야 한다.

(어휘)

countershading 카운터셰이딩(명암 역위형 보호색) —
몸체가 햇빛에 노출된 부분은 어두운색, 그늘진 부분
은 밝은색이 되는 현상(은폐하는 데 도움이 됨) optical
시각적인 flatten 납작하게 만들다 illuminate 비추다
depth 농도 blend in with 섞이다 coloration 착색, 배색
impression 인상

2. 명사와 관사

1. 명사

1) 명사와 관사

명사는 사람이나 사물의 이름을 나타내는 말이다. 명사는 문장에서 주어, 목적어, 보어와 같이 문장의 주요소에서 사용이 된다.

그리고 관사는 명사 앞에 쓰여서 명사의 의미를 한정해 주는 말이다.

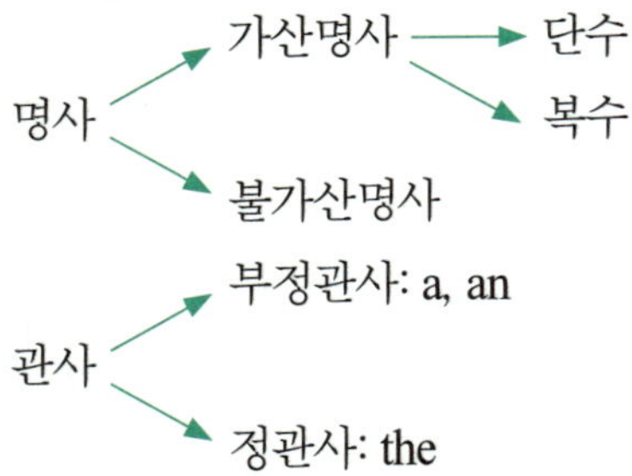

2) 명사의 복수형

가산명사에는 단수 명사와 복수 명사가 있는데, 단수 명사는 명사가 오직 하나임을 나타내고, 복수 명사는 명사가 둘 이상 있음을 나타낸다. 복수 명사는 주로 단수 명사에 (e)를 붙여서 만든다.

대부분의 명사	명사+s	books, chairs, cars, maps
s, ss, ch, sh, x, o로 끝나는 명사	명사+es	buses, classes, watches, boxes
자음+y로 끝나는 명사	y를 없애고+ies	baby-babies, lady-ladies
f, fe로 끝나는 명사	f, fe를 없애고+ves	leaf-leaves, knife-knives
불규칙 변화	man-men, woman-women, child-children tooth-teeth, foot-feet, mouse-mice	

3) 가산명사와 불가산명사

명사는 문법적으로 크게 셀 수 있는 가산명사와 셀 수 없는 불가산명사로 구분이 된다.

(1) 가산명사[보통명사, 집합명사]

셀 수 있는 명사로, 하나(단수)인지 여러 개(복수)인지를 반드시 표시해 주어야 한다. 단수일 때에는 명사 앞에 관사 a/an을 쓰고, 복수일 때에는 명사 뒤에 (e)s를 꼭 붙어야 한다.

I bought a book. 나는 책 한 권을 구입했다.

He has two cars. 그는 차를 두 대 가지고 있다.

(2) 불가산명사[물질명사, 추상명사, 고유명사]

셀 수 없는 명사로 명사 앞에 관사 a/an을 쓰거나, 뒤에 (e)s를 붙일 수 없다.

Mike has homework to do. Mike는 해야 할 숙제가 있다.

Jane got advice from his teacher. Jane은 그의 선생님으로부터 조언을 얻었다.

(3) 불가산명사의 종류

일정한 모양이 없는 명사(물질명사)	water, sugar, coffee, food, milk, salt, butter, air, paper
추상적인 개념의 명사(추상명사)	beauty, love, peace, friendship, happiness
사람이나 사물의 고유한 이름을 나타내는 명사(고유명사)	Mike, Laura, Korea, London, Busan

4) 집합명사

집합적인 의미를 나타내는 명사를 집합명사라고 하는데, 집합명사도 가산명사이고, 지칭하는 대상에 따라서 단수, 복수로 표현할 수 있다.

(1) family형

해석에 따라 단수 혹은 복수 취급한다.

구성원 전체를 **하나의 집단**으로 여길 때에는 **단수 취급**하고, **집단의 각 구성원들을 강조**할 때에는 **복수 취급**한다.

> family(가족), staff(직원), team(팀), committee(위원회), audience(관객)

My family is large one. 우리 가족은 대가족이다.

My family are all well. 우리 가족들은 모두 잘 지낸다.

(2) the police형

항상 복수 취급한다.

항상 정관사가 항상 붙는 명사로, 주로 계층이나 전문직업과 관련이 있다.

> the police(경찰), the clergy(성직자들)

The police are looking for the missing child.

경찰은 사라진 소년을 찾고 있다.

(3) cattle형

항상 복수 취급한다.

> cattle(소(떼)), people(사람들), poultry(가금류)

People are waiting in line. 사람들이 줄을 서서 기다리고 있다.

5) 시험에 출제되는 절대 불가산명사

glass(유리), a glass(유리잔), glasses(안경)와 같이 불가산명사도 가산명사로 바꾸어서 사용되기도 한다. 반면 절대 불가산명사는 가산명사의 형태를 절대로 취할 수 없는 명사로 시험에서 빈출된다.

특징
① a/s 불가[부정관사나 복수형은 안 된다]
② 수 표현(many, few, a few)(✕) → 양 표현(much, little, a little)

돈/시간	money/time
뉴스/정보	news/information
가구/장비	furniture/equipment
짐/수화물	luggage/baggage
조언/증거	advice/evidence

다음 문장을 어법에 맞게 고치시오.

1. Sufficient information are still missing.

2. Undergraduates are not allowed to use equipments in the laboratory.

정답 및 해설

1. 정답 are → is
해석 충분한 정보가 여전히 빠져 있다.
해설 information은 불가산명사이므로 단수형이 맞다. 그리고 동사 역시 단수형이 되어야 한다.

2. 정답 equipments → equipment
해석 학부생들은 실험실의 장비를 사용하는 게 허락되지 않는다.
해설 equipment는 불가산명사이므로 복수형으로 사용될 수 없다.

6) 명사 자리

(1) 명사는 주어, 목적어, 보어 자리에 온다.

주어　　The **bags** are small and light. 그 가방들은 작고 가볍다.
목적어　Mike dropped the **pencil**. Mike는 연필을 떨어뜨렸다.
보어　　My sister is a **reporter**. 나의 동생은 기자이다.

(2) 명사는 주로 관사, 소유격, 형용사, 전치사 뒤에 온다.

관사 뒤　　A **foreigner** approached me. 한 외국인이 나에게 접근했다.

소유격 뒤　My boss was satisfied with my **report**. 사장님이 나의 보고서에 만족했다.

형용사 뒤　The book offers a lot of practical **information**. 그 책은 많은 실용적인 정보를 제공한다.

전치사 뒤　Some dream of **fame** more than money. 그녀는 돈보다는 명예를 꿈꾼다.

2. 관사

관사는 명사의 앞에 붙어서 명사의 수나 의미를 한정에 주는 단어이다. 부정관사, 정관사, 무관사가 있다. 우리말에는 관사가 따로 없으므로 주의해서 공부해야 한다.

1) 부정관사(a/an)

부정관사에서 '부정'은 '정해지지 않은'의 의미로, 정해지지 않은 불특정한 명사를 한정해 주는 관사이다.

(1) 하나(one)

Do you have a pen? 연필 있습니까?

(2) '~마다(per)'

once a day

(3) '같은(the same)'

Birds of a feather flock together. 같은 깃털의 새는 같이 모인다. [유유상종이다.]

2) 정관사(the)

정관사에서 '정'은 '정해진'의 의미로, 뭔가 정해진 특정한 명사를 한정할 때 사용하는 관사이다.

(1) 앞에 언급된 명사

I met a student yesterday and the student called me later.
나는 어제 한 학생을 만났고, 그 학생이 나중에 나에게 전화했다.

(2) 뒤에서 수식받는 명사

This is the car I told you last week. 이것은 내가 지난주에 말했던 자동차이다.

(3) the+서수/최상급/only/same+명사

the best city in Korea

(4) 수량한정사(all, most, some)+of+the(소유격)+명사

(5) 악기 이름 앞에

play the piano

(6) 사람과 신체 부위를 분리표현하는 경우

신체 부위 앞에 정관사가 아니 소유격이 오면 틀린다. 또한 동사에 따라 다른 전치사를 사용한다.

때리다, 치다	hit, strike, touch, beat, kiss, tap	+사람+on the+신체 부위
잡다	catch, take, hold, seize	+사람+by the+신체 부위
보다	look, stare, gaze	+사람+in the+신체 부위

The teacher hit him on the head. 그 선생님은 그의 머리를 쳤다.

(7) the+형용사=복수명사

the가 형용사나 분사 앞에 사용되면 복수의 보통명사를 지칭하게 된다.

the young 젊은이들	the old 노인들
the rich 부자들	the poor 가난한 사람들
the living 살아 있는 사람들	the wounded 부상자들
the unemployed 실업자들	the dead 죽은 사람들

다음 문장을 어법에 맞게 고치시오.

1. Raison was once an expensive food, and only the wealth ate them.

2. The young is liable to be more impulsive than the old.

정답 및 해설

1. 정답 the wealth → the wealthy
해석 건포도는 한때 비싼 음식이었고 부유한 사람들만이 먹었다.
해설 'the+형용사'가 복수명사를 나타낼 수 있는데, wealth는 명사형이므로 형용사형인 wealthy로 바꾸어야 한다.

2. 정답 is → are
해석 젊은 사람들은 늙은 사람들보다 충동적으로 되기 쉽다.

해설 'the+형용사'가 복수명사를 지칭하므로 동사의 수 역시 are이 되어야 한다.

3) 무관사

부정관사나 정관사를 하지 않는 경우로, 아래의 용법은 익혀 두어야 한다.

(1) 계절, 식사, 운동, 학과명

in summer, have dinner, play tennis, economics

(2) by+교통, 통신, 결제 수단

by subway, by email, by check

(3) 무관사+특정 장소: 장소의 본래 목적을 나타낸다.

무관사+특정 장소 → 본래 목적	정관사+특정 장소 → 장소 자체
go to bed(자러 가다)	go to the bed(침대에 가다)
go to hospital(진찰받으러 가다)	go to the hospital(병원이라는 장소에 가다)
go to prison 감옥 가다(수감을 위해)	go to the prison(감옥이라는 장소에 가다)

1. Sue went to [prison/the prison] to visit her father last week.

1. 정답 the prison
해석 Sue는 지난주에 아버지를 방문하기 위해서 교도소에 갔다.
해설 문맥상 감옥에 간 게 아니라, 교도소라는 건물에 갔으므로 정관사 the가 필요하다.

4) 단위명사

(1) 거리, 금액, 무게, 시간

거리, 금액, 무게, 시간 등이 하나의 단위 개념으로 사용되는 경우에는 단수 취급한다.

1. Ten years [is/are] a long time to make many changes.
10년은 변화를 만드는 데 긴 시간이다.

1. 정답 is
해석 10년은 변화를 만드는 데 긴 시간이다.
해설 여기서 10년은 하나의 단위를 나타내므로 단수 취급한다.

(2) 단위명사가 뒤에 명사를 수식하는 경우 단수 취급한다.

a 10-years-old boy(×) → a 10-year-old boy.
My son is ten years old. 나의 아들은 10살이다.

(3) by the 단위명사: ~ 단위로

be sold/be paid+by the+meter, mile, kilometer, pound, hour, day

5) 관사의 위치

(1) 일반적 위치: 관사+부사+형용사+명사

a very diligent student

(2) 주의

so too+형용사+a(n)+명사 as how	such quite+a(n)+형용사+명사 rather what

다음 문장을 어법에 맞게 고치시오.

1. Never have I met such generous a man before.

정답 및 해설

1. 정답 such generous a man → such a generous man
해석 나는 전에 이렇게 친절한 사람은 만난 적이 없다.
해설 such는 'such+a+형용사+명사'의 어순을 지켜서 사용해야 한다.

1. 괄호 안에 알맞은 것을 고르시오.

1. The [ten-story/ten-stories] building was designed by the famous designer.
2. I wish Linda would drive us to the airport but she has [too small a car/such a small car] to take us all.
3. The college newspaper prints only the new that [is/are] of interest to students and faculty.
4. The elderly [spend/spends] more on healthcare than any other group.
5. The police [is/are] very unwilling to interfere in family problems.

2. 어법상 틀린 부분이 있으면 바로 고치시오.

6. She bought interesting book for her younger brother.
7. My family is all early risers.
8. The company's decision to move to the area was a good news for stockholders.
9. I must leave now because I am starting works at noon today.
10. More doctors were required to tend sick and wounded.

1. 밑줄 친 부분 중 어법상 가장 옳지 않은 것은?

He acknowledged that ① the number of Koreans were forced ② into labor ③ under harsh conditions in some of the locations ④ during the 1940's.

2. 밑줄 친 부분 중 어법상 옳지 않은 것은?

It was ① a little past 3 p.m. when 16 people gathered and sat cross-legged in a circle, blushing at the strangers they knew they'd ② be mingling with for the next two hours. Wearing figure-hugging tights and sleeveless tops in ③ a variety of shape and size, each person took turns sharing their names and native countries. ④ All but five were foreigners from places including the United States, Germany and the United Kingdom.

3. 어법상 옳지 않은 것은?

My ① art history professors prefer Michelangelo's painting ② to viewing his sculpture, although Michelangelo ③ himself was ④ more proud of the ⑤ latter.

4. 다음 글의 밑줄 친 부분 중, 어법상 틀린 것은?

Lectins are large proteins that serve as a crucial weapon that plants use to defend ① themselves. The lectins in most plants bind to carbohydrates as we consume the plant. They also bind to sugar molecules ② found in the gut, in the brain, between nerve endings, in joints and in all bodily fluids. According to Dr. Steven Gundry, these sticky proteins can interrupt messaging between cells and ③ cause toxic and inflammatory reactions. Brain fog is just one result of lectins interrupting communication between nerves. An upset stomach is another common, symptom of lectin overload. Dr. Gundry lists a wide range of other health problems including aching joints, dementia, headaches and infertility ④ that have been resolved in his patients once they eliminated lectins from their diets. Dr. Paul Saladino writes that the hypothesis that lectins are involved in Parkinson's disease is also gaining support, with animal studies ⑤ showed that 'lectins, once eaten, may be damaging the gut and travelling to the brain, where they appear to be toxic to dopaminergic neurons.

* inflammatory : 염증성의

5. 다음 글의 밑줄 친 부분 중, 문맥상 낱말의 쓰임이 적절하지 않은 것은?

Technology changes how individuals and societies understand the concept of privacy. The fact that someone has a new ability to access information or watch the actions of another does not ① justify doing so. Rather, advances in technology require citizens and policy makers to consider how privacy protections should be expanded. For example, when cameras first became available for commercial and private use, nations and citizens struggled over whether new laws should be enacted to ② protect individuals from being photographed without their permission. The ③ reconsideration of privacy brought about by this new technology re-affirmed a distinction between private and public spaces. It was determined by most cultures that people automatically gave ④ consent to being seen — and thus recorded — once they voluntarily stepped into a public space. Although some people might be uncomfortable with the spread of surveillance cameras, citizens in most cultures have adjusted to the fact that giving up the right not to be observed in these circumstances causes ⑤ more harm to the community than failing to have surveillance.

* surveillance: 감시

1. 괄호 안에 알맞은 것을 고르시오.

1. 정답 ten-story

[해석]

그 10층짜리 건물은 유명한 디자이너가 디자인했다.

[해설]

ten-story가 building을 수식하는 경우에는 뒤에 나오는 명사를 수식하는 형용사 기능을 하는 것이므로 단수형으로 사용해야 한다.

2. 정답 too small a car

[해석]

나는 Linda가 우리를 공항에 운전해 주기를 원하지만, 그녀의 차는 너무 작아서 우리를 다 태울 수 없다.

[해설]

too라는 부사는 뒤에 'too+형용사+a+명사'의 어순을 취한다.

3. 정답 is

[해석]

대학신문은 오직 학생들과 교수들이 흥미가 있는 뉴스거리들만 출판한다.

[해설]

that은 주격관계대명사로 앞에 있는 명사 news를 받는 것이다. 그리고 news는 복수 형태지만 불가산명사이므로 단수 취급해야 한다.

4. 정답 spend

[해석]

노인들은 다른 어떤 그룹보다 의료관리에 많은 돈을 지출한다.

[해설]

the+형용사는 복수명사를 지칭하므로 뒤에 동사 역시 복수형이 와야 한다.

5. 정답 are

[해석]

경찰은 가족 문제에 개입하는 것을 꺼린다.

[해설]

the police는 단수형이지만 복수 취급하므로 동사 역시 복수형이 와야 한다.

2. 어법상 틀린 부분이 있으면 바로 고치시오.

6. 정답 interesting book → an interesting book

[해석]

그녀는 동생을 위해서 흥미로운 책을 구입했다.

[해설]

book은 가산명사이므로 단독으로 쓸 수 없고, 관사가 붙거나 복수형이 되어야 한다.

7. 정답 is → are

[해석]

우리 가족들은 모두 일찍 일어난다.

[해설]

이 문장에서 family는 가족구성원 전체를 나타내므로 복수형으로 취급되어야 한다.

8. 정답 a good news → good news

그 지역으로 이전하려는 그 회사의 결정은 주주들에게 좋은 소식이었다.

[해설]

news는 뒤에 -s가 붙지만, 불가산명사이다. 따라서 a와 함께 사용할 수 없다.

9. 정답 works → work

(해석)

나는 오늘 정오에 일을 시작해서 지금 떠나야 한다.

(해설)

work이 '일'을 나타낼 때에는 불가산명사이다. 따라서 -s
가 붙을 수 없다. 반면 works와 같이 복수형으로 사용되
면, '작품'이라는 의미를 가지는 가산명사가 된다.

10. 정답 sick and wounded → the sick and the wounded

(해석)

아프고 부상당한 사람들을 치료하도록 보다 많은 의사들
이 요구된다.

(해설)

'the+형용사'의 형태로 복수명사의 의미를 지니므로 형용
사 sick과 wounded 앞에 정관사 the가 필요하다.

1. 정답 ①

해석

그는 1940년대 몇몇 장소에서 많은 한국인들이 가혹한 조건하에 강제노동에 동원되었음을 인정했다.

해설

① 'He acknowledged that the number of Koreans were forced into labor~'에서 동사 were가 사용되었기 때문에 the number of를 a number of로 수정해야 한다.
② '~하도록 강요받다'는 'be forced to부정사' 혹은 'be forced into명사'로 나타낼 수 있다.
③ under conditions는 '~한 환경에서'라는 의미로 형용사 harsh가 conditions(명사)를 수식하고 있다.
④ during 뒤에는 특정 시간과 관련된 명사가 온다.

2. 정답 ③

해석

16명의 사람들이 모여 얼굴을 붉히면서 그들이 2시간 동안 어울려야 할 낯선 이들을 보며 양반다리를 하고 둥글게 둘러앉아 있었을 때가 오후 3시가 조금 지났을 때였다. 다양한 모양과 사이즈의 몸에 딱 맞는 민소매 티를 입고, 각 사람들은 교대로 그들의 이름과 출신 국가를 공유하였다. 다섯 명을 제외하고는 모두 미국, 독일 그리고 영국에서 온 외국인들이었다.

해설

③ a variety of는 복수 명사를 수식하기 때문에 shapes and sizes로 고쳐야 한다.
① a little은 부사로, 뒤의 past ~를 수식한다.
② they knew와 they'd be mingling 사이에 관계대명사 that이 생략되었다. 이 절은 strangers를 수식하고 있다.
④ 이 문장에서 주어는 All이다. All과 were의 수는 일치한다. 또한 but은 '~을 제외하고'의 뜻을 지닌 전치사로 사용되었다.

어휘

sit cross-legged 양반다리를 하고 앉다 blush 얼굴을 붉히다 mingle with ~와 뒤섞이다, ~와 교제하다, 어울리다 figure-hugging 몸매가 드러나는, 몸에 딱 맞는 take turns ~ing 교대로 ~하다

3. 정답 ②

해석

나의 미술사 교수님들은 비록 미켈란젤로는 후자(조각)를 더 자랑스러워했음에도 불구하고 미켈란젤로의 조각보다 그의 그림을 더 선호한다.

해설

② 'prefer A to B' 구문에서 A와 B는 서로 비교 대상이므로 '미켈란젤로의 그림'과 '미켈란젤로의 조각'이 비교되어야 하는 것이지, '미켈란젤로의 조각을 보는 것'을 비교할 수 없다. viewing을 삭제해야 한다.

4. 정답 ⑤

해석

렉틴은 식물들이 그들 스스로를 방어하기 위해 사용하는 중요한 무기로서 역할을 하는 커다란 단백질이다. 대부분의 식물에 있는 렉틴은 우리가 식물을 섭취할 때 탄수화물과 결합한다. 그것들은 또한 장. 뇌, 신경 말단 사이, 관절 및 모든 체액에서 발견되는 당 분자들과 결합한다. Dr. Steven Gundry에 따르면, 이러한 끈적끈적한 단백질은 세포들 간의 메시지 전달을 방해하고 독성 및 염증 성의 반응을 일으킬 수 있다. 뇌피로 현상은 렉틴이 신경들 간의 소통을 방해하는 단지 하나의 결과에 지나지 않는다. 위장 장애는 렉틴 과다의 또 다른 흔한 증상이다. Dr. Gundry는 그의 환자들이 자신의 식단에서 렉틴을 제거하였을 때 해결되어 왔던 관절통, 치매, 두통, 그리고 불임을 포함한 광범위한 다양한 건강 문제들을 나열한다. Dr. Paul Saladino는 렉틴이 파킨슨병과 관련이 있다는 가설이 '렉틴이 일단 섭취되면. 장에 손상을 입히고 뇌로 이동해 그곳에서 그것들이 도파민 작동성

신경 세포에 독성을 일으키는 것처럼 보인다'는 것을 보여 주는 동물 연구들과 함께 또한 지지를 얻고 있다고 기록한다

① 주어인 plants가 자신을 보호하는 것이므로 주어와 목적어가 같다. 따라서 재귀대명사 themselves는 올바르게 사용되었다.

② found는 앞의 명사 sugar molecules를 수식하는 분사이고, 수동의 의미를 지니므로 과거분사를 사용한 것은 어법상 옳다.

③ 등위접속사 and에 의해 앞의 조동사 뒤의 동사 원형 interrupt와 병렬 연결된 것으로 동사원형 cause를 사용한 것은 어법상 옳다.

④ that은 'health problems'를 선행사로 하는 주격 관계대명사로 선행사와 관계대명사 사이에 전명구 'including aching joints, dementia, headaches and infertility'가 삽입된 구조로 올바르게 사용되었다.

⑤ 전치사 with의 목적어로 쓰인 animal studies를 수식하고, 그 뒤에 that절을 목적어로 하면서, 수식받는 명사와의 관계가 능동이므로 과거분사 showed를 현재분사 showing으로 고쳐야 한다.

protein 단백질 crucial 중요한, 결정적인 carbohydrate 탄수화물 molecule 분자 gut 장, 내장 nerve 신경 joint 관절 bodily fluid 체액 sticky 끈적끈적한 interrupt 방해하다 brain fog 뇌 피로 upset stomach 위장 장애, 배탈 symptom 증상 overload 과다, 과부하 dementia 치매 infertility 불임 resolve 해결하다 eliminate 제거하다 hypothesis 가설 be involved in ~와 관련 있다 dopaminergic 도파민 작용성의 neuron 뉴런(신경 세포)

5. 정답 ⑤

기술은 개인들과 사회가 사생활의 개념을 이해하는 방식을 변화시킨다. 누군가가 정보에 접근하거나 다른 사람의 행동을 관찰하는 새로운 능력을 갖추고 있다는 사실은 그렇게 하는 것을 ① 정당화하지 않는다. 오히려, 기술의 발전은 시민들과 정책 입안자들이 어떻게 사생

활 보호가 확장되어야 하는지 고려할 것을 요구한다. 예를 들어, 카메라들이 상업적이고 사적인 용도로 처음 사용될 수 있게 되었을 때, 국가들과 시민들은 그들의 허가 없이 개인들이 사진에 찍히는 것으로부터 ② 보호하기 위해 새로운 법들이 제정되어야 하는지에 대해 투쟁했다. 이 새로운 기술이 가져온 사생활에 대한 ③ 재고는 사적 및 공적 공간의 구별을 재확인했다. 일단 사람들이 자발적으로 공공장소에 발을 들여놓으면, 보여지고, 따라서 녹화되는 것에 자동적으로 ④ 동의하는 것으로 대부분의 문화에서 결정되었다. 일부 사람들은 감시 카메라들의 확산을 불편하게 여길지도 모르지만, 대부분의 문화권에 있는 시민들은 이러한 상황에서 관찰되지 않을 권리를 포기하는 것이 감시받지 못하는 것보다 지역 사회에 ⑤ 더 많은(→ 더 적은) 해를 끼친다는 사실에 순응해 왔다.

기술이 발전함에 따라 사생활 보호에 대한 개념이 변화하게 되었고, 이로 인해 사적 및 공적 공간의 구별이 재확인되었다. 대부분의 문화에서 사람들이 자발적으로 공공장소에 들어가게 되면 보여지고, 녹화되는 것에 자동적으로 동의하는 것으로 간주되는데 이는 관찰되는 것이 감시받지 못하는 것보다 지역사회에 더 적은 해를 끼친다는 사실에 순응해 왔기 때문이라는 내용의 글이다. 따라서 ⑤의 'more(더 많은)'를 'less(더 적은)'로 고쳐 써야 한다.

access 접근(하다) justify 정당화하다 struggle 고군분투하다 enact 제정하다 permission 허락, 허가 bring about ~을 초래하다 affirm 확인하다 distinction 구별, 분간, 차이 consent 동의 voluntarily 자발적으로 adjust 적응하다

3. 대명사

대명사란 동일한 명사가 반복되어서 사용되는 것을 막기 위해 명사 대신 사용되는 말이다.

1. 인칭대명사

사람이나 사물을 가리키는 대명사로, 말하는 사람은 1인칭, 듣는 사람은 2인칭, 그 밖의 사람을 3인칭이라고 한다.

1) 인칭대명사의 종류

인칭대명사 문제는 수와 격을 결정하는 게 출제되는데, 문장에서의 역할에 따라서 격이 결정된다. 주어 자리면 주격, 명사 앞에는 소유격, 목적어 자리이면 목적격을 사용한다. 그리고 '~의 것'은 소유대명사, '~ 자신'은 재귀대명사로 표현한다.

			주격 (~이/가)	소유격 (~의)	목적격 (~을/를)	소유대명사 (~의 것)
1인칭	단수		I	my	me	mine
	복수		we	our	us	ours
2인칭	단수		you	your	you	yours
	복수					
3인칭	단수	남성	he	his	him	his
		여성	she	her	her	hers
		중성	it	its	it	-
	복수		they	their	them	theirs

2) 인칭대명사의 쓰임

인칭대명사를 쓸 때에는 가리키는 명사의 수와 성을 구별해야 한다.

단수	3인칭 남자	Steve, Mr. Park, my brother, my friend	He
	3인칭 여자	Laura, Ms. Kim, my mom, my sister	She
	3인칭 사물/동물	table, chair, dog, cat	It
복수	명사의 복수형	students, my friends, the boxes	They
	and로 묶인 명사들	She and I, he and his mom, the box and the chair	

Laura is a student. She is beautiful. Laura는 학생이다. 그녀는 아름답다.

I have a boyfriend. He loves me very much. 나는 남자친구가 있다. 그는 나를 매우 사랑한다.

I have a dog. <u>It</u> is black. 나는 강아지 한 마리가 있다. <u>그것은</u> 검정색이다.
This book is not <u>mime</u>. It is <u>his</u>. 이 책은 나의 것이 아니다. 이것은 그의 것이다.

1. The attendees were all satisfied except Karl and [me/I].

2. We can't give up electricity, but we can control the ways we use [it/them].

정답 및 해설

1. 정답 me
해석 Karl과 나를 제외한 참석자들은 모두 만족했다.
해설 except이라는 전치사 뒤에는 목적어가 와야 하므로 목적격을 사용한다.

2. 정답 it
해석 우리는 전기를 포기할 수 없다. 그러나 우리는 우리가 그것을 사용하는 방법을 통제할 수 있다.
해설 electricity를 받는 대명사가 필요하므로 단수형인 it이 정답이다.

> **1인칭 인칭대명사의 경우 주격 보어 자리에 me를 쓰는 것이 가능하다.**
>
> A: Who lost this key?
> B: It's **me**.

3) 대명사 it의 주요용법
it은 모양에서 알 수 있듯이, 가장 만만하게 자주 사용되는 대표 대명사이다.

(1) 가주어
2형식 문장에서 주어가 긴 경우 뒤로 빼고, 가주어 it을 사용한다.

> It is+형용사+to R
>   that S V

<u>To study English</u> is difficult. → **It** is difficult <u>to study English</u>.

(2) 가목적어
5형식 문장에서 목적어가 긴 경우 뒤로 빼고, 가목적어 it을 사용한다.

주어+5형식 동사(make, keep)+**it**+형용사 **to R**

that S V

The teacher made **it** possible for me <u>to enter the school</u>.

1. Most of the companies found challenging to stay ahead.

2. The students found it easily to pass the test.

1. 정답 found challenging → found it challenging
해석 대부분의 회사들은 앞서 나가는 것이 어렵다고 생각했다.
해설 find는 5형식 단어이므로 바로 뒤에 목적어가 와야 한다. 이 문장의 목적어는 to stay ahead로 길어서 뒤로 빠졌고, 그 자리에는 가목적어 it이 필요하다.

2. found it easily → found it easy
해석 그 학생들은 시험에 통과하는 것이 쉽다고 생각했다.
해설 find는 대표적인 5형식 동사이다. 목적어가 to pass the test인데, 뒤로 가고, 그 자리에 가목적어 it을 쓴 것은 맞다. 그런데, 그 뒤에 목적어가 수반되어야 한다. 목적보어 자리에는 부사가 아니라 형용사형이 들어간다.

(3) It ~ that 강조구문
동사를 제외한 나머지 문장성분을 강조할 때 It ~ that 구문을 사용한다.

강조하는 대상을 It be동사와 that 사이에 넣고, that 이후에는 문장의 나머지 성분을 순서대로 넣으면 된다.

It+be동사+**강조대상(명사/부사)**+that+문장의 나머지 성분

Tom retired before the company went bankrupt. Tom은 회사가 부도나기 전에 은퇴했다.
It was **Tom** that retired before the company went bankrupt. 회사가 부도나기 전에 은퇴한 사람은 바로 Tom이었다.

2. 지시대명사

1) this

'이것, 이 사람, 이 ~의'의 의미로 가까이 있는 사물이나 사람을 가리킨다. 복수형은 these이다.

This is a gift for you. 이것은 너의 선물이다.

This book is very helpful. 이 책은 매우 유용하다.

These are my books. 이것들은 나의 책이다.

These books are very interesting. 이 책들은 매우 흥미롭다.

2) that

'저것, 저 사람, 저 ~의'의 의미로 멀리 떨어져 있는 사람이나 사물을 가리킨다. 복수형은 those이다.

That is my chair. 저것은 나의 의자이다.

That car is very expensive. 그 차는 매우 비싸다.

Those are my favorite books. 저것들은 내가 좋아하는 책들이다.

Those people are very kind. 저 사람들은 매우 친절하다.

3) 전자(that) vs 후자(this)

Health is above wealth, for this doesn't give so much happiness as that.

건강은 부보다 위에 있다, 왜냐하면 전자가 후자보다 많은 행복을 주지는 않기 때문이다.

4) one(ones) vs that(those) vs it(them)

	단수	복수
수식어가 앞에서 꾸며 주면 cheaper one	one	ones
수식어가 뒤에서 꾸며 주면 that of Busan	that	those
수식어가 없는 경우	it	them

괄호 안에 알맞은 것을 고르시오.

1. The climate of Osaka is milder than [that/those] of Busan.

2. The boss wanted sales figures. Let's present [those/them] next week.

3. The traffic of a big city is busier than [that/those] of a small city.

1. 정답 that
해석 오사카의 날씨는 부산의 날씨보다 온화하다.
해설 수식어가 뒤에서 꾸며 주고 있고, 앞에 언급된 climate가 단수이므로 that이 적절하다.

2. them
해석 사장은 매출액 수치를 원했다. 그것들을 다음 주에 발표하자.
해설 present의 목적어로 들어가는 것은 앞에 언급된 명사 sales figures라는 복수명사를 대신하는 것이므로 them
이 정답이다.

3. 정답 that
해석 대도시의 교통은 소도시의 교통보다 더 번잡하다.
해설 빈칸에는 뒤에서 수식어가 꾸며 주고 있고, 앞에 언급된 명사가 traffic으로 단수형이 제시되었기 때문에 that
이 정답이다.

5) 불특정 일반인을 나타내는 those

관계절, 분사, 전명구와 같은 것들이 뒤에서 꾸며 주고, '사람들'의 의미를 나타낼 때 those를 사용한다.
Heaven helps those who help themselves. 하늘은 스스로 돕는 자들을 돕는다.

3. 재귀대명사

재귀대명사는 '~ 자신'의 의미를 가지는 것으로, 1인칭과 2인칭은 소유격에, 3인칭은 목적격에, 단수는 ~self, 복수
는 ~selves를 붙여서 만들어 준다.

1인칭		2인칭		3인칭			
단수	복수	단수	복수	남성	여성	중성	복수
myself	ourselves	yourself	yourselves	himself	herself	itself	themselves

1) 재귀용법

주어와 목적어가 같은 경우 목적어 자리에 반드시 재귀대명사를 사용해야 한다.
People love **themselves**. 사람들은 자신들을 사랑한다.

2) 강조용법

부사 자리에 사용되어서 '직접'이라는 의미를 지닌다.

Steve carried the heavy bag **himself**. Steve는 직접 그 무거운 가방을 옮겼다.

3) 관용 표현

'전치사+재귀대명사' 형태로, 하나의 관용 표현으로 사용되는 것들이다.

by oneself(=alone), for oneself(=on one's own), of itself

빈칸에 알맞은 것을 고르시오.

1. Human beings quickly adapt [them/themselves] to the environment.

정답 및 해설

1. 정답 themselves

해석 인간들은 자신들을 빠르게 환경에 적응시키다.

해설 adapt라는 타동사 뒤에 목적어가 와야 하는데, 주어와 목적어가 같은 경우이므로 재귀대명사를 사용한다.

4. 소유대명사

소유대명사는 '~의 것'을 지칭하는 대명사로, **'인칭대명사+앞에 나온 명사'**를 대신한다. 소유대명사의 모양은 주로 '소유격+s'의 형태를 취한다.

1인칭		2인칭		3인칭			
단수	복수	단수	복수	남성	여성	중성	복수
mine	ours	yours		his	hers	–	theirs

괄호 안에 알맞은 것을 고르시오.

1. This briefcase is [him/his].

2. His experience at the hospital was worse than [her/hers].

1. his
해석 이 서류가방은 그의 것이다.
해설 문맥상 his briefcase가 들어가야 하므로 소유대명사를 사용한다. 이때 조심해야 하는 것은 his는 인칭대명사 소유격과 소유대명사가 둘 다 가능하다.

2. 정답 hers
해석 병원에서의 그의 경험은 그녀의 경험보다 더 나빴다.
해설 앞에 '그의 경험'이 제시되고 있으므로 빈칸에는 her experience가 들어가야 한다. '소유격+명사'가 축약된 것이 소유대명사이다.

5. 부정대명사

정해진 것이 아닌 불특정한 사람이나 사물을 가리키는 대명사이다.

1) it vs one

it	앞에 나온 것을 가리킴(=the+명사)
one	불특정한 하나를 가리킴(=a+명사)

괄호 안에 알맞은 것을 고르시오.

1. I have a pen and you can use [it/one].

2. I need a pen. Can I borrow [it/one]?

3. I need to buy a workbook. Would you recommend [it/one]?

정답 및 해설

1. 정답 it
해석 펜이 한 자루 있는데, 네가 사용해도 돼.
해설 문맥상 빈칸은 앞에 언급된 a pen을 받는 것이므로 it이 적절하다.

2. 정답 one
해석 나는 펜이 필요한데, 하나 빌릴 수 있나요?
해설 이 문장에서 pen은 불특정한 하나를 지칭하므로 one으로 받아 준다.

3. 정답 one
해석 나는 연습장을 하나 사야 하는데, 하나 추천해 줄래?
해설 문맥상 정해진 연습장이 아니라 불특정한 하나를 지칭하므로 one으로 받아 준다.

2) one vs another vs the other

one: 처음 하나
another: 또 다른 하나
the other: 마지막 남은 하나
some: 처음 몇 개
others: 또 다른 것들
the others: 마지막 남은 것들

어법상 알맞은 것을 고르시오.

1. There are four necklaces to choose from.
Two are expensive, but [the other/the others] are not.

2. [Some/Others] students live with their parents.
[Others/The others] live on campus. Still others live in apartments near campus.

정답 및 해설

1. 정답 the others
해석 네 개의 목걸이를 선택할 수 있다.
두 개는 비싸지만, 나머지 것들은 그렇지 않다.
해설 4개 중에서 앞에서 2개를 언급했으니, 남아 있는 것은 2개로 복수형이므로 the others가 정답이다.

2. 정답 some, others
해석 일부 학생들은 부모님들과 산다.
다른 일부는 컴페스에 거주하고, 여전히 일부는 컴페스 근처에 있는 아파트에 산다.
해설 처음에 일부를 지칭하는 표현은 some이다. 그리고 두 번째 문장에서 다른 일부이므로 others를 사용한다. the others는 나머지 전부를 지칭하는 것이므로 적절하지 않다.

3) some vs any

some	긍정문	(+of)+단수명사+단수동사
any	부정문(조금도)/의문문, 조건문(무슨, 어떤) 긍정문(어떤 ~라도)	(+of)+복수명사+복수동사

There is some [of the] water in the bottle. 병에 물이 약간 있다.

I don't need any money. 나는 돈이 필요 없다.

Do you have any question? 질문 있으세요?

Take any book you like. 좋아하는 책을 어떤 거라도 가져가세요.

4) each vs every

	부정대명사	부정형용사
each	+단수동사 +of+복수명사+단수동사	+단수명사+단수동사
every	대명사로 쓸 수 없음	+단수명사+단수동사

어법상 알맞은 것을 고르시오.

1. Each of the employees [is/are] using copiers.

2. Every person at the meeting [is/are] fond of the idea.

정답 및 해설

1. 정답 is
해석 각각의 직원들은 복사기를 이용하고 있다.
해설 'each of the+복수명사'에서 주어는 each이므로 동사 역시 단수가 와야 한다.

2. 정답 is
해석 미팅에 참석한 모든 사람들은 그 아이디어를 좋아한다.
해설 every는 '모든'의 의미를 지니지만, 각각의 하나하나를 지칭하는 표현으로 단수 취급한다. 따라서 동사 역시 단수가 와야 한다.

부분 부정 vs 전체 부정(영작에 빈출)

전체를 의미하는 all, every, both, necessarily, always 등이 부정어와 결합하면, '모두 ~한 것은 아니다'라는 부분 부정의 의미를 가지게 된다.

해석해 보시오.

I don't like all of them. 나는 모든 사람을 좋아하는 것은 아니다.
I don't like them. 나는 모든 사람들을 싫어한다.
I like none of them. 나는 어떤 사람도 좋아하지 않는다.

1. 부분 부정

		전체어	해석
부정어　+		all, every, both	모두 ~한 것은 아니다
		always, necessarily	언제나 ~한 것은 아니다

The rich are **not always** happy. 부자들이 항상 행복한 것은 아니다.
I **don't** like **all** of them. 나는 모두를 좋아하는 것은 아니다.

2. 전체 부정

no　　neither　　none never　　nobody　　nothing	아무도 ~하지 않다

I **don't** like them. 나는 모두를 싫어한다.

우리말 영작이 문법적으로 옳다면 ○, 틀리면 ×를 표시하고, 틀린 부분을 옳게 고치시오.

1. 같은 나이의 두 소녀라고 해서 반드시 생각이 같은 것은 아니다.
Two girls of an age are not always of a mind.　　　　　　　　　　　　　　　　　　[　　]

2. John과 Mary 둘 다 이전에 프랑스에 가 본 것은 아니다.
Both John and Mary have not been to France before.　　　　　　　　　　　　　　[　　]

3. 그는 그것에 대해 아무것도 모른다.
He doesn't know everything about it.　　　　　　　　　　　　　　　　　　　　　[　　]

정답 및 해설

1. ○
해설 부정관사 a가 '동일한'의 의미가 있어서, an age와 a mind는 맞는 표현이다 그리고 not always가 부분 부정으로 '항상 ~하는 것은 아니다'이므로 맞는 표현이다.

2. ○

해설 전체어 both와 부정어 not이 함께 사용되고 있으므로 부분 부정이 맞는 표현이다.

3. × everything → anything
해설 not과 everything를 같이 사용하면, 부분 부정으로 '그는 모든 것을 아는 것은 아니라'라는 의미가 된다. 따라서 anything으로 바꾸어야 한다.

1. 문법적으로 올바른 것을 고르시오.

1. The skeleton supporting this ancient shark's gills is completely different [that/those] of a modern shark's.
2. Every person at the convention [is/are] fond of the proposal.
3. The worker finished [most/almost] his assignment in a single day.
4. Athletes who feel exhausted from intensive exercise often reward [them/themselves] with delicious food to regain their motivation.
5. Several volunteers will follow Mr. Sawyer to assist [him/himself] with the preparation for the next experiment.

2. 문법적으로 틀린 부분을 옳게 고치시오.

6. Human share food, while monkeys fend for itself.
7. They waited for so long that they were losing themselves patience.
8. The design on the cover of our copy of the book is not the same as those on yours.
9. Students wishing to change course schedules should first contact them professor to obtain approval.
10. The adaptation of mammals to almost all possible modes of life parallels those of the reptiles in Mesozoic time.

1. 밑줄 친 부분 중 어법상 가장 옳은 것은?

More than 150 people ① have fell ill, mostly in Hong Kong and Vietnam, over the past three weeks. And experts ② are suspected that ③ another 300 people in China's Guangdong province had the same disease ④ begin in mid-November.

2. 어법상 옳은 것은?

① A week's holiday has been promised to all the office workers.

② She destined to live a life of serving others.

③ A small town seems to be preferable than a big city for raising children.

④ Top software companies are finding increasingly challenging to stay ahead.

3. 다음 글의 밑줄 친 부분 중 어법상 틀린 곳은?

Followers are a critical part of the leadership equation, but ① their role has not always been appreciated. For a long time, in fact, "the common view of leadership was ② that leaders actively led and subordinates, later called followers, passively and obediently followed." Over time, especially in the last century, social change shaped people's views of followers, and leadership theories gradually recognized the active and important role that followers play in the leadership process. Today ③ they seem natural to accept the important role followers play. One aspect of leadership is particularly worth ④ noting in this regard: Leadership is a social influence process shared among all members of a group.

Conditioned Place Preference is a way of finding out what animals want Researchers train them ① <u>to associate</u> one place with an experience such as food or a loud noise and another place with something completely different, usually where nothing happens. The two places are made obviously different to make it as ② <u>easy</u> as possible for the animal to associate each place with what happened to it there. The animal's preference for being in one place or another is measured both before and after its experiences in the two places. If there is a shift in where the animal chooses to spend its time for the reward, this suggests that it liked the experience and is trying to repeat ③ <u>it</u>. Conversely, if it now avoids the place the stimulus appeared and ④ <u>starts</u> to prefer the place it did not experience it, then this suggests that it found the stimulus unpleasant. For example, mice with cancer show a preference for the place where they have ⑤ <u>given</u> morphine, a drug used to relieve pain, rather than where they have received saline whereas healthy mice developed no such preference. This suggests that the mice with cancer wanted the morphine.

* saline: 식염수

Near the equator, many species of bird breed all year round. But in temperate and polar regions, the breeding seasons of birds are often sharply ① <u>defined</u>. They are triggered mainly by changes in day length. If all goes well, the outcome is that birds raise their young when the food supply is at its peak. Most birds are not simply ② <u>reluctant</u> to breed at other times but they are also physically incapable of doing so. This is because their reproductive system ③ <u>shrinks</u>, which helps flying birds save weight. The main exception to this rule are nomadic desert species. These can initiate their breeding cycle within days of rain. It's for making the ④ <u>least</u> of the sudden breeding opportunity. Also, different species divide the breeding season up in different ways. Most seabirds raise a single brood. In warm regions, however, songbirds may raise several families in a few months. In an exceptionally good year, a pair of House Sparrows, a kind of songbird, can raise ⑤ <u>successive</u> broods through a marathon reproductive effort.

* nomadic : 유목성의

** brood: 함께 태어난 새끼들

실전문제 정답 및 해설

1. 문법적으로 올바른 것을 고르시오.

1. 정답 that

(해석)

고대 상어의 아가미를 받치는 뼈대는 현대 상어의 뼈대와는 완전히 다르다.

(해설)

앞에 나온 명사 skeleton을 지칭하고 뒤에서 수식을 받고 있으므로 that이 정답이다.

(어휘)

skeleton 뼈대 shark 상어 gill 아가미

2. 정답 is

(해석)

컨벤션의 모든 사람들이 그 안건을 좋아한다.

(해설)

every는 각각의 하나하나를 지칭하는 것으로 단수 취급한다.

3. 정답 그 직원은 하루 만에 그의 임무를 대부분 마쳤다.

(해설)

뒤에서 of his assignment라는 전명구가 수식하고 있으므로 대명사 역할을 하는 most가 정답이다. almost는 부사이다.

4. 정답 themselves

(해석)

강렬한 운동으로 기진맥진한 선수들은 종종 동기부여를 다시 얻기 위해서 맛있는 음식으로 스스로를 보상한다.

(해설)

reward라는 타동사의 목적어 자리가 빈칸이고, 목적어와 주어가 같으므로 재귀대명사를 사용한다.

5. 정답 him

(해석)

여러 자원봉사자들은 다음 실험에서 준비를 돕기 위해서 Sawyer의 말을 따를 것이다.

(해설)

목적어 자리이므로 인칭대명사 목적격과 재귀대명사 모두 사용이 가능하다. assist의 의미상 주어는 several volunteers이고 목적어가 Mr. Sawyer이므로 주어와 목적어가 같지 않으므로 him을 사용한다.

2. 문법적으로 틀린 부분을 옳게 고치시오.

6. 정답 itself → themselves

(해석)

인간은 음식을 나누고, 반면 원숭이들은 자립한다.

(해설)

주어가 monkeys로 복수형이므로 themselves를 사용한다.

(어휘)

fend for oneself 자립하다

7. 정답 themselves → their

(해석)

그들은 매우 오래 기다려서 인내심을 잃었다.

(해설)

재귀대명사는 목적어 자리나 부사 자리에만 사용이 가능하고, 명사를 수식할 수는 없다. 뒤에 나오는 명사 patience를 수식하는 역할을 하는 소유격이 필요하다.

8. 정답 those → that

(해석)

우리 책의 커버에 있는 디자인은 당신 책 커버에 있는 디

"

자인과 같지 않다.

on yours라는 전명구가 뒤에서 수식을 하고 있고, 앞에
제시된 명사가 design이라는 단수이므로 that으로 바꾸
어야 한다.

9. 정답 them → their

과목 일정을 변경하기를 희망하는 학생들은 허락을 얻기
위해서 우선 그들의 교수님에게 연락해야 한다.

professor라는 명사 앞에는 목적격이 아니니 소유격이
필요하다.

10. 정답 those → that

포유류이 거의 모든 가능한 삶의 방식에 대한 적응은 중
생대의 파충류들의 적응과 유사하다.

앞에 제시된 명사가 adaptation이라는 단수이므로 지시
대명사 역시 those가 아니니 that으로 바꾸어야 한다.

adaptation 적응 mammal 포유류 parallel 평행하다, 유
사하다 reptile 파충류 Mesozoic time 중생대

1. 정답 ③

해석

지난 3주 동안 주로 홍콩과 베트남에서 150명이 넘는 사람들이 병에 걸렸다. 그리고 300명 이상의 사람들이 중국 광동 지방에서 11월 중순부터 시작된 동일한 질병에 걸렸을 것이라고 전문가들은 의심한다.

해설

③ another는 주로 단수 명사와 쓰이지만. 수사(숫자)가 뒤에 나오면 복수 명사와 쓰일 수 있다.

① fall의 3단 변화는 fall-fell-fallen이다. 따라서 현재완료형(have+p.p.)에 적합한 형태는 fallen이다.

② 주어인 experts가 that절의 사실을 suspect(의심하다)하는 것은 능동 관계이므로 suspect를 수동태로 쓰는 것은 옳지 않다. 또한 suspect는 '~을 의심하다'는 타동사로 that절이 목적어 기능을 하므로 동사는 능동태가 적절하다고 판단할 수 있다. 일반적으로 타동사 뒤에 목적어가 있으면 동사는 능동태로, 타동사 뒤에 목적어가 없으면 동사를 수동태로 사용한다.

④ 사역동사 have 뒤의 목적격 보어는 목적어와의 관계가 능동이면 동사원형, 수동이면 과거분사를 써야 한다. begin이 목적격 보어 자리에 사용되어 5형식 문장으로 적절해 보이나 이는 '같은 질병이 시작되게 만들다'라고 해석되어 어색한 문장이 된다. 따라서 have를 사역동사가 아닌 일반 타동사로 문제를 해결해야 한다. 자동사 begin in을 disease를 수식할 수 있는 분사의 형태 beginning 혹은 관계대명사 which began로 바꾸는 것이 적절하다.

어휘

fall ill 병이 나다 suspect (확실하지 않지만 나쁜 일이 있을 것이라고) 의심하다 province (수도 외의) 지방

2. 정답 ①

해석

① 일주일의 휴가가 모든 사무실 직원들에게 약속되었다.
② 그녀는 다른 이들에게 봉사하는 삶을 살 운명이었다.
③ 작은 도시에서 아이들을 키우는 것이 큰 도시보다 선호되는 듯하다.
④ 일류 소프트웨어 회사들은 앞선 상태를 유지하는 것이 점점 더 도전적인 일이라는 사실을 발견하게 된다.

해설

① 주어와 동사의 수가 일치하고 있고, 약속이 되는 것이므로 수동태를 제대로 사용하고 있다.

② 주어가 '~할 운명이다'라는 의미가 되려면, 수동태인 be destined to부정사 형태가 올바르다.

③ preferable이 '보다 더 선호되다'의 의미로 사용되는 경우에는 비교 대상 앞에 to를 사용해야 한다. prefer도 역시 to가 뒤따른다.

④ 대표적인 5형식 동사인 find는 목적어와 목적격 보어가 따라와야 하지만, 제시문의 경우 목적어가 없다. 하지만 목적격 보어 뒤에 to부정사가 존재하므로 가목적어 it을 추가하여 'find+it(가목적어)+형용사(목적격 보어)+to부정사(진목적어)'의 구조가 되도록 바꾸어야 한다.

3. 정답 ③

해석

부하직원들은 리더십 상황에서 중요한 역할을 하지만, 그들의 역할이 언제나 인정받았던 것은 아니다. 오랫동안, 사실상 "리더십에 대한 일반적인 견해는 리더가 적극적으로 리드하고, 후에 부하직원이라고 불리는 하급자들이 수동적으로 그리고 순순히 따라간다는 것이었다." 시간이 흐르고, 특히 지난 세기에 사회적 변화는 부하직원에 대한 사람들의 견해를 형성했고, 리더십 이론은 점차 리더십 과정에서 부하 직원들이 행하는 적극적이고 중요한 역할을 인정했다. 오늘날에는 부하직원들의 역할이 중요하다는 것을 받아들이는 게 자연스러운 듯하다. 리더십의 한 측면은 특히 이러한 점에서 눈여겨볼 만하다. 리더십은 사회적 영향의 과정으로 그룹 내의 모든 구성원들이 공유하는 것이다.

해설

③ 뒤에 진주어 to accept가 수반되고 있으므로, 가주어

it을 사용하고, 동사의 수 역시 단수를 사용해야 한다. 따라서 the seem은 it seems가 되어야 한다. 그리고 seem은 자동사이므로 수동태를 사용하지 않는다.

① 소유격대명사는 their가 앞에 제시된 명사 followers를 받고 있으므로 수가 맞고, 뒤에 명사를 수식하는 역할을 하므로 '소유격'이 맞다.

② 명사절 that절은 be동사 뒤에서 주격 보어 역할을 수행하고 있으므로 제대로 사용된 것이다.

④ 'be worth ~ing'는 '~할 가치가 있다'라는 표현으로 제대로 사용되고 있다.

4. 정답 ⑤

조건부 장소 선호도는 동물들이 무엇을 원하는지 알아내는 하나의 방법이다. 연구자들은 그것들이 한 장소를 음식이나 시끄러운 소리와 같은 경험과 연관시키고 또 다른 장소를 완벽히 다른 어떤 것과 연관시키도록 훈련시키는데, 대개 그곳에서는 아무것도 일어나지 않는다. 그 두 장소는 그 동물이 각 장소를 거기에서 그것에게 일어난 일과 연관시키는 것을 가능한 한 쉽게 만들기 위해 명백히 다르게 만들어진다. 한 장소나 다른 장소에 있는 것에 대한 그 동물의 선호도는 두 장소에서 경험하기 전과 후에 모두 측정된다. 만약 동물이 보상을 받기 위해 어디에서 시간을 보내기로 선택하는지에 변화가 있다면, 이것은 그것이 그 경험을 좋아했고 그것을 반복하려고 노력하는 중이라는 것을 시사한다. 반대로, 만약 그것이 이제 자극이 나타났던 장소를 피하고 그것이 그것을 경험하지 않았던 장소를 선호하기 시작한다면, 그러면 이것은 그것이 그 자극을 불쾌하게 느꼈다는 것을 시사한다. 예를 들어, 암에 걸린 쥐가 식염수를 받아 왔었던 곳보다 통증을 완화시키는 데 사용되는 약인 모르핀이 주어졌었던 장소에 대한 선호를 보여 준 반면, 건강한 쥐는 그러한 선호가 생기지 않았다. 이것은 암에 걸린 쥐가 그 모르핀을 원했음을 시사한다.

① to associate는 '연관시키기 위하여'의 의미로 쓰인 부정사의 부사적 용법(목적)으로 올바르게 사용되었다.

② easy는 5형식 문장 make it easy의 목적격 보어로 쓰

였으므로 형용사를 쓴 것은 올바른 용법이다.

③ 앞의 단수 명사 experience을 지칭하는 것이므로 단수 대명사 'it'은 올바르게 사용되었다.

④ starts는 and에 의해 앞의 단수동사 'avoids'와 병렬을 이룬 동사로 올바르게 사용되었다.

⑤ they는 앞의 'mice'을 지칭하므로 쥐들이 모르핀을 '주는' 것이 아니라 '주어지는' 것이므로 'have given'은 수동태 형태인 'have been given'으로 고쳐야 한다. 뒤의 'have received(받아 왔다)'와 같은 의미가 되어야 한다.

conditioned 조건부의 place 장소 preference 선호 associate A with B A를 B와 연관시키다 obviously 명백하게 suggest 시사하다, 넌지시 나타내다 conversely 반대로 stimulus 자극 unpleasant 불쾌한 morphine 모르핀(진통제의 일종) relieve 완화시키다 saline 식염수

5. 정답 ④

적도 근처에서는 많은 종의 새들이 일 년 내내 번식한다. 그러나 온대와 극지방에서는 새들의 번식 시기가 종종 매우 뚜렷하게 정해진다. 이러한 번식 시기는 주로 낮 길이의 변화에 의해 촉발된다. 모든 것이 순조롭게 진행된다면, 그 결과 새들은 먹이 공급이 최고조에 달할 때 새끼를 기르게 된다.

대부분의 새들은 단순히 다른 시기에 번식하기를 꺼리는 것이 아니라, 실제로 신체적으로 번식이 불가능하다. 이는 그들의 생식 기관이 축소되기 때문이며, 이것은 날아다니는 새들이 체중을 줄이는 데 도움을 준다.

이 규칙의 주요 예외는 유목성 사막종이다. 이들은 비가 내린 후 며칠 안에 번식 주기를 시작할 수 있다. 이는 갑작스러운 번식 기회를 최대한 활용하기 위해서이다.

또한 서로 다른 종들은 번식 시기를 서로 다른 방식으로 나눈다. 대부분의 바닷새는 한 번에 한 무리의 새끼만 키운다. 그러나 따뜻한 지역에서는 명금류가 몇 달 안에 여러 번 새끼를 키울 수도 있다. 매우 좋은 해에는, 명금류의 한 종류인 집참새 한 쌍이 마라톤과 같은 번식 활동을 통해 연속적으로 여러 번 새끼를 키울 수 있다.

문맥상 '~을 거의 활용하지 않다'가 아니라 '~을 최대한 활용하다'가 들어가야 하므로 make the most of라는 표현을 사용해야 한다.

equator 적도 breed 새끼를 낳다 temperate 온대의 reluctant 꺼리는 reproductive 번식의 nomadic 유목이

4. 문장의 형식

문장의 5형식은 1강에서 문장의 구성방식을 설명할 때 간단히 다루었다. 여기서 한번 더 복습하고, 구체적으로 각 형식마다 어떤 동사들이 있고, 특징이 무엇인지를 알아보자.

앞에서 언급했듯이 영어의 모든 단어는 8가지 품사로 나눌 수 있고, 영어 문장은 그것들이 문장에서 하는 역할에 따라서 4가지 주요소(주어, 동사, 목적어, 보어)가 있다. 그리고 동사의 종류에 따라서 문장은 5가지 종류로 나누어지는데, 이를 문장의 5형식이라고 한다.

문장성분은 각 품사를 문장에서의 역할에 따라 분류한 것이다.

1. 문장의 4요소

1) 주어(Subject)

동사가 나타내는 동작이나 상태의 주체가 되는 말이다. 명사(구)(절)가 이에 해당하며, '~은/는/이/가'로 해석된다.

My friend lives in Osaka. 내 친구는 오사카에 산다.

2) 동사(Verb)

주어가 나타내는 동작이나 상태를 나타내는 말이다. 동사(구)가 이에 해당되면, '~하다/~이다'로 해석된다.

I walk. 나는 걷는다.

I am a student. 나는 학생이다.

3) 목적어(Object)

동사가 나타내는 행위의 대상이다. 명사(구)(절)이 이에 해당되면, '~을/를'로 해석된다.

I love my girlfriend. 나는 여자친구를 사랑한다.

They study English every day. 그들은 영어를 매일 공부한다.

4) 보어(Complement)

주어나 목적어를 보충 설명해 주는 말이다. 형용사나 명사가 이에 해당되면, 형용사일 경우 '주어/목적어가 ~하다'로 해석이 되며, 명사일 경우 '주어/목적어가 ~이다'로 해석이 된다.

My daughter is beautiful. 내 딸은 아름답다.

She became a lawyer. 그녀는 변호사가 되었다.

My daughter always makes me happy. 내 딸은 항상 나를 웃게 만든다.

2. 문장의 5형식

1) 1형식 문장[S+Vi(완전자동사)+(부사)]

목적어나 보어가 필요 없는 완전자동사가 사용되는 문장으로 뒤에는 부사나 전명구가 올 수 있다.

I walk. 나는 걷는다.

They study. 그들은 공부한다.

They study (hard). 그들은 열심히 공부한다.

They study (for the mid-term). 그들은 중간고사를 대비해서 공부한다.

출제포인트

1. 1형식 동사 뒤에는 부사가 올 수 있다.

I walk (fast). 나는 빨리 걷는다.

He disappeared (suddenly). 그는 갑자기 사라졌다.

2. 1형식 동사 뒤에 목적어가 오는 경우 동사 뒤에 전치사가 필요하다.

자동사+**전치사**+명사

consist of ~로 구성되다	deal with ~을 다루다
result in ~을 야기하다	depend on ~에 의존하다
object to ~에 반대하다	look for ~을 찾다
account for ~을 설명하다	participate in ~에 참석하다
contribute to ~에 기여하다	belong to ~에 속하다
dispense with ~없이 지내다	

옳은 것은 ○, 틀린 것은 × 하고 틀린 부분을 바르게 고치시오.

1. The man is waiting his wife. (○/×)

2. I object the proposal. (○/×)

정답 및 해설

1. 정답 × waiting → waiting for

해석 그 남자는 아내를 기다리고 있다.

해설 wait은 자동사로 뒤에 목적어가 오는 경우 전치사 for가 필요하다.

2. 정답 × object → object to

해석 나는 그 안건에 반대한다.

해설 object는 자동사이므로 뒤에 목적어가 오기 위해서는 전치사 to가 필요하다.

3. 1형식 동사는 수동태가 될 수 없다.

수동태는 목적어가 주어 자리에 가는 경우에 사용되는데, 1형식 동사는 목적어 자체가 없으므로 수동태가 될 수 없다.

옳은 것은 ○, 틀린 것은 × 하고 틀린 부분을 바르게 고치시오.

1. The magician was suddenly disappeared. (○/×)

2. The car accident was taken place this morning. (○/×)

정답 및 해설

1. 정답 × was suddenly disappeared → suddenly disappeared

해석 그 마술사는 갑자기 사라졌다.

해설 disappear는 자동사이므로 수동형으로 사용되지 않는다.

2. 정답 × was taken place → took place

해석 오늘 오전에 그 차 사고는 갑자기 발생했다.

해설 take place는 자동사이므로 수동형으로 사용될 수 없다.

주요 1형식 동사(완전자동사)

왕	go	생	live
래	come	사	die
발	depart	존	exist, appear, disappear
착	arrive	발	happen, occur, take place
		구	consist

어법에 맞게 고치시오.

1. He will graduate the school in three years.

2. Most bank tellers cannot dispense without ATM these days.

2) 2형식 동사[S+Vi(불완전자동사)+C]: 보어가 필요한 동사

동사만으로는 뜻이 완전하지 않아서 주어의 상태를 보충 설명해 주는 말이 있어야 하는 동사이다.
보어 자리에는 형용사나 명사가 사용된다.

She stayed peaceful. 그녀는 평화롭게 머물렀다.

Keep calm and peaceful. 차분하게 진정하세요.

2형식 대표동사

1. 감각동사

look, smell, taste, sound, feel+형용사/like 명사(구)(절)

She looks tired. 그녀는 피곤해 보인다.

The heat made me feel faint. 그 열이 나를 어지럽게 만들었다.

2. 상태지속 동사

'(계속) ~이다' be, remain, stay, keep+형용사

The weather will stay cold tomorrow. 날씨는 내일 추울 것이다.

The birds stay still on the bench. 그 새들이 벤치에 가만히 앉아 있다.

3. 상태변화 동사

'~되다' become, get, grow+형용사

go, come fall, run+형용사: '~되다'

The project became successful. 그 프로젝트는 성공적으로 되었다.

The flowers grow wild. 그 꽃들은 야생으로 자란다.

Dreams come true. 꿈은 실현된다.

The milk went bad. 우유가 상했다.

괄호 안에 알맞은 것을 고르시오.

1. When we are alone, problems become more [serious/seriously].

2. If properly stored, broccoli will stay [fresh/freshly] for at least three hours.

3. Her test scores were [good/well] because she did [good/well] on her tests.

정답 및 해설

1. 정답 serious
해석 우리가 혼자 있을 때, 문제는 더 심각해진다.
해설 become은 불완전동사이므로 뒤에 보어로 형용사가 와야 한다.

2. 정답 fresh
해석 적절하게 보관되면, 브로콜리는 적어도 3시간 동안 신선도를 유지한다.
해설 stay는 '머물다'라는 의미일 때에는 완전자동사이지만, 뒤에 형용사를 수반해서 '~한 상태로 있다'라는 의미일 때에는 불완전자동사로 사용된다.

3. 정답 good, well
해석 그녀가 시험을 잘 쳤기 때문에, 시험성적은 좋았다.
해설 앞 문장에서는 were라는 be동사 뒤에 보어로 형용사 good이 들어가고, 뒤의 문장에서는 did라는 일반동사를 수식하는 부사 well이 들어간다.

3) 3형식 동사[S+Vt(완전타동사)+O]

동사만으로는 뜻이 완전하지 않아서 '무엇을/를'에 해당하는 목적어가 있어야 하는 동사이다.
3형식 동사는 뒤에 바로 목적어를 수반하므로, 동사 뒤에는 전치사가 사용될 수 없다.

옳은 것은 ○, 틀린 것은 × 하고 틀린 부분을 바르게 고치시오.

1. They reached at the station. (○/×)

2. I will marry with my girlfriend. (○/×)

1. 정답 × reached at → reached
해석 그들은 역에 도착했다.
해설 reach는 타동사이므로 뒤에 전치사가 들어가지 않는다.

2. 정답 × marry with → marry
해석 나는 여자친구와 결혼할 것이다.
해설 marry는 우리말로 '~와 결혼하다'라는 의미이므로 전치사 with와 어울릴 것 같지만, 타동사로 전치사 없이 바로 뒤에 목적어가 와야 한다.

(1) 전치사가 올 수 없는 완전타동사(주의!)

tell, mention, announce, discuss	+about (×)
reach, approach, answer, oppose survive, call, contact, obey	+to (×)
join, enter	+into (×)
marry, resemble, face, accompany	+with (×)
approve	+for (×)

옳은 것은 ○, 틀린 것은 × 하고 틀린 부분을 바르게 고치시오.

1. I want to discuss about the matter with you. (○/×)

2. The jury objected the opinion in the court. (○/×)

1. 정답 × discuss about → discuss
해석 나는 그 문제를 너와 토론하기를 원한다.
해설 discuss는 타동사로 뒤에 전치사 없이 바로 목적어를 수반한다.

2. 정답 × objected → objected to
해석 그 배심원은 법정에서 그 의견에 반대했다.
해설 object는 자동사로 뒤에 전치사 to가 수반되어야 한다.

(2) 주의해야 할 자동사와 타동사

	타동사	자동사+**전치사**
참석하다	attend	participate **in**
도달하다	reach	arrive **at/in**
기다리다	await	wait **for**
반대하다	oppose	object **to**
살다, 거주하다	inhabit	live **in**

(3) 요구, 제안, 명령, 주장 등의 동사

이런 동사들은 that절 안의 주어가 '~해야 한다'라는 당위성의 의미를 가지므로 동사는 (should) R을 사용한다.

요구	ask, demand, require, request	
제안	suggest, propose, recommend, advise	+that+주어+**(should) R**
명령	order, command	
주장	insist	

1. The boss insisted that he [works/work] harder.

2. The suspect insisted that he [steal/didn't steal] the purse.

1. 정답 work
해석 그 사장은 그가 더 열심히 일할 것을 주장했다.
해설 본동사로 insisted가 사용되고 있으므로 that절 안의 동사는 (should)가 생략된 work가 와야 한다.

2. didn't steal
해석 그 혐의자는 그가 그 지갑을 훔치지 않았다고 주장했다.
해설 insist가 본동사로 사용되는 경우 that절의 동사로 무조건 (should) R을 사용해야 하는 것은 아니다. 당위성이 있어서 '~해야 한다'라는 의미가 있을 때만 (should) R을 사용한다. 이 문장은 문맥상 과거에 훔치지 않았다고 주장하는 것이므로 과거동사를 그대로 사용해야 한다.

(4) 완전타동사와 어울리는 주요 전치사

특정 동사는 목적어 뒤에 또 다른 목적어를 수반하기 위해서 특정한 전치사를 사용하는데, 이들을 세트로 암기해 두어야 한다.

알리다	inform, notify, remind, convince, assure	A(사람) of B(대상)
막다	prevent, prohibit, preclude, deter, discourage	A from ~ing
제거하다	rob, deprive, relieve	A(사람) of B(대상)
제공하다	provide, supply, fill, equip, furnish	A(사람) with B(대상)
칭찬 비난하다	praise, blame	A(사람) for B(대상)
바꾸다	turn, change, transform, convert	A into B

1. The school will start a program designed to deter kids [to watch/from watching] TV too much.

1. 정답 from watching

해석 그 학교는 아이들이 TV를 지나치게 많이 보는 것을 막기 위한 프로그램을 시작할 것이다.

해설 deter는 뒤에+사람+from Ring의 구조를 취한다.

4) 4형식 동사[S+V+IO+DO]

'~에게'에 해당하는 간접목적어와 '~을'에 해당하는 직접목적어가 있어야 하는 동사이다. 4형식 문장은 3형식으로 전환이 가능하다.

> 주어+**완전타동사**+목적어
> 주어+완전타동사(수여동사)+간접목적어+직접목적어

She gave a book. 그녀는 책 한 권을 주었다.

She gave me a book. 그녀는 나에게 책 한 권을 주었다.

She gave a book (to me). 그녀는 책 한 권을 나에게 주었다.

(1) 3형식으로 전화 시 전치사를 주의해야 하는 4형식 동사

1) give, offer, send	+Sth+**to**+Sby
2) make, buy	+Sth+**for**+Sby
3) ask, require	+Sth+**of**+Sby

1. They didn't give me a chance. → They didn't give a chance _______ me.

2. She made me a cup of coffee. → She made me a cup of coffee ________ me.

3. He asked me a question. → He asked a question ________ me.

4. Can I ask a favor you.

1. 정답 to
해석 그들은 나에게 기회를 주지 않았다.

2 정답 for
해석 그녀는 나에게 커피를 만들어 주었다.

3. 정답 of
해석 그는 나에게 질문을 했다.

4. 정답 ×
해석 부탁 하나 해도 될까요?

(2) 4형식 동사로 착각하기 쉬운 3형식 동사들(빈출)

explain 설명하다	say 말하다
mention 언급하다	announce 발표하다
introduce 소개하다	suggest 제안하다

옳은 것은 〇, 틀린 것은 × 하고 틀린 부분을 바르게 고치시오.

1. The boss explained me how to solve the problem. (〇/×)

1. 정답 × explained me → explain to me
해석 사장님은 나에게 그 문제를 어떻게 해결할지를 설명해 주었다.
해설 explain은 3형식 동사이므로 바로 뒤에 간접목적어 me가 올 수 없다. me를 생략하거나 to me와 같이 사용해야 한다.

1. John [said/told] Mary that he would leave early.

1. 정답 told
해석 John은 Mary에게 그가 빨리 떠날 거라고 이야기했다.
해설 둘 다 '말하다'라는 의미이지만, say는 3형식 동사이고, tell은 4형식 동사이다. 동사 뒤를 보면 간접목적어+직접목적어의 4형식 구조이므로 told가 정답이 된다.

5) 5형식 동사[S+V+O+OC]

목적어와 보어가 필요한 동사.
목적어와 함께 목적어를 보충 설명해 주는 말인 목적보어가 있어야 하는 동사이다.

(1) 5형식 동사의 종류

① 형용사보어(상태, 성질)

make, keep, find, leave, consider+O+OC(형용사/분사)

You make me <u>crazy</u>. 네가 나를 미치게 만든다.
I found the book <u>interesting</u>. 그 책이 흥미롭다는 것을 알게 되었다.

1. The daughter made her parents [happy/happily].

2. Just eating a lot of vegetables may keep you [perfect/perfectly] healthy.

1. 정답 happy
해석 그 딸은 그녀의 부모님들을 행복하게 만들었다.
해설 make은 5형식 동사로, 뒤에 목적어와 목적보어를 수반하는데 목적보어 자리에 부사가 아닌 형용사가 나온다.

2. 정답 perfectly
해석 단지 채소를 많이 먹는 것이 당신을 완벽하게 건강하게 만들 것이다.

해설 빈칸에는 healthy는 keep이라는 5형식 동사의 목적보어이다. 그리고 빈칸은 healthy라는 형용사를 꾸며 주는 부사가 필요하다.

② 명사보어(직업, 신분)

call, elect, name+O+OC(명사)

She calls me a baby. 그녀는 나를 아기라고 부른다.
People elected him president. 사람들은 그를 대통령으로 선출했다.

③ to부정사보어: 행위유발동사(~에게 ~하게 하다)

ask	부탁하다	
allow	허락하다	
enable	가능하게 하다	
encourage	격려하다	+O+to R
persuade	설득하다	
require	요구하다	

어법에 맞게 고치시오.

1. We had much snow yesterday, which caused lots of people slip on the road.

2. Charles tried his best to become great by allowing himself learn from mistakes.

정답 및 해설

1. 정답 slip → to slip
해석 어제 상당히 많은 눈이 내렸고, 그것은 많은 사람들이 도로에서 미끄러지게 만들었다.
해설 cause는 목적격 보어 자리에 to R를 데리고 다닌다.

2. 정답 learn → to learn
해석 Charles는 그 자신이 실수로부터 배우게 함으로써 대단하게 되려고 최선을 다했다.
해설 동명사 역시 동사의 성격을 가진다. allow는 5형식 동사로 뒤에 목적격 보어 자리에 to R을 취한다.

④ 전명구 보어

regard 간주하다 think of 생각하다 look upon 여기다 refer to 부르다	+A+**as** B
take 여기다, 착각하다	+A+**for** B

They regard her as angel. 그들은 그녀를 천사로 여긴다.

They regard the problem as serious. 그들은 그 문제를 심각하게 여긴다.

People took her for her sister. 사람들은 그녀를 동생으로 여겼다.

take+목적어+**for granted**: ~을 당연시 여기다.

⑤ 원형부정사 보어

ⅰ. 사역동사

'~하도록 시키다'라는 의미의 동사로, 목적격 보어의 형태가 출제되는데, '~에게 ~하도록 시키다'이면 동사원형이
사용되고, '~가 ~되도록 만들다'라는 의미일 때에는 과거분사를 사용한다.

make	~하게 만들다	+Sby+**R**
have	~하게 하다	
let	~하도록 허락하다	+Sth+**p.p.**

I made him repair the computer. 나는 그에게 컴퓨터를 수리하게 시켰다.

I made the computer repaired. 나는 컴퓨터를 수리시켰다.

ⅱ. 준사역동사

get는 사역동사와 같은 의미를 지니지만, '~에게 ~하도록 시키다'일 때, 목적격 보어 자리에 to R를 사용해야 한다.
그리고 help는 '시키다'의 의미는 없지만 목적격 보어 자리에 동사원형을 사용한다.

help	돕다	+목적어+(to) R
get	시키다	+목적어+to R(능동) +목적어+p.p.(수동)

He helped install the program. 그는 프로그램을 설치하는 것을 도왔다.

He helped me (to) install the program. 그는 내가 프로그램을 설치하는 것을 도왔다.

I get him to finish the work. 나는 그에게 일을 마치게 했다.

I got the work <u>done</u>. 나는 일을 끝냈다.

1. He had his political enemies [imprison/imprisoned].

2. Tom got his license [to take away/taken away] for driving too fast.

1. 정답 imprisoned
해석 그는 그의 정치적인 적들을 투옥시켰다.
해설 had는 사역동사이고, 문맥상 적들은 투옥이 되는 것이므로 목적격 보어 자리에 과거분사형을 사용한다.

2. 정답 taken away
해석 Tom은 과속으로 운전면허증을 압류당했다.
해설 get은 준사역동사이다. 문맥상 운전면허증이 뺏기는 것이 목적격 보어 자리에 과거분사형을 사용한다.

iii. 지각동사

'보다, 듣다'와 같이 지각능력과 관련된 동사로 '목적어가 ~하는 것을 보다, 듣다'의 의미일 때에는 목적격 보어 자리에 동사원형이나 현재분사형을 사용하고, '목적어가 ~되는 것을 보다, 듣다'의 의미일 때에는 목적격 보어 자리에 과거분사를 사용한다.

see, watch observe, notice	보다	+Sby+<u>R/Ring</u>
hear, listen to	듣다	+Sth+**p.p.**
feel	느끼다	

I saw him <u>cross/crossing</u> the road. 나는 그가 도로를 건너는 것을 보았다.
We saw her <u>dance/dancing</u>. 우리는 그녀가 춤추는 것을 보았다.
I saw him <u>arrested</u>. 나는 그가 체포당하는 것을 보았다.

1. She [wants/makes] me happy.

2. My mom tells me [eat/to eat] health food.

3. I find the waiter very [rude/rudely].

4. Science [becomes/make] our life comfortable.

5. Jack always asks me [help/to help] him with his homework.

6. Please let me [know/to know] your address.

7. The teacher made him [do/to do] their homework.

1. 정답 makes
해석 그녀는 나를 행복하게 만든다.
해설 동사 문제는 뒤에 나오는 구조를 파악하는 것이 핵심이다. 뒤에 목적어와 목적보어가 제시되어 있으므로 5형식 구조이다. want는 3형식 동사이므로 정답이 될 수 없다.

2. 정답 to eat
해석 엄마는 나에게 건강한 음식을 먹으라고 말한다.
해설 tell은 3, 4, 5형식 구조가 다 되는 동사이다. 이 문장은 5형식 구조이므로 목적격 보어 자리에 to R가 온다.

3. 정답 rude
해석 나는 그 웨이터가 매우 무례하다고 생각한다.
해설 find는 5형식 동사이고 목적격 보어 자리에 형용사를 데리고 다닌다.

4. 정답 make
해석 과학은 우리 삶을 편안하게 만든다.
해설 문장 구조가 5형식이므로 make가 정답이다. become은 2형식 동사이다.

5. 정답 to help
해석 Jack은 항상 나에게 숙제를 도와 달라고 요구한다.
해설 ask는 목적격 보어 자리에 to부정사를 데리고 다닌다.

6. 정답 know
해석 당신의 주소를 알려 주세요.
해설 let은 사역동사이므로 목적격 보어 자리에 동사원형이 온다.

7. 정답 do
해석 그 선생님은 그에게 숙제를 하게 만들었다.

해설 make는 사역동사이므로 목적격 보어 자리에 동사원형이 와야 한다.

1. The soup smells very good to us. ____________

2. That Hues corporation's sales has increased sharply is not surprising. ____________

3. The number of people exercising in the gym has risen dramatically over the last five years. ____________

4. Certain applications require the user to update their operating system to the latest version. ____________

정답 및 해설

1. 2형식
해석 그 수프는 나에게 냄새가 매우 좋다.
해설 the soup이 주어이고 smells가 불완전자동사, good이 주격 보어이다. (to me)는 전명구로 없다고 보면 된다.

2. 2형식
해석 Hue corporation의 매출액이 급격히 증가한 것은 놀랍지 않다.
해설 That Hue corporation's sales has increased sharply가 명사절로 주어이다. is는 불완전자동사 surprising이 주격 보어이다.

3. 1형식
해석 체육관에서 운동하는 사람들의 수는 지난 5년 동안에 걸쳐서 급격히 증가했다.
해설 number가 주어, (of people)는 전명구, (exercising in the gym)은 분사, has risen이 완전자동사이다. (dramatically)는 동사를 수식하는 부사이고 (over the last five years)도 전명구로 없다고 보면 된다.

4. 5형식
해석 특정한 앱은 사용객이 최근의 버전으로 운영체계를 업데이트할 것을 요구한다.
해설 certain applications가 주어, requires가 동사, the user가 목적어, to update가 목적격 보어이다. their operation system은 앞에 있는 to부정사의 의미상 목적어이고 (to the latest version)은 전명구로 없다고 보면 된다.

1. 어법상 올바른 것을 고르시오.

1. We will let you know if the guide can [accompany/accompany with] you on your tour.
2. Even externally they are different from newspaper, mainly because magazines [resemble/resemble like] a book.
3. We took the copier to the service center to get it [fixing/fixed].
4. Most of the workers want to be [financial/financially] sound.
5. I was really happy to see this kind and caring face, but there wasn't anything he could do to make the flu [go/to go] away.

2. 어법상 틀린 부분을 고치시오.

6. The country also agreed that day temporarily stop firing rockets into the enemy.
7. Many teachers find difficult to teach students with various capabilities in the same classroom.
8. Most European countries failed to welcome Jewish refugees after the war, which caused many Jewish people immigrate elsewhere.
9. Brakes are also used in many cases to keep a stopped vehicle to move.
10. We can rid ourselves from our suspiciousness only by procuring more knowledge.

1. 밑줄 친 부분 중 어법상 가장 옳지 않은 것은?

By 1955 Nikita Khrushchev ① had been emerged as Stalin's successor in the USSR, and he ② embarked on a policy of "peaceful coexistence" ③ whereby East and West ④ were to continue their competition, but in a less confrontational manner.

2. 밑줄 친 부분 중 어법상 옳은 것은?

Last week I was sick with the flu. When my father ① heard me sneezing and coughing, he opened my bedroom door to ask me ② that I needed anything. I was really happy to see his kind and caring face, but there wasn't ③ anything he could do it to ④ make the flu to go away.

3. 어법상 틀린 것은?

① Surrounded by great people, I felt proud.
② I asked my brother to borrow me five dollars.
③ On the platform was a woman in a black dress.
④ The former Soviet Union comprised fifteen union republics.

4. 다음 글의 밑줄 친 부분 중, 어법상 틀린 것은?

There is little doubt that we are driven by the sell-by date. Once an item is past that date it goes into the waste stream, further ① increasing its carbon footprint. Remember those items have already travelled hundreds of miles ② reach the shelves and once they go into waste they start a new carbon mile journey. But we all make our own judgement about sell-by dates ; those brought up during the Second World War ③ are often scornful of the terrible waste they believe such caution encourages. The manufacturer of the food has a view when making or growing something ④ that by the time the product reaches the shelves it has already been travelling for so many days and possibly many miles. The manufacturer then decides that a product can reasonably be consumed within say 90 days and 90 days minus so many days for travelling gives the sell-by date. But ⑤ whether it becomes toxic is something each individual can decide. It would seem to make sense not to buy large packs of perishable goods but non-perishable items may become cost-effective.

* sell-by date : 판매 유효 기한

** scornful : 경멸하는

5. 다음 글의 밑줄 친 부분 중, 문맥상 낱말의 쓰임이 적절하지 않은 것은?

The "jolt" of caffeine does wear off. Caffeine is ① removed from your system by an enzyme within your liver, which gradually degrades it over time. Based in large part on genetics, some people have a more efficient version of the enzyme that degrades caffeine, ② allowing the liver to rapidly clear it from the bloodstream. These rare individuals can drink an espresso with dinner and fall fast asleep at midnight without a problem. Others, however, have a slower-acting version of the enzyme. It takes far ③ longer for their system to eliminate the same amount of caffeine. As a result, they are very ④ insensitive to caffeine's effects. One cup of tea or coffee in the morning will last much of the day, and should they have a second cup, even early in the afternoon, they will find it difficult to fall asleep in the evening. Aging also ⑤ alters the speed of caffeine clearance: the older we are, the longer it takes our brain and body to remove caffeine, and thus the more sensitive we become in later life to caffeine's sleep-disrupting influence.

* jolt: 충격

** enzyme : 효소

1. 어법상 올바른 것을 고르세요.

1. 정답 accompany

(해석)

만약 가이드가 투어에서 당신을 따라갈 수 있으면 알려 드릴게요.

(해설)

accompany는 타동사이므로 뒤에 전치사 없이 바로 목적어를 수반한다.

2. 정답 resemble

(해석)

심지어 외관상으로 신문과는 다르다. 왜냐하면 잡지는 책을 닮았기 때문이다.

(해설)

resemble은 타동사로 뒤에 전치사가 올 수 없다.

3. 정답 fixed

(해석)

우리는 복사기를 수리하기 위해서 서비스 센터에 가져갔다.

(해설)

get은 준사역동사이다. 문맥상 복사기가 수리되는 것이므로 목적보어 자리에 과거분사를 사용한다.

4. 정답 financially

(해석)

대부분의 직원들은 재정적으로 건강해지기를 원한다.

(해설)

이 문장에서 sound는 동사가 아니라 형용사이다. 빈칸은 형용사를 수식하는 부사가 필요하다.

5. 정답 go

(해석)

나는 이런 종류의 보살피는 얼굴을 보아서 너무 좋았다. 그러나 독감을 사라지게 하기 위해서 그가 할 수 있는 것은 아무것도 없었다.

2. 어법상 틀린 부분을 고르시오.

6. 정답 stop → to stop

(해석)

그 나라는 적에게 로켓 발사를 일시적으로 중단한다는 데 그날 동의했다.

(해설)

that day temporarily는 부사로 없다고 보면, 동사와 동사가 바로 연결될 수 없으므로 stop 앞에 to가 필요하다.

7. 정답 leave from → leave

(해석)

먹을 식물이 없어서, 동물들은 그들의 서식지를 떠나야 한다.

(해설)

leave는 '~을 떠나다'라는 의미로 사용될 때에는 타동사이므로 뒤에 전치사가 생략되어야 한다.

8. 정답 immigrate → to immigrate

(해석)

많은 유럽 나라들은 전쟁 후에 유대인 난민들을 환영하지 못했다. 그것은 많은 유대인들로 하여금 다른 곳으로 이주하게끔 만들었다.

(해설)

cause는 목적격 보어 자리에 to R을 사용하는 5형식 동사이다.

9. 정답 to move → moving

(해석)

브레이크는 또한 많은 경우에 정지된 차량이 움직이게
하는 데 사용된다.

(해설)

keep은 5형식 동사이고 목적격 보어 자리에 to부정사는
사용할 수 없고, 형용사나 형용사 역할을 수행하는 분사
가 사용될 수 있다.

10. 정답 from → of

(해석)

우리는 보다 많은 지식을 얻음으로써만 의심을 제거할
수 있다.

(해설)

ride는 뒤에+사람+of+대상의 형태를 취하는 동사이다.

1. 정답 ①

해석

1955년까지 니키타 흐루시초프는 소련에서 스탈린의 후계자로 부상하였으며 그는 "평화 공존" 정책에 착수했는데, 그 정책을 통해 동양과 서양은 계속해서 경쟁은 하는 덜 대립적인 태도를 취할 것이었다.

해설

① emerge는 1형식 완전자동사로 수동태로 쓸 수 없다. 따라서 had been emerged as를 had emerged as로 고쳐야 한다.

② embark on은 '~에 착수하다'라는 뜻의 타동사구이다.

③ whereby는 관계부사로 by which와 같은 뜻이다. 뒤에 완전한 문장이 온다.

④ 주어가 East and West이므로 동사 were는 주어에 맞게 올바르게 쓰였다. were to는 be to 용법으로 '예정'을 뜻한다.

2. 정답 ①

해석

지난주에 나는 독감으로 아팠다. 아버지는 내가 재채기를 하고 기침하는 것을 듣고서 나의 침실 문을 열고 무언가가 필요한지를 물으셨다. 나는 그의 친절하면서도 걱정하는 얼굴을 보고서 정말 행복했지만, 독감을 떨쳐 내기 위해 아버지가 하실 수 있는 것은 아무것도 없었다.

해설

① hear는 지각동사이다. 5형식 지각동사는 목적어와 목적격 보어가 필요한데, 이 문장에서는 목적어(me)와 목적격 보어(sneezing and coughing)가 올바르게 사용되었다.

② 4형식 동사 ask의 간접목적어(me)는 올바르게 사용되었으나, 직접목적어 자리에는 명사절 접속사인 if나 whether절을 사용해야 한다.

③ 관계대명사는 일반적으로 선행사가 필요하고 뒤 문장은 주로 주어나 목적어가 생략된 불완전한 문장이 따른다. 선택지에서 선행사 (anything) 다음에 관계대명사가

나오므로 뒤 문장의 구성은 불완전해야 한다. 하지만 완전한 문장의 구조를 갖추고 있으므로 목적어 역할을 하는 it이 생략되어야 한다.

④ make가 사역동사이므로 목적격 보어 자리에는 동사원형이나 과거분사가 적합하다. 이 문장에서는 목적어와 목적격 보어의 관계가 능동이므로 to go를 동사원형인 go로 바꾸어야 한다.

3. 정답 ②

해설

② borrow(~에게 빌리다)는 3형식 동사인데, 이 문장은 목적어가 my brother(간접목적어), five dollars(직접목적어) 2개이다. 따라서 borrow를 4형식으로 쓸 수 있는 동사인 lend로 고쳐야 한다.

① Surrounded의 의미상의 주어는 뒤 문장의 사람 주어인 'I'이므로 수동의 의미를 가진 과거분사가 적절하게 사용되었다.

③ 주어인 a woman과 동사인 was가 도치된 문장이다.

④ 타동사인 comprise가 올바르게 쓰였다.

4. 정답 ②

해석

우리가 판매 유효 기한에 따라 움직인다는 것은 의심할 여지가 거의 없다. 일단 어떤 품목이 그 기한을 지나면 폐기물 흐름으로 들어가고 이는 그것의 탄소 발자국을 더욱더 증가시킨다. 그러한 품목들이 선반에 도달하기 위해 이미 수백 마일을 이동했고 일단 그것들이 버려지게 되면 그것들은 새로운 탄소 마일 여정을 시작한다는 것을 기억하라. 그러나 우리 모두는 판매 유효 기한에 대해 자신만의 판단을 내린다. 가령, 제2차 세계대전 중에 자란 사람들은 그들이 생각하기에 그러한 경고가 조장하는 끔찍한 낭비를 자주 경멸한다. 식품 제조업자는 무엇인가를 만들거나 재배할 때 제품이 선반에 도달할 때에는 그것은 이미 매우 오랫동안 그리고 아마도 상당한 거

리를 이동해 왔다는 관점을 가지고 있다. 그래서 제조업자는 제품이 이를테면 90일 이내에는 무리 없이 소비될 수 있고 90일에서 이동에 필요한 많은 날들을 뺀 것이 판매 유효 기한이 된다고 결정한다. 그러나 그것이 유독해지는지는 각 개인이 결정할 수 있는 것이다. 큰 묶음의 상하기 쉬운 제품을 사지 않는 것이 이치에 맞는 것으로 보이겠지만, 상하지 않는 품목들의 경우에는 비용 효율이 높아질 수도 있다.

① increasing은 부사절 'Once ~ date'와 주절 'it ~ stream'을 갖춘 완전한 문장 뒤에 부가적인 내용을 설명하는 분사구문으로 그 뒤의 'its carbon footprint'를 목적어로 갖는 능동의 의미의 현재분사로 올바르게 사용되었다.
② Remember의 목적어 역할을 하는 명사절에서 이미 정동사 'have travelled'가 있으므로 reach는 준동사가 되어야 하고, 의미상 목적의 의미를 갖는 to부정사의 부사적 용법 'to reach'로 고쳐야 한다.
③ 분사 'brought up during the Second World War'의 수식을 받는 복수주어 'those'의 동사이므로 복수동사 'are'는 올바르게 사용되었다.
④ 'that'은 앞의 명사 'a view'와 동격을 이루는 명사절을 이끄는 접속사로 올바르게 사용되었다.
⑤ 'whether(~인지 아닌지)'는 동사 'is'의 주어 역할을 하는 명사절을 이끄는 접속사로 올바르게 사용되었다.

once 일단 ~하면 bring up 양육하다, 키우다 caution 경고 reasonably 합리적으로 toxic 독성의 make sense 이치에 맞다 perishable 잘 상하는 cost-effective 비용 효율이 좋은

5. 정답 ④

카페인의 '충격'은 확실히 점차 사라진다. 카페인은 여러분의 간 안에 있는 효소에 의해 여러분의 신체로부터 ① 제거되는데, 이 효소는 시간이 지남에 따라 그것을 점진적으로 분해한다. 대체로 유전적 특징 때문에, 어떤 사람들은 카페인을 분해하는 더 효율적인 형태의 효소를 갖고 있는데, 이는 간이 그것을 혈류로부터 더 빠르게 제거

할 수 ② 있도록 한다. 이 몇 안 되는 사람들은 저녁과 함께 에스프레소를 마시고도 아무 문제없이 한밤중에 깊이 잠들 수 있다. 그러나 다른 사람들은 더 느리게 작용하는 형태의 효소를 가지고 있다. 그들의 신체가 같은 양의 카페인을 제거하는 데 훨씬 ③ 더 오랜 시간이 걸린다. 결과적으로, 그들은 카페인의 효과에 매우 ④ 둔감하다(→ 민감하다) 아침에 마시는 한 잔의 차나 커피는 그날 대부분 동안 지속될 것이고, 심지어 이른 오후라도 두 번째 잔을 마신다면, 그들은 저녁에 잠드는 것이 어렵다는 것을 알 것이다. 노화는 또한 카페인 제거 속도를 ⑤ 변화시킨다. 즉, 우리가 나이가 들수록 우리의 뇌와 신체가 카페인을 제거하는 것이 더 오래 걸리고, 따라서 우리는 노후에 카페인의 수면을 방해하는 효과에 더 민감해진다.

카페인은 간 안에 있는 효소에 의해 신체로부터 제거되는데 어떤 사람들은 카페인을 분해하는 데 더 효율적인 형태의 효소를 갖고 있어서 간이 카페인을 쉽게 제거할 수 있지만, 다른 사람들은 더 느리게 작용하는 효소를 가지고 있어서 카페인을 제거하는 데 더 오랜 시간이 걸리고 결국 이 사람들은 카페인의 효과에 매우 민감하다는 내용의 글이다. 따라서 ④ 'insensitive(둔감한)'를 'sensitive(민감한)' 등의 어휘로 바꿔야 한다.

caffeine 카페인 wear off 사라지다 remove 제거하다 liver 간 genetics 유전적 특징, 유전학 degrade 분해하다 bloodstream 혈류 eliminate 제거하다 last 지속되다 clearance 제거 disrupt 방해하다

5. be동사와 조동사

1. be동사

am, is, are, was, were와 같은 동사를 be동사라고 한다.

1) be동사는 주어의 인칭과 수에 따라 형태가 달라진다.

시제		단수			복수	
		현재	과거		현재	과거
1인칭	I	am	was	We		
2인칭	You	are	were	You	are	were
3인칭	He	is	was	They		
	She					
	It					

I am a student. 나는 학생이다.
You are a teacher. 당신은 선생님이다.
She is beautiful. 그녀는 아름답다.
They are my friends. 그들은 나의 친구이다.

2) be동사의 부정형: [be+not]

	주어	be동사+not	축약형	
1인칭	I	am not	I'm not	
	We	are not	We're not	We aren't
2인칭	You	are not	You're not	You aren't
3인칭	He/She/It	is not	He's/She's/It's not	He/She/It isn't
	They	are not	They're not	They aren't

3) be동사의 의문문

	의문문	긍정의 대답	부정의 대답
1인칭	Am I ~?	Yes, you are	No, you aren't
	Are we ~?	Yes, we/you are	No, we/you aren't
2인칭	Are you ~?	Yes I am	No, I'm not
3인칭	Is he/she/it ~?	Yes, he/she/it is	No, he/she/it is isn't
	Are they ~?	Yes, they are	No, they aren't

2. 조동사

조동사는 동사의 의미를 덧붙여, 말하는 사람의 생각이나 태도를 부각시키는 보조동사이다.
조동사는 아래와 같은 특징을 가진다.

1) 조동사의 형태

(1) 일반형: 조동사+R

조동사 뒤에는 주어의 인칭과 수에 변함없이 항상 동사원형이 사용된다. '조동사+(부사)+동사원형'식으로 중간에
부사를 끼우는 형태로 출제된다.

He will ride a bus. 그는 버스를 탈 거다.

(2) 부정: 조동사+not+R

조동사를 부정할 때, 부정어이 위치를 묻는 문제가 출제되는데, 조동사와 동사원형 사이에 위치한다.

You must **not** take a day off. 너는 하루 쉬어서는 안 된다.

(3) 의문문: 조동사+S+R?

의문문은 주어와 동사가 도치되어서 만들어지므로 '조동사+주어+동사원형?'의 어순이 된다.

Will you attend the meeting? 회의에 참여하실 건가요?

2) 조동사의 의미와 시제

(1) 기본 조동사

must	반드시(99%) ~해야 한다. (=have to)/틀림없다	must not	반드시 ~ 아니다
	I must go to school.		I must not go to school.
should	당연히(90%) ~해야 한다. /~일 것이다.	should not	당연히 ~ 아니다
	I should go to school.		I should not go to school.
may	아마(60%)	may not	아마 ~ 아니다.
	I may go to school.		I may not go to school.
can	~할 수 있다(+be able to)	cannot	~할 수 없다/~할 리 없다.
	I can go to school.		I cannot go to school.
will	~할 것이다.	will not	~하지 않을 것이다.
	I will go to school.		I will not go to school.

1. I'm sorry, but you [must not/don't have to] park here.

2. Oh, you [have to be/must be] Sylvia's husband.

정답 및 해설

1. must no
해석 죄송하지만, 여기서 주차하면 안 됩니다.
해설 이 문제는 형태상으로는 둘 다 맞다. 해석을 해 와야 한다.
must not R '~해서는 안 된다' don't have to R '~할 필요가 없다'

2. must be
해석 Oh, 네가 Sylvia의 남편이지.
해설 have to는 '~해야 한다'라는 의미만 가지지만, must는 '~해야 한다'라는 의미 이외에도 '~임에 틀림없다'라는 강한 추측의 의미로도 사용된다.

(2) 조동사의 시제

'조동사+have p.p.'는 과거의 일에 대한 추측이나 후회 등을 나타낸다. 조동사를 과거형으로 표시할 때 조동사 뒤에 have p.p.가 붙는다고 보면 된다.

must have p.p.	~했음에 틀림없다
should have p.p.	당연히 ~했어야만 했는데 하지 않았다
shouldn't have p.p.	~하지 말았어야 했다
may(might) have p.p.	아마 ~했을 것이다
cannot have p.p.	~했을 리가 없다
could have p.p.	~했을 수도 있다

빈칸에 알맞은 것을 고르시오.

1. You may [drop/have dropped] your purse somewhere yesterday.

2. You can't [see/have seen] me. I was not there at that time.

3. Something [must/should] have happened to Steve to make him behave in such a way.

1. have dropped

해석 너는 어제 어딘가에서 지갑을 아마 떨어뜨렸을 거야.

해설 may have p.p. '아마 ~했을 것이다' (약한 추측)

2. have seen

해석 너는 나를 봤을 리가 없다. 나는 그때 그곳에 없었다.

해설 cannot have p.p. '했을 리가 없다'

3. must

해석 스티브가 그런 식으로 행동하게 만든 무언가가 틀림없이 발생했었을 것이다.

해설 should have p.p.는 '~했어야만 했다'라는 과거의 후회나 유감을 나타낸다.

(3) 구 조동사

구 조동사는 2단어 이상으로 구성되는 조동사인데, 조동사와 마찬가지로 구 조동사 뒤에도 동사원형이 온다.

ought to R	~해야만 한다
may well R	~하는 것도 당연하다
had better A (**than** B)	
would rather A (**than** B)	(B하는 것보다) A하는 것이 더 낫다
may as well A (**as** B)	

구 조동사의 부정문: 구 조동사에서 not의 위치는 조동사 뒤나 to R 앞에 위치한다.

ought **not** to R	may well **not** R	
had better **not** R	would rather **not** R	may as well **not** R

1. We'd better [delay/delaying] the meeting until then end of the month.

2. Children [had not better/had better not] watch too much TV.

1. delay

해석 이달 말까지 회의를 연기하는 게 낫겠다.

해설 had better이 구 조동사이므로 뒤에는 동사원형이 와야 한다.

2. had better not

해석 어린이들은 TV를 너무 많이 보지 않는 게 좋다.

해설 had better 자체가 하나의 구 조동사이므로 부정어는 그 뒤에 위치한다.

3) 당위의 조동사 should

(1) 요구, 제안, 명령, 주장 that S+(should) R

요구, 제안, 명령, 주장 등의 동사들이 '~해야 한다'라는 의미를 가질 때에는 that절 안의 동사는 (should)+R의 형태를 취한다.

요구	ask, demand, require, request
제안	suggest, propose, recommend, advise
명령	order, urge, recommend
주장	insist

빈칸에 알맞은 것을 고르시오.

1. The manager requested that we [not smoke/do not smoke] indoors.

정답 및 해설

1. not smoke

해석 매니저는 우리가 실내에서 흡연을 해서는 안 된다고 요청했다.

해설 주절 동사가 requested이므로 that절의 동사는 (should) not smoke에서 (should)가 생략된 not smoke가 맞는 표현이다.

(2) 판단의 형용사+that S+(should) RV

가주어, 진주어 구문에서 형용사가 판단의 의미를 가질 때에는 that절 안의 동사는 (should)+R의 형태를 취한다.

중요한	important, vital, crucial, critical
필요한	necessary, essential, mandatory, imperative
당연한	natural, desirable

빈칸에 알맞은 것을 고르시오.

1. It is important that Jack [understands/understand] what his decision mean.

1. understand

해석 Jack이 그의 결정이 무엇을 의미하는지를 아는 것이 중요하다.

해설 important가 판단의 형용사이므로 that절의 동사는 (should)가 생략된 understand가 정답이다.

4) 기타 주요 조동사

(1) need(~할 필요가 있다), dare(감히 ~하다)

need와 dare는 일반동사와 조동사로 둘 다 사용이 가능한데, 각 용법에 따라 뒤따르는 형태가 출제된다. 일반동사일 때에는 뒤에는 또 다른 동사가 올 수 없어서, to R가 뒤따르고, 부정어는 일반동사 앞에 위치한다. 반면, 조동사로 사용되는 경우에는, 뒤에는 동사원형이 와야 하고, 부정어는 조동사 뒤에 위치한다.

일반동사	**don't** **doesn't**+need/dare **didn't**	+**to R**	**didn't** need **to do** **didn't** dare **to do**
조동사	need/dare+**not**	+**R**	need **not do** dare **not do**

He **needs** to lead the team. 그가 팀을 이끌 필요가 있다.
He **doesn't** need to lead the team. 그가 팀을 이끌 필요는 없다.

1. Customers [do not need/need not] comply with the company policies.

2. If you use a smartphone, you [need not to/need not] have film developed.

1. need not

해석 고객들이 회사의 방침을 준수할 필요는 없다.

해설 뒤에 comply with가 동사원형으로 제시되고 있으므로 이 문장에서 need는 조동사가 되고, 부정어는 조동사 뒤에 위치한다.

2. need not

해석 만약에 스마트폰을 이용하면, 당신은 사진을 현상할 필요는 없다.

해설 빈칸 뒤에 have가 동사원형으로 제시되어 있으므로 need는 이 문장에서 조동사이고 부정어는 조동사 뒤에 위치한다.

(2) used to vs be used to

used는 3가지 용법이 있다.

used to는 조동사로 뒤에 동사원형이 오고, be used to Ring은 숙어 표현이다. 그리고 '~하는 데 사용되다'라는 의미일 때에는 수동태인데, 수동태 뒤에는 to R가 수반된다.

used to+R	~하곤 했다
be used to+-ing/명사	~하는 데 익숙하다
be used to+R	~하기 위해서 사용된다

I used to work overnight. 나는 밤새 일하곤 했다.

I am used to getting up early in the morning. 나는 아침에 일찍 일어나는 데 익숙하다.

The raw material is used to make semiconductors. 원자재는 반도체를 만드는 데 사용된다.

1. They used to [exercise/exercising] much more when they were younger.

1. exercise

해석 그들은 젊었을 때 훨씬 더 많이 운동하곤 했다.

해설 used to는 구 조동사이므로 뒤에는 동사원형이 사용되어야 한다.

(3) ~하지 않을 수 없다

cannot but **R**

cannot help **~ing**

cannot choose[help] but **R**

have no choice but **to RV**

We could not but laugh when we saw each other. 우리는 서로를 보았을 때 웃지 않을 수 없었다.

1. I couldn't help but [fall/falling] in love with her at a first sight.

2. They had no choice but [cancel/to cancel] the conference.

1. falling

해석 나는 첫눈에 그녀와 사랑에 빠지지 않을 수 없었다.

해설 cannot help ing의 형태이다.

2. to cancel

해석 그들은 회의를 취소하지 않을 수 없었다.

해설 have no choice but to R의 형태이다.

(4) 아무리 ~해도 지나치지 않다

cannot ~ too much=cannot over R

(주의: over와 too much를 함께 쓸 수 없다)

We cannot emphasize the high quality too much. 우리는 품질을 아무리 강조해도 지나치지 않는다.

1. We cannot overemphasize the importance of education too much.

1. too much 생략

해석 우리는 교육의 중요성을 아무리 강조해도 지나치지 않는다.

해설 cannot ~ too much또는 cannot over R의 형태 둘 중의 하나여야 한다.

(5) ~할 때마다 ~하다

원래 '~하지 않고는 ~하지 않다'에서 '~할 때마다 ~하다'라는 의미로 사용이 된다.

cannot ~ without **~ing**

never ~ without ~ **~ing**

cannot ~ but **S+V**

They cannot meet without quarreling. 그들은 만날 때마다 싸운다.

1. 어법상 올바른 것을 고르세요.

1. I ought [to have formed/to inform] a habit of reading in my boyhood.

2. I would [rather not go/rather go not] out for dinner because I am totally exhausted.

3. The police demanded that she [not leave/didn't leave] the country for the time being.

4. I'm feeling sick, I [must/should] not have eaten so much.

5. The minister insisted that a bridge [is/be] constructed over the river to solve the traffic problem.

2. 어법상 틀린 부분을 바르게 고치세요.

6. She should have started exercising because she looks much thinner than before.

7. You might as well hanging the washing out to dry as help your mother set the table.

8. He used to reading a book before going to bed.

9. The lecture series are intended for those who are not used to deal with financial issues.

10. Parents cannot be so careful about their words and actions before their children.

1. 우리말을 영어로 잘못 옮긴 것을 고르시오.

① 오늘 밤 나는 영화 보러 가기보다는 집에서 쉬고 싶다.
→ I'd rather relax at home than going to the movies tonight.

② 경찰은 집안 문제에 대해서는 개입하기를 무척 꺼린다.
→ The police are very unwilling to interfere in family problems.

③ 네가 통제하지 못하는 과거의 일을 걱정해 봐야 소용없다.
→ It's no use worrying about past events over which you have no control.

④ 내가 자주 열쇠를 엉뚱한 곳에 두어서 내 비서가 나를 위해 여분의 열쇠를 갖고 다닌다.
→ I misplace my keys so often that my secretary carries spare ones for me.

2. 밑줄 친 부분 중 어법상 옳지 않은 것은?

A college girl was really ① upset with her father. She was ashamed of him because he didn't treat his workers well. She demanded that he ② shared the profits with the employees. She explained to him ③ how unfairly workers ④ were treated.

3. 밑줄 친 부분 중 어법상 옳지 않은 것은?

① It has been suggested that Stone Age cave dwellers ② should have treated behavior disorders with a surgical method ③ called trephining, in which part of the skull was chipped away to provide an opening ④ through which the evil spirit could escape.

4. 다음 글의 밑줄 친 부분 중, 어법상 틀린 것은?

One well-known shift took place when the accepted view — that the Earth was the center of the universe — changed to one where we understood that we are only inhabitants on one planet ① orbiting the Sun. With each person who grasped the solar system view, ② it became easier for the next person to do so. So it is with the notion that the world revolves around the human economy. This is slowly being replaced by the larger system view.

When it becomes obvious that the economy is part of material flows that connect all living things, it will be clear that economic well-being requires that we account for, and ③ respond to, factors of ecological health.

Unfortunately we do not have a century or two ④ make the change. By clarifying the nature of the old and new perspectives, and by identifying actions ⑤ on which we might cooperate to move the process along, we can help accelerate the shift.

5. 다음 글의 밑줄 친 부분 중, 문맥상 낱말의 쓰임이 적절하지 않은 것은?

The first human beings probably evolved in tropical regions where survival was possible without clothing. It is likely that they had very dark skin because light skin would have given ① little protection against the burning rays of the sun. There is a debate about whether these people spread into other parts of the world or, instead, whether people developed independently in various parts of the world. Whichever the case, it is believed that in time they became ② capable of spreading out from Africa, eventually to most of the world. This was probably because their ③ physical characteristics changed. For instance, early hominids probably did not walk upright, but when they developed that ability, they could travel more efficiently. More important, perhaps, was their ④ development of tool making. With tools, they could hunt other animals, so they could consume more protein and fat than their low-energy vegetarian diet would have provided. Not only their bodies but also their brains would have been changed with more energy. The brain needs lots of energy to grow. As their diet ⑤ reduced, hominids could physically and intellectually expand their territory.

* hominid: 인류

1. 어법상 올바른 것을 고르세요.

1. to have formed

해석

나는 소년 시절에 독서하는 버릇을 길러 놓았어야만 했다.

해설

'조동사+have p.p.'는 과거에 대한 추측이나 후회를 나타낸다. 따라서 ought to have p.p.는 '~했어야만 했는데 하지 않았다'라는 의미가 된다.

2. rather not go

해석

나는 완전히 기진맥진했기 때문에 오늘 저녁은 외식하지 않는 게 낫겠다.

해설

would rather은 구 조동사이므로 부정어가 그 뒤에 와야 한다.

3. not leave

해석

경찰은 그녀가 당분간 그 나라를 떠나지 말 것을 요구했다.

해설

demanded는 '~해야 할 것을 요구하다'라는 동사이므로 that절 동사는 (should)가 생략된 not leave가 되어야 한다.

4. should

해석

나는 몸이 안 좋다. 너무 많이 먹지 말았어야 했다.

해설

should not have p.p.는 '~하지 말았어야 했다'라는 의미를 가진다.

5. be

해석

그 장관은 교통 문제를 해결하기 위해서 다리가 그 강 위로 건설되어야 한다고 주장했다.

해설

insisted가 '~할 것을 주장하다'라는 동사이므로 that절 동사는 (should)가 생략된 be가 정답이다.

2. 어법상 틀린 부분을 바르게 고치세요.

6. should have started → must have started

해석

그녀는 예전보다 훨씬 말라 보이니 운동을 시작했음이 틀림없다.

해설

'~했음에 틀림없다'라는 과거에 대한 강한 추측을 나타내는 표현은 must have p.p.이다. should have p.p.는 '~했어야 만했는데 하지 않았다'라는 과거의 후회나 유감을 나타낸다.

7. hanging → hang

해석

어머니가 테이블을 세팅하는 동안 너는 빨래를 건조하기 위해서 너는 게 낫다.

해설

might as well이 하나의 구 조동사이므로 뒤에는 동사원형이 와야 한다.

8. reading → read

해석

그는 자기 전에 책을 읽곤 했다.

used to가 '~하곤 했다'라는 의미로 사용되는 경우, 조동
사이므로 뒤에는 동사원형이 와야 한다.

9. deal → dealing

그 강의 시리즈는 재무문제를 다루는 데 익숙하지 않은
사람들을 대상으로 한다.

'~하는 데 익숙하다'라는 표현으로는 be used to Ring이
사용된다.

10. so → too

부모는 자녀 앞에서 그들의 말고 행동에 대해서 아무리
조심해도 지나치지 않는다.

cannot ~ too가 '아무리 ~해도 지나치지 않다'라는 의미
를 가진다. 이때 too 대신에 so를 사용하지 않아야 한다.

1. 정답 ①

[해설]

① 「would rather A than B」(B하기보다는 차라리 A하다)라는 관용 표현으로 would rather 다음에 동사원형이 위치하고, 병렬관계를 이루기 때문에 than 뒤에도 동사원형이 필요하다. 따라서 going을 go로 고쳐야 한다.

② 'be unwilling to부정사' '~하기를 꺼리다'라는 관용 표현이다.

③ '전치사+관계대명사' 뒤에는 완전한 문장이 위치해야 한다.

④ 'so ~ that' 구문은 '매우 ~해서 그 결과 ~하다'라고 해석해야 한다.

2. 정답 ②

[해석]

한 여대생은 그녀의 아버지에게 매우 화가 났다. 그녀는 그를 부끄러워했는데, 왜냐하면 그는 그의 고용인들을 좋게 대우하지 않았기 때문이다. 그녀는 그에게 이익을 고용인들과 나눌 것을 요구하였다. 그녀는 그에게 고용인들이 얼마나 부당하게 대우받는지 설명하였다.

[해설]

② demand와 같이 요구동사가 있는 문장에서는 종속절인 that절 이하에 '주어+(should)+동사원형'이 와야 한다.

① upset은 형용사로 주격 보어의 위치에 알맞다.

③ how는 의문부사로 올바르게 쓰였다.

④ 해석을 하면 '직원들이 대우받는 것'이므로 수동태로 쓰인 것이 알맞다.

3. 정답 ②

[해석]

석기시대의 동굴인들은 천공이라고 하는 외과수술법으로 행동장애를 치료했을지도 모른다고 제기되었는데, 이 수술에서 악령이 빠져나갈 수 있는 구멍을 만들기 위해 두개골이 일부가 잘려져 나갔다.

[해설]

② '~했을지도 모른다'라는 과거의 추측을 나타내는 경우에는 may have p.p.를 사용한다. should have p.p.는 '~했어야만 했는데, 안 했다'라는 과거의 유감이나 후회를 나타내는 표현이다.

① it가주어 that진주어 구문이고 '~가 제기되어졌다'라는 문맥이므로 수동태가 맞는 표현이다.

③ called trephining는 앞에 있는 명사 a surgical method를 수식하는 과거분사가 맞다. 'A라고 불리는 명사'라는 의미일 때 '명사+called+A'가 맞는 표현이다.

④ which는 선행사 opening을 지칭하면, '오프닝을 통해서'이므로 전치사 through가 맞다. 그리고 '전치사+관계대명사' 뒤에는 완전문장이 수반되는 것도 제대로 사용된 문장이다.

4. 정답 ④

[해석]

지구가 우주의 중심이라는 용인된 관점이 우리가 태양을 공전하는 하나의 행성에 사는 거주자일 뿐이라고 이해하는 관점으로 바뀌었을 때 잘 알려진 한 가지 변화가 일어났다. 태양계의 관점을 이해하는 각각의 사람이 있어서, 그다음 사람이 그렇게 하는 것이 더 쉬워졌다. 세계가 인간의 경제를 중심으로 돌아간다는 개념도 마찬가지이다. 이것은 경제가 모든 생명체를 연결하는 물질 흐름이 더 거대한 시스템의 일부라는 관점으로 서서히 대체되고 있다. 이러한 관점이 바뀌어 자리를 잡으면, 우리의 경제적 안녕이 우리가 생태학적 건강의 요인에 책임지고 대응하는 것을 필요로 한다는 것이 분명해질 것이다. 불행하게도 우리는 변화를 만들어 낼 한두 세기의 시간이 없다. 오래된 관점과 새로운 관점의 본질을 명확히 하고, 그 과정을 진전시키기 위해 협력할지도 모를 행동을 밝힘으로써 우리는 그 변화를 가속화하는 데 도움을 줄 수 있다.

[해설]

① orbiting은 앞의 명사 planet을 수식하는 분사로 그

뒤에 목적어 the Sun을 가져오며 '공전한다'는 능동의 의미이므로, 현재분사를 쓴 것은 올바른 용법이다.

② it은 가주어이고, to do so가 진주어 의미상의 주어인 'It ~ for+목적어+to부정사' 구문으로 올바르게 쓰였다.

③ respond는 등위접속사 and에 의해서 앞의 동사 account와 병렬을 이루도록 올바르게 쓰였다.

④ 이 문장에서 have는 사역동사가 아니라 '가지다'의 뜻을 가진 3형식 동사이다. 따라서 동사원형 make를 쓸 수 없고, 문맥상 a century or two를 수식할 수 있는 to make로 고쳐야 한다. 즉, to make는 앞의 명사 a century or two를 수식하는 to부정사의 형용사적 용법으로 사용되어야 한다.

⑤ on which 뒤에 완전한 문장이 뒤따라오고 있으므로, '전치사+관계대명사'의 구조는 올바르게 쓰였다.

(어휘)

inhabitant 거주자 grasp 파악하다, 이해하다 notion 개념 perspective 관점 account for ~을 책임지다, 설명하다 clarify 분명하게 하다 accelerate 가속화하다

5. 정답 ⑤

(해석)

최초의 인간은 아마도 의복 없이 생존이 가능한 열대 지역에서 진화했다. 밝은 피부는 강렬한 태양 광선에 대한 보호를 ① 거의 제공하지 못했을 것이기 때문에 그들은 매우 어두운 피부를 가졌을 가능성이 있다. 이 사람들이 세계의 다른 지역으로 퍼져 나갔는지, 아니면 대신에 사람들이 세계의 다른 지역에서 독립적으로 발생했는지에 대해서는 논쟁이 있다. 어느 경우이든, 언젠가 그들은 아프리카에서부터 결국 세계 대부분의 지역으로 퍼져 ② 나갈 수 있게 되었다고 믿어진다. 이것은 아마도 그들의 ③ 신체적 특성이 바뀌었기 때문일 것이다. 예를 들어, 초기 인류는 아마도 직립 보행을 하지 않았을 것이지만, 그들이 그 능력을 발달시켰을 때, 그들은 더 효율적으로 이동할 수 있었다. 더 중요한 것은 아마도 그들의 도구 제작의 ④ 발달이었다. 도구를 이용하여 그들은 다른 동물을 사냥할 수 있어서 그 저에너지 채식 식단이 제공했을 것보다 더 많은 단백질과 지방을 섭취할 수 있었다. 그들의 신체뿐만 아니라 뇌도 더 많은 에너지와 함께 변화되었을 것이다. 뇌는 성장하기 위해 많은 에너지가 필요하다. 초기 인류의 식단이 ⑤ 축소되면서(→ 확장되면서) 그들은 신체적으로 그리고 지적으로 그들의 영역을 확장할 수 있었다.

(해설)

최초의 인간은 열대 지역에서 진화하여 세계 대부분의 지역으로 퍼져 나갈 수 있게 되었다고 믿어지는데, 이는 신체적 특성이 바뀌고 도구를 제작할 수 있어서이다. 도구를 이용하여 다른 동물을 섭취할 수 있게 되어서 신체뿐만 아니라 두뇌도 발달하게 되었다는 내용의 글이므로, 인류가 신체적으로 그리고 지적으로 영역을 확장할 수 있었던 것은 인류의 식단이 축소되었기 때문이라는 것은 글의 흐름으로 어색하다. 따라서 ⑤ 'reduced(축소되다)'를 'expanded(확장되다)' 등의 어휘로 바꿔야 한다.

(어휘)

be capable of ~을 할 수 있다 upright 똑 바로 선 efficiently 효율적으로, 능률적으로 consume 섭취하다 intellectually 지적으로

6. 주어와 동사의 수 일치

주어에 따라서 동사의 수를 일치시키는 것을 말한다. 즉, 주어가 단수이면 동사가 단수가 되고, 주어가 복수이면 동사는 복수가 된다. 이 문제는 결국 동사의 진짜 주어가 무엇인가를 찾는 문제이다.

그리고 주어와 동사의 수 일치에서 가장 중요한 개념이 '**3인칭, 단수, 현재**'이다. 주어가 3인칭이고 단수이면 현재 시제이면 동사에는 '~**(e)s**'가 붙는다.

1인칭	I	arrive	do	have	am	was	will
2인칭	You	arrive	do	have	are	were	will
3인칭 단수	He She It	arrives	does	has	is	was	will
복수	They	arrive	do	have	are	were	will

1) 단수주어+단수동사

Your bag is too heavy. 너의 가방은 매우 무겁다.

The library has many books. 그 도서관은 책이 많다.

The report was ready for publication. 그 보고서는 출판이 준비되었다.

Eugene had a talent. Eugene은 재능이 있었다.

2) 복수주어+복수동사

Your bags are too heavy. 너의 가방은 매우 무겁다.

The libraries have many books. 그 도서관들은 책이 많다.

The reports were ready for publication. 그 보고서들은 출판이 준비되었다.

They had talents. 그들은 재능이 있었다.

 괄호 안에 알맞은 것을 고르시오.

1. Every man, woman, and child [need/needs] love.

2. There [is/are] a number of shirts in the shop.

3. A quarter of classmates [has/have] caught a cold.

1. needs
해석 모든 남자, 여자, 어린이는 사랑이 필요하다.
해설 every는 '모든'의 의미를 가지지만, 각각의 하나하나를 지칭하는 단수 개념이므로 동사 역시 단수동사를 사용해야 한다.

2. are
해석 매장에 많은 셔츠가 있다.
해설 there는 유도부사이고 뒤에 주어와 동사는 도치되어 나온다. 이 문장의 주어는 shirts라는 복수명사이므로 동사 역시 복수형인 are가 정답이다.

3. have
해석 사분의 일의 급우들이 감기에 걸렸다.
해설 이 문장의 주어는 classmates라는 복수명사이므로 동사 역시 복수동사인 have가 정답이다.

2. 주어와 동사 사이의 수식어구 함정

주어 뒤에 전치사구, 관계절, 분사구, to부정사 등의 수식어를 집어넣어 주어와 동사를 멀리 떨어뜨려 놓고 수 일치를 묻는 문제가 자주 출제된다. 수식어구는 아무리 길어도 동사의 수에는 전혀 영향을 주지 않으므로 주어 다음의 수식어구를 제외하고 동사를 파악하는 연습을 하는 것이 중요하다.

빈칸에 알맞은 것을 고르시오.

1. The increase shown on this month's utility bills [is/are] due to the high consumption of electricity.

2. Those who do not remember the past [are/is] doomed to repeat again.

정답 및 해설

1. is
해석 이번달의 공과금 영수증에서 보인 상승은 전기의 높은 소비 때문이다.
해설 문장의 주어는 increase이고 뒤에 나오는 것들은 수식어이다. 따라서 동사 역시 단수가 되어야 한다.

2. are
해석 과거를 기억하지 않은 사람들은 반복할 운명이다.

해설 문장의 주어가 those이므로 동사는 복수동사인 are가 사용되어야 한다.

3. 긴 주어(부정사, 동명사, 명사절)

문장의 주어가 부정사, 동명사, 명사절인 경우 동사는 단수동사를 사용한다. 복수라는 개념은 주어가 명사나 대명사이고, 2개 이상일 때를 의미한다.

빈칸에 알맞은 것을 고르시오.

1. To save enough money to buy a house [is/are] very important to married couples.

2. That Hues Corporation's sales increased sharply [is/are] not surprising.

정답 및 해설

1. is
해석 집을 구매하기 위해서 돈을 아끼는 것은 기혼 커플들에게 매우 중요하다.
해설 문장의 주어가 To save money로 부정사이다. 따라서 동사는 단수형이 되어야 한다.

2. is
해석 Hue Corporation의 매출액이 급격히 증가한 것은 놀랍지 않다.
해설 문장의 주어는 That Hue Corporation's sales increased sharply이다. 명사절이 주어로 사용되는 경우 단수 취급한다.

4. 관계대명사절 내 동사의 수 일치

관계대명사절의 동사의 수는 선행사에 의해서 결정된다.

빈칸에 알맞은 것을 고르시오.

1. The oceans contain many forms of life that [has/have] not yet been discovered.

2. The laptop allows people who [is/are] away from their offices to continue to work.

1. have

해석 해양은 아직 발견되지 않은 많은 형태의 생명체를 포함하고 있다.

해설 주격관계대명사 that의 선행사가 many forms of life라는 복수명사이다. 따라서 동사는 복수동사를 사용한다.

2. are

해석 노트북은 출장을 간 사람들이 업무를 계속할 수 있도록 해 준다.

해설 주격관계대명사 who의 선행사는 people이다. 그리고 people은 단수형이지만 복수 취급하는 명사이다. 따라서 동사 역시 복수형이 되어야 한다.

5. 상관접속사

상관접속사는 등위접속사로 연결되는 덩어리 표현을 말하는데, 이때 동사는 수는 주로 근사와 근접한 B에 의해서 결정된다.

B에 수 일치	
(either) A or **B**	A 또는 **B**가
neither A nor **B**	A도 **B**도 아닌
not only A but (also) **B**	A뿐만 아니라 **B**도
not A but **B**	A가 아니라 **B**가

1. Neither the boss nor the manager [plan/plans] to attend the trade fair.

2. You as well as he [is/are] responsible for the accident.

1. plans

해석 사장뿐만 아니라 매니저도 무역 박람회를 참가할 것을 계획하고 있지 않다.

해설 neither A nor B 구조에서 동사는 B에 따라서 결정된다. the manager가 단수명사이므로 동사 역시 단수동사를 사용한다.

2. are

해석 그뿐만 아니라 너도 그 사고에 책임이 있다.

해설 A as well as B이 구조에서 동사는 A에 의해서 결정된다. you와 어울리는 be동사는 are이다.

A and B

1. 원칙: 복수 취급

빈칸에 알맞은 것을 고르시오.

1. You and I [am/are] responsible for the matter.

정답 및 해설

1 are

해석 너와 내가 그 문제에 책임이 있다.

해설 (Both) A and B 구조는 주어가 복수이므로 동사 역시 복수동사를 사용한다.

2. 예외

주어가 A and B로 제시되는 경우, 원칙적으로는 복수 취급하지만, 단일 개념일 때에는 단수 취급해서 동사 역시 단수동사를 사용한다.

1) 동일인물(사물)

관사(소유격)+A and B+단수동사

빈칸에 알맞은 것을 고르시오.

1. My colleague and friend [is/are] coming to see us.

정답 및 해설

1. is

해석 나의 동료이자 친구가 우리를 보러 오고 있다.

해설 colleague와 friend라는 명사 앞에 각각의 소유격이 있는 게 아니라, 하나의 소유격이 있으므로, 동일인을 지칭하는 것이다. 따라서 동사는 단수동사를 사용한다.

2) '명사 and 명사'가 단일 개념인 경우

trial and error	시행착오
time and tide	세월
research and development	연구개발
a needle and thread	바늘과 실

빈칸에 알맞은 것을 고르시오.

1. Trial and error [is/are] the source of our knowledge.

2. Early to bed and early to rise [make/makes] a man healthy.

정답 및 해설

1. is
해석 시행착오는 지식의 원천이다.
해설 trial and error는 '시행착오'라는 하나의 표현이다.

2. makes
해석 일찍 자고 일찍 일어나는 것은 사람을 건강하게 만든다.
해설 early to bed and early to rise는 '일찍 자고 일찍 일어나다'라는 하나의 표현이므로 단수 취급한다.

6. 주어와 동사가 도치된 경우

부정어, only+부사, 장소, 방향의 부사구, 유도부사 등이 문두에 위치하는 경우에는 주어와 동사가 도치된다. 이때 동사의 수는 뒤에 나오는 주어에 의해서 결정이 된다.

빈칸에 알맞은 것을 고르시오.

1. Under the desk [lie/lies] a wastebasket.

2. There [was/were] more than 100 participants for the competition.

1. lies
해석 책상 아래에는 쓰레기 통이 있다.
해설 위치나 장소를 나타내는 부사구가 문두에 오면, 주어와 동사는 도치된다. 이 문장에서 주어는 wastebasket이라는 단수명사이다. 따라서 동사 역시 단수가 되어야 한다.

2. were
해석 그 대회를 위해 100명이 넘는 참가자들이 있었다.
해설 There는 유도부사로 뒤에 주어와 동사가 도치되어 나온다. 이 문장의 주어는 more than 100 participants로 복수명사이므로 동사 역시 복수형이 되어야 한다.

7. '부분명사 of 전체명사'의 수 일치

'부분명사 of 전체명사'의 경우 of 뒤의 전체명사가 동사의 수를 결정한다.

'부분'을 나타내는 부정사		all, most, some, any, half	+of 복수명사+복수동사
부분명사	일부	part, portion, the rest	+of 단수명사+단수동사
	부분/백분율	two thirds	
	백분율	500 percent	

1. All of the information [was/were] false.

2. Roughly half of the employees [commute/commutes] to work by subway.

1. was
해석 모든 정보가 틀렸다.
해설 '부분명사+of+전체명사'의 구조에서 동사의 수는 전체명사가 결정한다. information은 불가산명사로 단수이고, 동사 역시 단수여야 한다.

2. commute
해석 대략 반의 직원들은 지하철도 통근한다.

해설 이 문장에서 전체명사는 employees라는 복수명사이다 따라서 동사는 복수가 되어야 한다.

---

one/each+of Ns+단수동사

one과 each는 특히 시험에 빈출이 된다. 형용사로 사용되는 경우, 뒤에 단수명사가 오지만, 이들이 대명사로 사용되어서 뒤에 'of the 명사' 따라오는 경우, '~중에서 하나(각각)'의 의미이므로 뒤에는 복수명사가 오고, 동사는 단수동사가 사용된다.

one, each, either, neither	+of+복수명사+단수동사

빈칸에 알맞은 것을 고르시오.

1. One of the most interesting topics [was/were] how to increase profit.

2. Each of the discussions [relate/relates] to the international market.

정답 및 해설

1. was
해석 가장 흥미로운 토픽 중의 하나는 수익을 어떻게 증가시킬지였다.
해설 문장의 주어는 one이다. 따라서 동사는 단수형을 사용한다.

2. relates
해석 각각의 토론은 해외시장과 관련되었다.
해설 문장의 주어는 each이므로 동사는 단수동사를 사용한다.

8. 기타

1) number

number는 앞에 관사에 따라서 동사의 수가 달라진다. 정관사 the가 붙는 경우에는 number가 주어가 되어서 동사의 수는 단수가 된다. 반면, 'a number of+복수명사'의 경우, a number of는 형용사와 같이 뒤의 명사를 수식하는 기능을 하므로 그 뒤에 나오는 복수명사가 주어가 된다. 따라서 동사 역시 복수동사가 와야 한다.

많은	~의 수
a number of+복수명사+복수동사	the number of+복수명사+단수동사

1. The number of students who are studying English [is/are] increasing.

2. A number of people [was/were] late for work because there was an accident.

1. is
해석 영어를 공부하는 학생들의 수는 증가하고 있다.
해설 문장이 주어는 number로 단수이다. 따라서 동사 역시 단수동사를 사용한다.

2. were
해석 사고가 있었기 때문에 많은 사람들이 지각했다.
해설 a number of는 뒤의 명사 people를 꾸며 주는 역할을 한다. people이 복수이므로 동사 역시 복수동사를 사용한다.

2) many

many 바로 뒤에 명사가 오는 경우, 복수명사가 수반되고, 동사 역시 복수동사를 사용한다. 반면 many a 뒤에는 단수명사가 오고 동사 역시 단수동사를 사용한다.

many+복수명사+복수동사
many a+단수명사+단수동사

1. Many tombs [was/were] sealed so tightly that the outside air cannot get inside.

2. Many a salesperson [know/knows] how to present the products.

1. were
해석 많은 무덤들이 너무나 타이트하게 밀봉이 되어서 외부의 공기가 들어갈 수 없다.
해설 many 뒤에는 복수명사가 수반되고, 동사 역시 복수형이 나온다.

2. knows
해석 많은 영업사원이 제품을 어떻게 제시할지를 알고 있다.
해설 many a 뒤에는 단수명사가 수반되고 동사 역시 단수형을 사용한다.

1. 어법상 알맞은 것을 고르시오.

1. Each of the candidates [has/have] strengths in specific areas.
2. Two thirds of my classmates [is/are] going to look for jobs after graduation.
3. One of the exciting games I saw [was/were] the World Cup final in 2010.
4. Approximately more than seventy-five percent of the Canadian citizens [speak/speaks] English as their primary language.
5. A recent study finds that listening to music before and after surgery [help/helps] patients cope with related stress.

2. 다음 문장을 어법에 맞게 고치시오.

6. Nestled in the atmosphere is clouds of liquid water and ice crystals.
7. There seem to have been a mistake; my name and contact number aren't on the list.
8. Almost 99 percent of the atmosphere lie within a mere 30 km of Earth's surface.
9. After completing his degree in business administration, Jeff Damon began working for a research organization that specialize in marketing strategies.
10. He acknowledged that the number of Koreans were forced into labor under harsh conditions in some of the locations during the 1940s.

1. 밑줄 친 부분 중 어법상 옳지 않은 것은?

Elizabeth Taylor had an eye for beautiful jewels and over the years amassed some amazing pieces, once ① <u>declaring</u> "a girl can always have more diamonds." In 2011, her finest jewels were sold by Christie's at an evening auction ② <u>that</u> brought in $115.9 million. Among her most prized possessions sold during the evening sale ③ <u>were</u> a 1961 bejeweled timepiece by Bulgari. Designed as a serpent to coil around the wrist, with its head and tail ④ <u>covered</u> with diamonds and having two hypnotic emerald eyes, a discreet mechanism opens its fierce jaws to reveal a tiny quartz watch.

2. 밑줄 친 부분 중 어법상 가장 옳지 않은 것은?

I'm ① <u>pleased</u> that I have enough clothes with me. American men are generally bigger than Japanese men so ② <u>it's</u> very difficult to find clothes in Chicago that ③ <u>fits</u> me. ④ <u>What</u> is a medium size in Japan is a small size here.

3. 밑줄 친 부분 중 어법상 가장 옳지 않은 것은?

The idea that justice ① <u>in allocating</u> access to a university has something to do with ② <u>the goods</u> that ③ <u>universities properly</u> pursue ④ <u>explain</u> why selling admission is unjust.

4. 다음 글의 밑줄 친 부분 중, 어법상 틀린 것은?

All human cultures mark the passing of time by the differences they observe in the world around ① <u>them</u>. Our choice of which differences to mark ② <u>depend</u> firstly on what we can observe and secondly on what is important in our lives. How we mark the differences — the shapes of our calendars and our rituals — depends on the connections we make between those two things. In the agricultural society of pre-modern Europe, where higher latitudes make the seasons easily ③ <u>observable</u>, it was natural to monitor the solar cycle, inversely, among the largely nomadic peoples of Arabia, ④ <u>for whom</u> seasonal changes were less significant, the lunar calendar was a more sensible choice. That did not make it inevitable that Islam would use a lunar calendar and Roman Christianity a solar one, but political and religious decisions were made from options limited by geography and lifestyle, ⑤ <u>filtered</u> through tradition.

* latitude : 위도

** nomadic : 유목(생활)의

5. 다음 글의 밑줄 친 부분 중, 문맥상 낱말의 쓰임이 적절하지 않은 것은?

Although empathy is widely praised by scholars and public figures, not everyone is an empathy booster. Critics of empathy argue that empathy will not save us from interpersonal and intergroup conflict. In fact, they argue, empathy makes such conflicts ① worse. These critics maintain that empathy can be exhausting and lead to burnout or insensitivity to suffering. They argue that we tend to empathize strongly with our in-group and ② resist empathizing with out-groups, and even enjoy the suffering of out-groups in competitive or threatening contexts. Thus, the prescription for more empathy is often ③ efficient in cases of conflict. Empathy, they argue, can further encourage conflict and force us into an us vs. them mentality. Finally, even when we try to empathize with others who are dissimilar from us or in unfamiliar contexts, sometimes we are ④ unable to accurately empathize with their experiences, causing further misunderstandings and frustration. Critics of empathy argue that we should give up on empathy and employ other tools in ⑤ pursuit of social harmony, e.g., rational compassion or moral emotions like fear, anger, and shame.

1. 어법상 알맞은 것을 고르시오.

1. has

(해석)

각각의 후보들은 특정한 분야에 강점을 가지고 있다.

(해설)

'each of the 복수명사'의 구조에서 주어는 each이므로 동사 역시 단수동사를 사용해야 한다.

2. are

(해석)

나의 급우들의 삼분의 이는 졸업 후에 일자리를 찾을 것이다.

(해설)

'부분명사+of+전체명사'의 구조에서 동사의 수를 결정하는 것은 전체명사이다. 이 문장의 경우 classmates가 복수이므로 동사 역시 복수가 되어야 한다.

3. was

(해석)

내가 보았던 흥미로운 경기 중의 하나는 2010년 월드컵 결승전이었다.

(해설)

'one of the+복수명사'의 구조에서 주어는 one이다. 따라서 동사는 단수형이 되어야 한다.

4. speak

(해석)

대략 75% 이상의 캐나다 시민들은 영어를 제1언어로 구사한다.

(해설)

분수는 부분명사에 해당하므로 동사의 수를 결정하기 위해서는 그 뒤에 나오는 전체명사를 봐야 한다. 이 문장의 경우 citizens가 복수이므로 동사의 수 역시 복수가 되어야 한다.

5. helps

(해석)

최근의 조사는 수술 전과 후에 음악을 듣는 것이 환자가 관련된 스트레스를 극복하는 데 도움을 준다고 밝혔다.

(해설)

that절 안이 주어는 listening이다. 동명사는 주어로 사용되는 경우 단수 취급한다.

2. 다음 문장을 어법에 맞게 고치시오.

6. is → are

(해석)

액체 상태의 물로 된 구름과 얼음 결정이 이 대기 안에 자리 잡고 있다.

(해설)

분사인 nestled가 문두로 가서 주어와 동사가 도치된 구문이다. 문장의 주어는 clouds로 복수이므로 동사를 are로 바꾸어야 한다.

7. seem → seems

(해석)

실수가 있었던 것으로 보입니다. 제 이름과 연락번호가 리스트에 없어요.

(해설)

There 뒤에 주어와 동사는 도치된다. 이 문장에서 주어는 a mistake인 단수명사이다. 따라서 동사를 seems로 바꾸어야 한다.

8. lie → lies

거의 99%의 공기는 지구 표면의 30km 이내에 있다.

퍼센트는 부분을 나타내는 말이다. 부분명사는 그 뒤에 나오는 명사가 동사의 수를 결정한다. atmosphere가 단수이므로 동사 역시 단수형으로 바꾸어야 한다.

9. specialize → specializes

경영학 학위를 끝내고 나서, Jeff Damon은 마케팅 전략을 전문으로 하는 연구소에서 일을 시작했다.

주격관계대명사 that은 앞의 명사 a research organization을 받는 것이다. 따라서 관계절의 동사는 단수형이 되어야 한다.

10. the number → a number

그는 1940년대에 일부지역에서 많은 한국인들이 혹독한 상황에서 근로하도록 강요되었다는 것을 인정했다.

문맥상 number가 '수'를 나타내는 것이 아니고 'a number of+복수명사'로 사용이 되어서 '많은'의 의미를 가져야 하므로 number 앞에 관사를 a로 바꾸어야 한다.

1. 정답 ③

해석

엘리자베스 테일러는 아름다운 보석들을 보는 안목이 있었고, 수년에 걸쳐 놀라운 보석 몇 점을 수집하였는데, 한번은 "여자라면 언제나 더 많은 다이아몬드를 가질 수 있다"라고 선언하였다. 2011년 1억 1,590만 달러의 이익을 벌어들인 어느 저녁 경매에서 그녀가 소장하고 있던 최상품의 보석이 크리스티(경매회사)에게 팔렸다. 그날 이브닝 세일 동안에 팔린 그녀가 아끼는 소장품 중 하나는 불가리가 1961년에 만든 보석으로 장식된 시계 한 점이었다. 손목을 감아 도는 뱀의 모습으로 디자인되어 머리와 꼬리는 다이아몬드로 덮여 있고 최면을 거는 듯한 에메랄드로 된 두 눈을 가진 이 세심한 구조는 무시무시한 입을 열면 작은 쿼츠 시계를 드러낸다.

해설

③ among/with 전명구(부사구)가 문두로 이동할 경우 주절의 길이와 균형을 맞추기 위해 주어와 동사가 도치된다. 따라서 문장의 주어는 a 1961 bejeweled timepiece이므로 동사는 were가 아닌 was가 되어야 한다.

① 분사구문의 의미상 주어인 Elizabeth Taylor가 선언한 것이므로 능동을 의미하는 현재분사가 올바르게 사용되었다.

② 관계대명사 that의 선행사는 evening auction이며, that절에 주어가 없으므로 여기서는 주격관계대명사로 쓰였다.

④ with 분사구문(with+목적어+목적격 보어)에서 covered는 목적격 보어에 해당하는데, 뱀의 머리와 꼬리가 다이아몬드로 덮였다는 수동의 의미이므로 과거분사로 쓴 것은 적절하다.

어휘

amass 모으다, 축적하다 declare 선언하다, 단언하다 fine 질 좋은, 높은 bring in (이익, 이자를) 가져오다 prized 소중한 possession (주로 복수로) 소유물, 소지품

2. 정답 ③

해석

나는 내가 입을 충분한 옷이 있어서 기쁘다. 미국 남자들은 일반적으로 일본 남자들보다 크기 때문에 시카고에서 나에게 맞는 옷을 찾는 것은 매우 어려운 일이다. 일본에서 M사이즈인 것은 이곳에서는 S사이즈이다.

해설

③ 관계대명사 that이 수식하는 선행사는 clothes로 복수명사이다. 따라서 이와 호응하는 fit이 적절하다.

① 형용사 pleased는 '기쁜, 기뻐하는, 만족해하는'이라는 의미로 I'm pleased는 '나는 기쁘다'라는 의미이다.

② to find clothes in Chicago가 이 문장의 주어지만 주어가 다소 길고, 중요한 정보이므로 가주어 it을 사용하고 진주어는 문장의 뒤로 이동시켰다.

④ what은 주로 명사절로 사용되어 문장에서 주어나 목적어의 역할을 할 수 있다. 이 문장에서 what절은 주어로 기능을 하며, what절이 주어일 때는 단수 취급한다.

3. 정답 ④

해석

대학에 접근(입학)을 할당하는 것에 있어서의 공정성이 대학들이 올 바르게 추구해온 가치와 관련이 있다는 생각은 입학(증)을 파는 것이 왜 부당한지를 설명한다.

해설

④ 주어가 idea이고 동사가 explain이므로 수 일치가 올바르지 않다. explains가 되어야 한다.

어휘

justice 공정성 have something to do with ~와 관련이 있다 admission 허가 allocate 할당하다 unjust 부당한

4. 정답 ②

해석

인류의 모든 문화들은 그것들을 둘러싼 세계에서 그것들이 관찰하는 차이에 따라 시간의 흐름을 표시한다. 어

떤 차이를 표시할지에 대한 우리의 선택은 첫째로 우리가 무엇을 관찰할 수 있는지와 둘째로 우리 삶에서 무엇이 중요한지에 따라 달라진다. 우리의 달력과 의식의 형태처럼 우리가 그 차이들을 표시하는 방법은 그 두 가지 사이에 우리가 만드는 연결에 따라 달라진다. 위도가 높아 계절을 쉽게 관찰할 수 있었던 전근대 유럽의 농경 사회에서는 태양의 주기를 관찰하는 것은 자연스러운 일이었다. 반대로, 계절 변화가 덜 중요한 아라비아의 대체로 유목 생활을 하는 민족들에게는 음력이 더 합리적인 선택이었다. 그렇다고 해서 이슬람교가 음력을, 로마 기독교가 양력을 사용하는 것이 필연적인 것은 아니었지만, 지리와 생활 방식에 의해 제한된 선택지 중에서 전통을 통해 걸러져 정치적, 종교적 결정이 이루어졌다.

① ‘them’은 앞의 복수명사 ‘All human cultures’를 가리키는 복수대명사로 올바르게 사용되었다.

② ‘depend’의 주어는 단수명사 ‘Our choice’이므로 단수형인 ‘depends’로 고쳐야 한다.

③ ‘observable’은 make+목적어+목적보어’의 5형식 구문에서 목적어의 상태를 설명해 주는 목적보어 역할을 하는 형용사로 올바르게 사용되었다.

④ ‘for whom’은 ‘the largely nomadic peoples of Arabia’를 수식하는 관계대명사절에서 for whom을 제외한 나머지 문장이 완전하므로 전치사 ‘for’가 필요하고, ‘그들에게 있어서’의 의미로 올바르게 사용되었다.

⑤ ‘filtered’는 ‘분사구문 filtered through tradition’에서 ‘전통에 의해서 걸러진’이라는 수동의 의미를 지니고 있으므로 과거분사로 올바르게 사용되었다.

observe 관찰하다 ritual 의식, 의례 agricultural 농업의 pre-modern 전근대의 latitude 위도 observable 식별할 수 있는 conversely 역으로, 정반대로 nomadic 유목 (생활)의 significant 중요한 sensible 합리적인 inevitable 필연적인, 불가피한

5. 정답 ③

공감은 학자들과 유명 인사들에 의해 널리 칭송받지만, 모든 사람이 공감을 지지하는 사람인 것은 아니다. 공감에 대해 비판하는 사람들은 공감이 사람 간 그리고 집단 간 갈등으로부터 우리를 구해 주지 않을 것이라고 주장한다. 사실, 그들은 공감이 그러한 갈등을 더 ① 악화시킨다고 주장한다. 이런 비평가들은 공감은 소모적일 수 있으며, 번아웃 또는 고통에 대한 무감각으로 이어질 수 있다고 주장한다. 그들은 우리가 내집단에는 강하게 공감하고 외집단에 대한 공감에는 ② 저항하며, 심지어 경쟁적이거나 위협적인 상황에서는 외집단의 고통을 즐기는 경향이 있다고 주장한다. 따라서, 더 많은 공감을 처방하는 것은 갈등 상황에서 종종 ③ 효율적이다(→ 역효과를 낸다). 그들이 주장하기로는, 공감은 더 나아가 갈등을 조장하고 우리를 우리 대 그들이라는 사고방식으로 몰아넣을 수 있다. 마지막으로, 우리와 다르거나 낯선 상황에 있는 타인에게 공감하려고 할 때조차도, 때때로 우리는 그들의 경험을 정확하게 공감하지 ④ 못하고, 그 이상의 오해와 좌절을 유발한다. 공감을 비판하는 사람들은 감을 포기하고 사회적 조화를 ⑤ 얻기 위해 다른 도구를 이용해야 한다고 주장하는데, 예를 들면 이성적 연민 또는 두려움, 분노, 수치심과 같은 도덕적 감정들이다.

공감이 널리 칭송받지만, 공감에 대해 비판하는 사람들은 공감이 갈등을 해결하지 못하며, 오히려 피로와 둔감함을 유발하고, 갈등 상황에서 종종 역효과를 낸다고 주장한다. 그들은 사회적 조화를 위해 공감 대신 이성적 연민이나 도덕적 감정을 활용해 야 한다고 주장한다는 내용의 글이다. 따라서 더 많은 공감을 처방하는 것은 갈등 상황에서 종종 효율적이라는 것은 글의 흐름으로 어색하므로, ③ ‘efficient(효율적인)’를 ‘inefficient(비효율적인)’ 또는 ‘counterproductive(역효과를 내는)’ 등의 어휘로 바꿔야 한다.

empathy 공감 public figure 유명 인사, 공인 booster 지지자 interpersonal 대인관계의 intergroup 집단 간의 conflict 갈등 exhausting 지치게 하는 burnout 소진 insensitivity 둔감 suffering 고통, 괴로움 competitive 경쟁적인

7. 수동태

1. 개념

영어는 유달리 수동태를 많이 사용하는데, 능동태와 수동태를 구분하는 방법은 두 가지이다. 우선 해석으로 '~하다'는 능동태이고, '~되다'는 수동태이다. 그런데 실제 해석이 애매해서 해석으로만 구분하기 어려운 경우가 더 많다. 이때 구조적으로 접근하면 되는데, 타동사가 뒤에 목적어가 있으면 능동태이고, 뒤에 목적어가 없으면 수동태이다.
능동태: '~가 ~하다'로 해석되며, 주어가 동작을 직접 행하는 것을 나타낼 때 쓴다.
수동태: '~가 ~당하다, 되다'로 해석이 되며, 주어가 동작의 영향을 받거나 행동을 당할 때 쓴다.

2. 능동태를 수동태로 전환하기

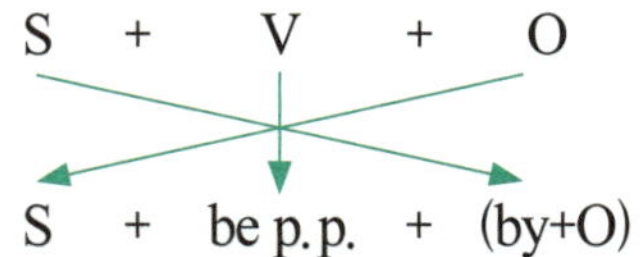

① 능동태의 목적어를 수동태의 주어로 둔다.
② 동사를 'be p.p' 형태로 바꾼다.
③ 능동태의 주어를 'by+목적격'의 형태로 동사 뒤에 둔다.

Columbus discovered America. Columbus가 미국을 발견했다.
America was discovered by Columbus. 미국은 Columbus에 의해서 발견되었다.

3. 수동태의 시제

모든 시제별 능동태와 수동태가 따로 있다. 수동태의 공통사항은 'be+p.p.'가 포함된다는 것이다.

현재	am/is/are+p.p.	A ball is kicked by a student.
과거	was/were+p.p.	A ball was kicked by a student.
미래	will be+p.p.	A ball will be kicked by a student.
현재완료	has/have been+p.p.	A ball has been kicked by a student.
과거완료	had been+p.p.	A ball had been kicked by a student.
미래완료	will have been+p.p.	A ball will have been kicked by a student.

| 현재진행 | am/is/are being+p.p. | A ball is being kicked by a student. |
| 과거진행 | was/were being+p.p. | A ball was being kicked by a student. |

4. 능동태와 수동태의 구분

1) 해석

해석을 통해 주어가 동작을 '하는지' 아니면 '당하는지'를 따진다.

2) 목적어의 유무

목적어가 있으면 능동태이고, 목적어가 없으면 수동태이다.

People speak Spanish in South America. 남미의 사람들은 스페인어를 구사한다.
Spanish is spoken in South America. 스페인어는 남미에서 사용된다.

5. 수동태를 쓸 수 없는 동사

수동태는 기본적으로 뒤에 목적어를 수반하는 타동사에 해당되고, 자동사는 특수한 경우를 제외하고 수동태형이 존재하지 않는다.

1) 주요 1형식 동사(완전자동사)

왕	go	생	live
래	come	사	die
발	depart	존	exist, appear, disappear
착	arrive	발	happen, occur, take place
		구	consist

2) 2형식 대표동사

1) **감각동사**: look, smell, taste, sound, feel+형용사/like 명사(구)(절)
2) **상태지속 동사**: '(계속) ~이다' be, remain, stay, keep+형용사

3) **상태변화 동사**: '~되다' become, get, grow+형용사
4) **판단, 입증동사**: '~인 것 같다, ~임이 판명되다' seem, appear, prove, turn out

3) 상태동사, 소유동사

상태동사	resemble, lack
소유동사	have, possess

1. The orchestra [consisted/was consisted] of 30 members.

2. These things [happened/are happened] as everything is all in a lifetime.

1. consisted
해석 그 오케스트라는 30명으로 구성되었다.
해설 consist는 자동사이므로 수동태가 될 수 없다.

2. happened
해석 이런 것들은 모든 것이 일생에 있는 것처럼 일어났다.
해설 happen은 자동사이므로 수동태가 될 수 없다.

4) 능동태와 수동태가 다 되는 동사

end (be ended)	끝나다	focus on (be focused on)	~에 집중하다
cease (be ceased)	중단하다	improve (be improved)	개선하다
increase (be increased)	증가하다	engage in (be engaged in)	~에 관여하다
develop (be developed)	성장하다	determined to R/that (be determined to R/that)	~하기로 결심하다

1. Many people [focuses on/are focused on] sharing their thoughts.

2. The committee commanded that the construction of the building [cease/is ceased].

1. are focused on
해석 많은 사람들이 그들의 생각을 공유하는 데 집중한다.
해설 focus는 능동태와 수동태가 다 가능한 동사이다. focuses가 정답이 안 되는 이유는 주어가 people이므로 동사는 복수형으로 사용되어야 한다.

2. cease
해석 그 위원회는 그 건물의 공사가 중단되어야 한다고 명령했다.
해설 cease는 능동태와 수동태가 다 가능한 동사이다. 주절 동사로 command로 '~할 것을 명령하다'라는 동사이므로 that절의 동사는 (should)가 생략된 cease나 be ceased가 되어야 한다.

6. '자동사+전치사'는 수동태가 가능하다

'자동사+전치사'의 구조는 자동사 뒤에 나오는 전치사가 목적어를 수반하므로, 수동태형이 존재한다.
이때 전치사는 타동사구의 일부이므로 수동태로 바꾸더라도 생략해서는 안 된다.
능동태: A truck ran over **a dog**. 트럭이 개를 치었다.
수동태: A dog **was run over** by a truck. 개가 트럭에 치였다.

~을 보다	look at (be looked at)	~에 의존하다	rely on (be relied on)
~을 듣다	listen to (be listened to)	~을 처분하다	dispose of (be disposed of)
비웃다	laugh at (be laughed at)	~을 치다	run over (be run over)
~을 ~라고 부르다	refer A as B (be referred to as B)	~을 처리하다	deal with (be dealt with)
~을 ~라고 생각하다	think of A as B (be thought of as B)	~에 합의하다	agree on (be agreed on)

다음 문장을 어법에 맞게 고치시오.

1. His attempts were laughed by them.

2. Radioactive waste must be disposed safely.

1. was laughed → was laughed at
해석 그의 시도는 그들에 의해서 비웃음을 받았다.
해설 laugh라는 동사는 laugh at의 형태로 사용되기 때문에, 수동태로 전환되는 경우에도 전치사 at을 데리고 다녀야 한다.

2. be disposed → be disposed of
해석 방사능 물질은 안전하게 처분되어야 한다.
해설 dispose는 dispose of와 같이 전치사 of와 항상 사용된다. 따라서 수동태로 전환되는 경우에도 of와 같이 사용되어서 be disposed of형이 되어야 한다.

7. 3형식 동사의 수동태

1) 전치사와 함께 사용되는 완전타동사: 수동태 전환 시 전치사 누락에 주의!

아래와 같이 특정한 타동사는 뒤에 목적어를 수반하고, 그 뒤에 다시 전치사를 수반해서 '타동사+목적어1+전치사+목적어2'와 같은 구조가 된다. 이런 동사가 수동태가 될 때에는 목적어 뒤에 나오는 전치사가 누락되지 않도록 주의해야 한다.
능동태: The man robbed her of her purse. 그 남자는 그녀의 지갑을 강탈했다.
수동태: She was robbed of her purse. 그녀는 지갑을 강탈당했다.

분리, 박탈/인지/제공/금지 동사의 수동태

분리, 박탈	be [robbed, deprived, relieved, cleared] **of**
인지	be [informed, reminded, convinced, assured] **of**
제공	be [provided, supplied, furnished, presented] **with**
금지	be [prevented, prohibited, hindered, kept, deterred] **from**

다음 문장을 어법에 맞게 고치시오.

1. The customer was robbed for her jewels.

2. Start-up companies need to be provided tax incentives.

2) 목적어가 명사절이 경우

목적어가 that절과 같이 명사절인 경우 3가지 형태의 수동태가 가능하다. that절이 주어 자리에 가는 경우와 주어 자리에 있는 that를 뒤로 빼고 가주어를 사용하는 경우, 그리고 that절의 주어가 문장의 주어 자리에 가능 경우가 있다.

능동태: They say that she is honest. 그들은 그녀가 정직하다고 말한다.
수동태: ① **That she is honest** is said. 그녀가 정직하다는 게 이야기된다.
  ② **It** is said that she is honest. 그녀가 정직하다는 게 이야기된다.
  ③ She is said **to** be honest. 그녀는 정직하다고 이야기된다.

8. 4형식 동사의 수동태

두 개의 목적어를 가지므로 두 개의 목적어를 각각 주어로 가는 두 개의 형태의 수동태 문장이 가능하다. 이때 간접목적어 자리에 있던 사람이 주어 자리에 가면, 동사가 수동태임에도 불구하고, 뒤에 명사가 남는다는 점에 주의해야 한다.

give
offer   +사람(Sby) +사물(Sth)
send
grant

① 사람(Sby)+**be p.p.**+**사물(Sth)**
② 사물(Sth)+be p.p.+**to 사람(Sby)**

능동태: She gave me some money. 그녀는 나에게 돈을 주었다.

수동태: I **was given** some money. 나는 돈을 받았다.
수동태: Some money **was given to** me. 돈이 나에게 주어졌다.

1. He was really amazed when he [offered/was offered] the job.

2. Your passport copy should be sent [me/to me] by tomorrow.

1. was offered
해석 그는 일자리를 제공받았을 때 매우 놀랐다.
해설 offer는 4형식 동사이므로 수동태는 'be offered+명사'가 가능하다.

2. to me
해석 당신의 여권 복사본이 내일까지 나에게 보내져야 한다.
해설 send는 4형식 동사이다. 4형식 동사의 경우 직접목적어가 주어 자리에 가는 수동태형의 경우 동사 뒤에는 전치사가 수반되어야 한다.

9. 5형식 동사의 수동태

5형식 동사는 뒤에 목적어와 목적보어를 수반하는데, 목적어가 주어 자리에 가서 동사가 수동태가 되면, 그 뒤로 목적보어 자리에 있는 게 그대로 오게 된다.

1) 명사를 목적보어로 취하는 동사

call
name　+명사(목적어) +**명사(보어)**
elect
consider
명사+be called/named/elected+**명사(보어)**
능동태: They elected him captain of the team. 그들은 그를 팀의 장으로 선출했다.
수동태: He **was elected captain of the team**. 그는 팀의 장으로 선출되었다.

1. Though somewhat new at making presentation, Paul Smith is [considering/considered] the best public speaker of the team.

정답 및 해설

1. considered
해석 발표하는 게 약간 새로웠지만, Paul Smith는 팀에서 최고의 연사로 여겨진다.
해설 consider는 5형식 동사로 사용이 가능하다. consider A (as) B의 형태에서 A가 주어 자리가 가서 수동태형이 된 것이므로 뒤에는 목적보어로 명사가 사용된다.

2) 지각동사, 사역동사의 수동태

지각동사와 사역동사는 특히 주의해야 한다. 능동태에서는 뒤에 목적어가 오고, 목적보어로 자리에 동사원형을 사용하는데, 수동태가 되는 경우, 동사 뒤로는 to R의 형태가 온다는 점을 유념해야 한다.
능동태: My brother made me **clean** the room. 형은 나를 청소시켰다.
수동태: I was made **to clean** the room. 나는 청소하게 되었다.
능동태: I saw her **enter** the room. 나는 그녀가 방에 들어오는 것을 보았다.
수동태: She was seen **to enter** the room. 그녀는 방에 들어오는 것이 목격되었다.

괄호 안에 알맞은 것을 고르시오.

1. He was made [study/to study] more after school.

2. The phone was heard [ring/to ring] all day long.

정답 및 해설

1. to study
해석 그는 방과 후에 공부하게 되었다.
해설 make은 사역동사이다. 사역동사의 수동태는 뒤에 to R을 수반한다.

2. to ring
해석 그 전화는 하루 종일 울리는 것이 들렸다.
해설 hear는 지각동사이다. 지각동사의 수동태는 뒤에 to R을 수반한다.

"be+p.p.'의 수동태 뒤에 by 말고 다른 전치치사를 사용하는 경우는 암기해야 한다.

1) 놀람 at

be surprised at
   astonished
   alarmed

2) 기쁨, 만족 with

be pleased with
   amused
   satisfied

3) ~로 채워진 with

be covered with
   filled
   equipped
   furnished

4) 걱정, 염려 about

be worried about
   concerned

5) 몰두, 열중 in

be interested in
   absorbed
   engaged
   involved

6) 대상 to

be assigned to

committed

7) 구성 of

be made up of

   composed

8) 완제품 be made from 원재료(화학적 변화)

완제품 be made **of** 원재료(물리적 변화)

9) be known+to+대상

     as+자격, 신분

     for+이유

     by+판단의 근거

1. 다음 괄호 안에서 알맞은 말을 고르시오.

1. A week's holiday [has been promised/has promised] to all the office workers.
2. Despite his name, Freddie Frankenstein has a good chance of [electing/being elected] to the local school board.
3. The whole family is [suffering/suffered] from the flu.
4. This belief may reflect the way amnesia is usually [portraying/portrayed] in movies, televisions, and literature.
5. [To expedite/To be expedited] the mailing of the package, you will need to add five dollars more to the shipping fee.

2. 다음 문장을 어법에 맞게 고르시오.

6. That wonderful thought was suddenly occurred after I came to Jeju.
7. Mark Twins submitted a requisition from to make certain he is giving a projector for today's presentation.
8. I surpised to find out that he was 15 years older than me.
9. A huge research fund was given a local private university by the Ministry of Education.
10. The Aswan High Dam has been protected Egypt from famines of its neighboring countries.

1. 밑줄 친 부분 중 어법상 옳지 않은 것은?

Each year, more than 270, 000 pedestrians ① lose their lives on the world's roads. Many leave their homes as they would on any given day never ② to return. Globally, pedestrians constitute 22% of all road traffic fatalities, and in some countries this proportion is ③ as high as two thirds of all road traffic deaths. Millions of pedestrians are non-fatally ④ injuring some of whom are left with permanent disabilities. These incidents cause much suffering and grief as well as economic hardship.

2. 밑줄 친 부분 중 어법상 옳지 않은 것은?

It would be difficult ① to imagine life without the beauty and richness of forests. But scientists warn we cannot take our forest for ② granted. By some estimates, deforestation ③ has been resulted in the loss of as much as eighty percent of the natural forests of the world. Currently, deforestation is a global problem, ④ affecting wilderness regions such as the temperate rainforests of the Pacific.

3. 밑줄 친 부분 중 어법상 옳지 않은 것은?

When I was growing up, many people asked me ① if I was going to follow in my father's footsteps, to be a teacher. As a kid, I remember ② saying, "No way. I'm going to go into business." Years later I found out that I actually love teaching. I enjoyed teaching because I taught in the method ③ in which I learn best. I learn best via games, cooperative competition, group discussion, and lessons. Instead of punishing mistakes, I encouraged mistakes. Instead of asking students to take the test on their own, they ④ required to take tests as a team. In other words, action first, mistakes second, lessons third, laughter fourth.

4. 다음 글의 밑줄 친 부분 중, 어법상 틀린 것은?

Research psychologists often work with self-report data, made up of participants' verbal accounts of their behavior. This is the case ① whenever questionnaires, interviews, or personality inventories Self-report are used to measure variables. methods can be quite useful. They take advantage of the fact that people have a unique opportunity to observe ② themselves full-time. However, self-reports can be plagued by several kinds of distortion. One of the most problematic of these distortions is the social desirability bias, which is a tendency to give ③ socially approved answers to questions about oneself. Subjects who are influenced by this bias work overtime trying to create a favorable impression, especially when subjects ④ ask about sensitive issues. For example, many survey respondents will report that they voted in an election or ⑤ gave to a charity when in fact it is possible to determine that they did not.

5. 다음 글의 밑줄 친 부분 중, 문맥상 낱말의 쓰임이 적절하지 않은 것은?

Over the past several decades, there have been some agreements to reduce the debt of poor nations, but other economic challenges (like trade barriers) ① remain. Nontariff trade measures, such as quotas, subsidies, and restrictions on exports, are increasingly prevalent and may be enacted for policy reasons having nothing to do with trade. However, they have a ② discriminatory effect on exports from countries that lack the resources to comply with requirements of nontariff measures imposed by rich nations. For example, the huge subsidies that ③ poor nations give to their farmers make it very difficult for farmers in the rest of the world to compete with them. Another example would be domestic health or safety regulations, which, though not specifically targeting imports, could ④ impose significant costs on foreign manufacturers seeking to conform to the importer's market. Industries in developing markets may have more ⑤ difficulty absorbing these additional costs.

* nontariff : 비관세의

** subsidy: 보조금

1. 다음 괄호 안에서 알맞은 말을 고르시오.

1. has been promised

해석

모든 사무실 직원들에게 한 주의 휴가가 약속되었다.

해설

promise는 타동사이다. 타동사는 뒤에 목적어가 안 오고, 전치사가 수반되는 경우 수동태가 되어야 한다.

2. being elected

해석

그의 이름에도 불구하고, Freddie Frankenstein은 지역 학교의 위원회에 선출이 가능 가능성이 높다.

해설

동명사 역시 준동사로 동사의 성격을 가진다. 뒤에 목적어가 없고 전치사 to가 있으므로 수동태가 되어야 한다.

3. suffering

해석

전체 가족은 독감으로 고생하고 있다.

해설

suffer는 자동사이다. 자동사는 능동형으로 사용한다.

4. portrayed

해석

이러한 믿음은 보통 영화, 텔레비전 문학에서 기억상실이 묘사되는 방식을 반영할 수 있다.

해설

빈칸 뒤에 목적어 없이 전치사 in이 제시되고 있으므로 수동태가 되어야 한다.

5. To expedite

해석

소포의 우편을 촉진하기 위해서, 선적요금에 5달러를 추가할 필요가 있을 것이다.

해설

to부정사는 준동사로, 동사의 성격을 가진다. 뒤에 the mailing이라는 명사가 목적어로 제시되고 있으므로 능동태가 되어야 한다.

2. 다음 문장을 어법에 맞게 고르시오.

6. was 생략

해석

그 멋진 생각은 내가 제주도에 오고 나서 갑자기 들었다.

해설

occur는 자동사이므로 수동태가 될 수 없다.

7. giving → given

해석

Mark Twins는 그가 오늘 발표를 위한 프로젝트를 받을 수 있도록 요청서를 제출했다.

해설

given은 4형식 동사이므로 간접목적어가 주어 자리에 가능 수동태형의 경우 'be given+명사'의 형태가 된다.

8. surprised → was surprised

해석

나는 나보다 15살이 위인 것을 알게 되어 놀랐다.

해설

surprise는 '놀라게 만들다'라는 타동사이다. 따라서 '놀라다'라는 의미로 사용되기 위해서는 수동태형이 되어야 한다.

9. was given → was given to

(해석)

엄청난 영구 자금이 교육부에 의해서 지역 민간 대학에
제공이 되었다.

(해설)

give는 4형식 동사이다. 직접목적어가 주어 자리에 가는
수동태가 되면 'be given to'와 같이 사용되고, '~에게 주
어진다'라는 의미가 된다.

10. has been protected → has protected

(해석)

아스완 하이 댐은 이웃 국가들의 기근으로부터 이집트를
보호해 왔다.

(해설)

타동사 뒤에 목적어가 제시되고 있으므로 능동태가 되어
야 한다.

1. 정답 ④

해석

매년 27만 명 이상의 보행자들이 세계의 도로 위에서 목숨을 잃는다. 많은 사람들은 여느 때처럼 집을 떠나서 다시 돌아오지 못한다. 전 세계적으로 보행자는 전체 도로 교통 사망자의 22%를 차지하는데, 일부 국가에서는 이 비율이 전체 도로 교통 사망자의 3분의 2를 차지할 만큼 높다. 수백만 명의 보행자들이 치명적이지 않은 상해를 입는다. 일부는 영구적인 장애를 갖게 된다.
이러한 사고들은 경제적 어려움뿐만 아니라 많은 고통과 슬픔을 야기한다.

해설

④ injure는 타동사로 '부상을 입히다'라는 의미이다. 문장의 목적어가 없고 주어인 보행자가 부상을 당하는 것이므로 과거분사 injured로 바꿔야 한다.
① lose는 현재시제 동사로 주어와 수를 일치시켜야 한다. 주어는 27만 명 이상의 보행자들이므로 복수형 동사 lose가 올바르게 쓰였다.
② 결과를 나타내는 to부정사의 부사적 용법으로 평소처럼 집을 나서고 그 결과로 결코 돌아오지 못했다는 내용을 담고 있다.
③ 원급 비교 구문인 'as 원급 as' 사이에는 형용사나 부사가 들어가므로 형용사 high가 올바르게 사용되었다. 또한 be동사의 보어 자리이므로 형용사가 와야 한다.

어휘

pedestrian 보행자 lose one's life 목숨을 잃다, 죽다, constitute ~이 되다, ~을 구성하다 fatality 사망자, 치사율 proportion 비율, 부분 fatally 치명적으로

2. 정답 ③

해석

숲의 아름다움과 풍요로움이 없는 삶을 상상한다는 것은 어려울 것이다. 하지만 과학자들은 우리가 우리의 숲을 당연하게 여겨서는 안 된다고 경고한다. 어떠한 평가들에 따르면, 삼림 파괴는 전 세계 자연숲의 8%에 달하는

손실을 낳아 왔다. 현재 삼림 파괴는 지구적인 문제이며, 태평양의 온대우림과 같은 야생 지역들에 영향을 끼치고 있다.

해설

③ result는 자동사로서 'result in+결과/from+원인' 등으로 동사 뒤에 전치사와 명사가 함께 온다. 자동사는 수동태로 사용할 수 없으므로 수동태인 has been resulted가 아니라 능동태인 has resulted가 올바른 표현이다.
① 가주어 it을 대신할 수 있는 명사는 to부정사이므로 to imagine은 올바른 표현이다.
② take something for granted는 '~을 당연하게 여기다'라는 관용 표현이다.
④ 두 문장을 접속사 없이 연결해 주는 분사구문으로 affect는 타동사로서 목적어가 존재하므로 현재분사인 ing의 형태가 올바르다.

3. 정답 ④

해석

내가 자랄 때, 많은 사람들이 나에게 선생님이신 아버지의 발자취를 따를 것인지를 물었다. 아이였던 나는 "전혀요. 나는 사업을 할 거예요"라고 말한 것을 기억한다. 몇 년이 지나고 나는 내가 교육을 진정으로 사랑한다는 것을 깨달았다. 내가 가장 잘 배웠던 그 방법으로 가르치기 때문에 나는 가르치는 것을 즐겼다. 나는 놀이, 협력경쟁, 집단토론, 그리고 수업을 통해서 가장 잘 배웠다. 실수를 처벌하는 대신 이를 격려했다. 학생들에게 혼자 시험을 치르기를 요구하기보다는 팀으로 시험을 보도록 했다. 다시 말해서, 행동이 첫 번째, 실수가 두 번째, 수업이 세 번째, 웃음이 네 번째인 것이다.

해설

④ 주어인 they(학생들)는 시험 치는 것이 요구된다. 따라서 수동태인 they were required to take tests ~로 써야 한다.
① ask의 직접목적어 자리이므로 명사절을 이끄는 if 접속사가 온다.

② 문맥상 '~한 것을 기억하다'가 적절하므로, 동명사인 saying이 올바르다.

③ 전치사+관계대명사(in which) 다음에는 완전한 문장이 오는데, 여기서 learn은 자동사로 쓰였다.

4. 정답 ④

(해석)

연구 심리학자들은 흔히 '자기 보고 데이터'로 작업을 하는데, 이는 참가자들의 행동에 대한 구두 설명으로 구성되어 있다. 변인을 측정하기 위해서 설문지, 면접 또는 성격 목록이 사용될 때마다 이것에 해당한다. 자기 보고 방법은 아주 유용할 수 있다. 그것들은 사람들이 자신을 풀타임으로 관찰할 유일한 기회를 가진다는 사실을 이용한다. 하지만 자기 보고는 몇 가지 종류의 왜곡으로 인해 오염될 수 있다. 이런 왜곡 중 가장 문제가 되는 하나는 사회적 바람직성 편향인데, 이것은 사회적으로 승인된 답을 자신에 관한 질문에 제공하는 경향이다. 이런 편향에 영향을 받은 피실험자들은 특히 민감한 문제에 대해 질문받을 때 호의적인 인상을 만들기 위해서 추가로 노력한다. 예를 들면, 많은 설문 조사 응답자들은 사실은 하지 않았다고 결정하는 것이 가능할 때 선거에서 투표했다거나 자선 단체에 기부했다고 보고할 것이다.

(해설)

① 뒤에 모든 성분을 갖춘 완전한 문장이 왔고 의미상으로도 '할 때마다'가 자연스러우므로, 부사절을 이끄는 종속 접속사 whenever가 온 것은 적절하다.

② observe의 목적어가 주어인 people과 동일한 인물들을 가리키므로, 재귀대명사 themselves가 온 것은 적절하다.

③ 분사 approved를 수식하는 부사 socially가 온 것은 적절하다.

④ 피실험자가 요청을 받는 것으로 수동의 의미이므로 수동태가 되어야 한다. 따라서 ask를 are asked로 고쳐 써야 한다.

⑤ that절의 동사 voted와 함께 병렬 구조를 이루고 있으므로, 마찬가지로 과거형인 gave가 온 것은 적절하다.

(어휘)

psychologist 심리학자 made up of ~로 구성된 verbal 구두의, 말로 된 account 설명 questionnaire 설문지 variable 변인 take advantage of ~을 이용하다 unique 독특한 observe 관찰하다 plague 괴롭히다 distortion 왜곡 bias 편견 tendency 경향 approved 승인된, 인가된 subject 피실험자 favorable 호의적인 impression 인상 respondent 응답자 charity 자선 단체

5. 정답 ③

(해석)

지난 수십 년에 걸쳐서, 가난한 나라들의 부채를 줄이려는 몇 가지 합의가 있었지만, 다른 경제적 과제(무역 장벽과 같은)는 ① 남아 있다. 할당량, 보조금, 수출 제한과 같은 비관세 무역 조치들이 점점 더 널리 퍼지고 있으며 무역과 무관한 정책적 이유로 제정될 수 있다. 하지만 그것들은 부유한 국가들에 의해 부과된 비관세 조치의 요건을 준수할 자원이 부족한 국가들의 수출에 ② 차별적인 영향을 미친다. 예를 들면, ③ 가난한(→ 부유한) 국가들이 자국의 농부들에게 주는 엄청난 보조금은 전 세계 나머지 국가들의 농부들이 그들과 경쟁하는 것을 매우 어렵게 만든다. 또 다른 예는 국내 보건 혹은 안전 규제인데, 이것은 구체적으로 수입을 목표로 삼진 않지만, 수입자 시장에 순응하고자 하는 외국 제조업체에 상당한 비용을 ④ 부과할 수 있다. 개발도상국 시장의 산업은 이런 추가 비용을 ⑤ 부담하는 데 많은 어려움을 겪을 수 있다.

(해설)

비관세 무역 조치들이 부유한 국가들이 부과한 비관세 조치의 요건을 준수할 자원이 부족한 국가들의 수출에 나쁜 영향을 미친다고 했으므로, 부유한 국가가 자국의 농부에게 주는 엄청난 보조금이 나머지 국가들의 농부들이 그들과 경쟁하는 것을 어렵게 만든다고 해야 한다. 따라서 ③ 'poor(가난한)'를 'rich(부유한)'와 같은 낱말로 바꿔 써야 한다.

(어휘)

decade 10년 agreement 합의 reduce 줄이다 debt 부채, 빚 barrier 장벽, 장애물 remain 남아 있다 measure 조치 quota 할당량 subsidy 보조금 restriction 제한 export 수출 prevalent 널리 퍼져 있는 enact 제정하다 policy 정책 have nothing to do with ~와 관계가 없다 have an effect on ~에 영향을 미치다

손태진 **문법 원리**

손태진 **문법 원리**

8. 시제

주어의 동작이나 상태를 나타내는 동사는 시간에 따라서 여러 가지 형태를 가지게 되는데 이것을 시제라 한다. 우리말은 시제가 비교적 단순하지만, 영어는 12가지의 시제가 존재한다.

현재	John studies Economics. [단순]	존은 경제학을 공부한다.
	John is studying Economics. [진행]	존은 경제학을 공부하고 있다.
	John has studied Economics. [완료]	존은 경제학을 공부해 왔다.
	John has been studying Economics. [완료진행]	존은 경제학을 공부해 오고 있다.
과거	John studied Economics. [단순]	존은 경제학은 공부했다.
	John was studying Economics. [진행]	존은 경제학을 공부하고 있었다.
	John had studied Economics. [완료]	존은 경제학을 공부했었다.
	John had been studying Economics. [완료진행]	존은 경제학을 공부해 오고 있었다.
미래	John will study Economics. [단순]	존은 경제학을 공부할 것이다.
	John will be studying Economics. [진행]	존은 경제학을 공부하고 있을 것이다.
	John will have studied Economics. [완료]	존은 경제학을 공부해 올 것이다.
	John will have been studying Economics. [완료진행]	존은 경제학을 해 오고 있을 것이다.

1. 단순시제

1) 현재시제

현재시제는 일반적인 사실이나, 습관적, 반복적, 계속적, 주기적인 일을 나타낼 때 사용된다.

(1) 형태

주로 동사원형을 쓰고, 주어가 3인칭 단수 현재일 때는 ~(e)s가 붙는다.

(2) 용법

① 현재의 습관이나 반복적인 동장

I get up at 7:30 a.m. 나는 7시 30분에 일어난다.
I usually take a shower every evening. 나는 매일 저녁 샤워를 한다.

② 현재의 동작이나 상태

The nurse is very kind. 그 간호사는 매우 친절하다.
My brother lives in New York. 우리 동생은 New York에서 산다.

③ 불변의 진리, 과학적 사실

The sun rises in the east. 태양은 동쪽에서 뜬다.

과거시제는 이미 끝난 동작이나 상태를 설명할 때 사용한다.

(1) 용법

① 과거의 동작이나 상태
I met her yesterday. 나는 그녀를 어제 만났다.
We lived in Busan five years **ago**. 우리는 5년 전에 부산에 살았다.

② 과거의 습관이나 반복적인 동작
I used to live in Busan. 나는 부산에 살았었다.

③ 역사적 사실
The Korean War broke out in 1950. 한국전쟁은 1950년에 발발했다.

(2) 명백한 과거시점 부사(구)

명백한 과거시점을 나타내는 부사(구)가 나오면 현재완료 시제는 쓸 수 없고 반드시 과거시제를 사용한다.

시간+ago	in+과거시간	yesterday	last+시점
when ~	just now	then	

다음 괄호 안에 알맞은 것을 고르시오.

1. When have you come back from your trip? [○/×]

정답 및 해설

1. × When have you come back → When did you come back
해석 너는 언제 여행에서 돌아왔니?
해설 현재완료는 when, what time 등과 같이 확실한 과거의 시점을 나타내는 표현과는 함께 쓰지 않는다.

(3) 과거형을 만드는 법

대부분의 동사	동사원형+ed	work → worked play → played help → helped move → moved
~e로 끝나는 동사	동사원형+d	live → lived like → lived
'자음+y'로 끝나는 동사	y를 없애고+ied	cry → cried try → tried
'단모음+단자음'으로 끝나는 동사	자음을 한 번 더 쓰고+ed	stop → stopped plan → planned drop → dropped

(4) 예외(불규칙변화)

put → put	read → read	get → got	give → gave
hang → hung	go → went	eat → ate	buy → bought
win → won	meet → met	see → saw	drink → drink
make → made	write → wrote	come → came	take → took

1. Last night the police have said that they had found the missing girl.

1. have said → said
해석 지난밤에 경찰은 그들이 실종된 소녀를 찾았다고 말했다.
해설 last night은 명백한 과거시간 부사구임로 현재완료시제가 아닌 과거시제를 사용해야 한다.

3) 미래시제

미래시제는 미래 상황에 대한 추측이나 의지를 표현할 때 사용한다.

(1) 용법

① 미래 계획이나 의지: will+R
I will leave for the day at 5. 나는 5시에 퇴근할 것이다.

② 미래의 예정이나 계획: be going to R
The train is going to leave now. 기차는 곧 떠날 예정이다.

③ 현재진행형으로 미래 시제 대용: am/is/are ~ing
- 왕래발착 동사: 왕래발착 동사는 현재진행시제로 미래를 표현할 수 있다.
The boss is leaving Busan tomorrow. 사장님은 내일 부산에 방문할 것이다.
- 확실한 계획, 약속: 미래는 기본적으로 불확실성을 포함하고 있는데, 확실히 결정된 계획이나 약속 등은 현재진행시제로 미래를 표현할 수 있다.
The boss is retiring at the end of month. 사장님은 월말에 은퇴할 것이다.

1. I [drink/drank] coffee every morning. It [help/helps] me stay awake.

2. My family [visit/is visiting] my grandma's next week.

1. drink, help
해석 나는 매일 오전에 커피를 마신다. 그것은 깨어 있는 데 도움을 준다.
해설 every morning이 반복되는 것을 나타내므로 현재시제를 사용한다. 그리고 그 뒤 문장은 일반적인 사실을 나타내는 것이므로 현재시제를 사용한다.

2. is visiting
해석 우리 가족은 할머니를 다음 주에 방문할 것이다.
해설 확실한 계획이나 약속을 나타낼 때 현재진행시제로 미래를 표현할 수 있다.

2. 진행시제

1) 진행형은 진행 중인 일을 나타내며, '~하고 있다, ~하는 중이다'의 의미로 'be동사+동사원형~ing'의 형태이다. be동사는 주어의 인칭과 수에 따라 결정되며, be동사의 시제를 달리하면, 과거진행, 현재진행, 미래진행이 된다.

(1) 현재진행시제: am/is/are+~ing (~하고 있는 중이다)
Steve is studying English now. Steve는 영어를 공부하고 있다.

(2) 과거진행시제: was/were+~ing (~하고 있던 중이었다)
Steve was studying English when I was in the couch. Steve는 내가 소파에 있었을 때 영어를 공부하고 있었다.

(3) 미래진행시제: will be+~ing (~하고 있을 것이다)
Steve will be studying English if we go camping. 만약 우리가 캠핑을 가면, Steve는 영어를 공부할 것이다.

(4) 현재완료진행시제: has/have been+~ing (~해 오고 있는 중이다)
She has been working at the branch office **for two years**. Steve는 2년 동안 지점에서 일해 오고 있다.

2) 진행시제를 쓸 수 없는 동사
진행시제는 진행 중인 동작을 표현하는 것이므로, 상태를 나타내거나 감각을 나타내는 동사들은 진행형을 사용하지 않는다.

상태동사	want, know, have, possess, like
감각동사	seem/look(~처럼 보이다), feel(~라고 느껴지다), taste(~한 맛이 나다)
	smell(~한 냄새가 나다), sound(~처럼 들리다)

1. He is having a very nice voice.

2. Tom isn't liking his lazy pet dog.

1. is having → has
해석 그는 매우 좋은 목소리를 가지고 있다.
해설 have는 상태동사이므로 진행시제를 사용하지 않는다.

2. isn't liking → doesn't like
해석 Tom은 그의 게으른 강아지를 좋아하지 않는다.
해설 like는 상태동사이므로 진행시제를 사용하지 않는다.

3. 완료시제

1) 현재완료시제: have p.p.

(1) 개념
과거부터 지금까지 이어지는 동작을 설명하거나, 과거이 동작이 지금의 상태에 영향을 미쳤음을 나타낸다.

I **lost** my watch last week. [과거] 나는 지난주에 시계를 잃어버렸다.
I **don't have** it now. [현재] 나는 지금 그것을 가지고 있지 않다.
→ I **have lost** my watch. [현재완료] 나는 시계를 잃어버려서 (현재) 없다.

(2) 현재완료의 쓰임

① 완료(~해 버렸다)
과거의 완료된 일로 현재의 상태를 강조할 때 already, just, yet 등의 부사와 자주 쓰인다.
I have just finished the report. 나는 보고서를 끝냈다.

② 경험(~한 적 있다)

현재까지 경험한 것을 나타낼 때 ever, never, before 등과 함께 쓴다.

I have seen the novel before. 나는 전에 그 소설은 본 적이 있다.

③ 계속(계속 ~하고 있다)

과거부터 현재까지 계속된 동작이나 상태를 나타낼 때에는 [since+과거시점], [for+일정 기간] 등과 함께 잘 쓰인다.

> S+has/have p.p.+since+과거시점
>　　　　　　　　+for+기간
>　　　　　　　　+over the last/past+기간

We have known each other **since** 2020. 우리는 2020년 이래로 서로 알아 왔다.

I have lived in Busan **for** ten years. 나는 10년 동안 부산에 살아왔다.

He has worked for the company **over** the last ten years. 그는 지난 10년 동안 그 회사를 위해 일해 왔다.

④ 결과(~한 결과 ~해 버렸다)

I have lost my wallet. 나는 지갑을 분실했다.

(3) 현재완료 시제와 함께 쓰이는 시간 부사구

~ 이래로	since+과거시점
지금까지	until now, up to now, so far
~동안	for+기간, over the last/past+기간

다음 괄호 안에 알맞은 것을 고르시오.

1. [Did you/Have you seen] the movie last year.

2. I have been repairing the computer [for/since] this morning.

3. For the last fifty years, advances in medication [brought/have brought] many positive changes to our lifestyle.

정답 및 해설

1. Did you
해석 작년에 그 영화를 봤니?
해설 last year는 명백한 과거시간 부사구이므로 과거시제를 사용해야 한다.

2. since
나는 오늘 오전 이래로 컴퓨터를 수리해 오고 있다.

해설 현재완료 뒤에는 for난 since가 사용되는데, this morning은 과거시점이므로 since를 사용해야 한다.

3. have brought
해석 지난 5년 동안에 의학분야에서의 발전은 우리의 라이프 스타일에 많은 변화를 가져왔다.
해설 For the last five years가 제시되고 있으므로 동사의 시제는 현재완료가 되어야 한다.

2) 과거완료시제: had p.p.

과거완료는 과거보다 이전의 시점을 나타내거나 대과거에서 과거시점까지의 기간을 나타낼 때 사용한다.

(1) 과거보다 한 시제 빠른 시제(대과거)

My friend **sent** me a coat that he <u>had bought</u> in New York. 내 친구는 New York에서 구매했던 코트를 나에게 보냈다.

(2) 대과거에서 과거까지 이어지는 기간(과거완료)을 나타낸다

He <u>had worked</u> for five years before he **resigned**. 그는 사임하기 전에 5년 동안 근무했다.

빈칸에 알맞은 것을 고르시오.

1. We [has/had] been playing soccer for about half an hour when it started to rain heavily.

정답 및 해설

1. had
해석 우리는 비가 엄청 내리기 시작했을 때 약 한 시간 동안 축구를 했었다.
해설 비가 내리는 시점이 과거시제로 제시되어 있고, 축구는 그전부터 해 왔으므로 동사의 시제는 과거완료가 되어야 한다.

3) 미래완료: will have p.p.

(1) 미래의 특정 시점까지 이어지는 동작 또는 상태의 완료, 경험, 결과 등을 의미한다

He **will have finished** the report by this time tomorrow. 그는 내일 이맘때까지 그 보고서를 끝낼 것이다.
He **will have worked** for five years by the end of this month. 그는 이달 말까지 5년 동안 근무하게 될 것이다.

(2) 미래완료와 함께 쓰이는 시간부사구

by+미래시점(next month/week)
by the time S+V(현재시제)
횟수(3 times, four times)

I will have worked for this company for then years **by this time next year**.
나는 내년 이맘때까지는 이 회사에 10년간 근무하게 될 것이다.
It I read this novel again, I will have read it **four times**. 이 소설을 다시 읽게 되면, 나는 4번째 읽는 것이다.

1. Charles [will have waited/has been waited] for the train for 30 minutes.

2. When Edward arrived at the store, the coat [has/had] already been sold out.

1. has been waited
해석 Charles는 30분 동안 기차를 기다렸다.
해설 문맥상 30분 전부터 지금까지 기다려 온 것이므로 현재완료 시제가 적절하다.

2. had
해석 Edward가 가게에 도착했을 때, 그 코트는 이미 팔리고 없었다.
해설 Edward가 가게에 도착한 시점이 과거이므로 코트가 팔린 것은 그 이전 시점이 된다.

4. 영작 문제에 빈출되는 시제 관련 관용 표현

1) have been to vs have gone to

have been to	~에 간 적 있다(**경험**)
have gone to	~에 가고 없다(**결과**)

1. Have you ever [been/gone] to Paris?

1. been
해석 파리에 가 본 적이 있니?
해설 have gone to는 '~에 가고 지금 여기에 없다'라는 표현이다.

2) ~한 지 ~가 되었다

It is(has been)+시간+since S+과거동사

1. It [was/has been] three years since I moved to this house.

1. has been
해석 내가 이 집으로 이사 온 후 3년이 지났다.
해설 '~ 이래로 ~ 지났다'라는 의미이므로 현재완료시제가 적절하다.

3) ~하자마자 ~했다

S+had+**no sooner**+p.p. ~ **than**+S+V	
S+had+**hardly/scarcely**+p.p. ~ **when/before**+S+V	
No sooner	+had+S+p.p.+**than**+S+과거동사
Hardly/Scarcely	+had+S+p.p.+**when/before**+S+과거동사
As soon as/The moment+S+V(과거시제), S+V(과거시제)	

The thief had **no sooner** seen me **than** he ran away. 그 도둑은 나를 보자마자 달아났다.
=**No sooner** had the thief seen me **than** he ran away.
The thief had **hardly/scarcely** seen me **when/before** he ran away.
=**Hardly/Scarcely** had the thief seen me **when/before** he ran away.
=As soon as the thief **saw** me, he **ran away**.

4) 머지않아 ~할 것이다

It will not be long before S V(현재시제)

1. It will not be long before he [comes/will come] back home.

1. comes
해석 머지않아 그가 돌아올 것이다.

5) ~되어서 (비로소) ~하다

> not A until B
> =**Not until** B A(A는 도치)
> =It was **not until** B that A(A는 도치 x)

We didn't not the news until this morning. 오늘 아침이 되어서야 그 소식을 알게 되었다.

=Not until this morning did we know the news.

=It was not until this morning that we know the news.

5. 시제일치와 예외

1) 시제일치

시제일치란 주절의 시제에 따라서 종속절 동사의 시제를 일치시키는 것을 말한다. 주절의 시제가 과거일 때 종속절의 시제는 과거나 과거완료를 사용한다.

He **knew** that she **was** diligent. 그는 그녀가 근면하다는 것을 알았다.
He **knew** that she **had been** diligent. 그는 그녀가 근면했다는 것을 알았다.

빈칸에 알맞은 것을 고르시오.

1. They had to fight against winds that [blew/will blow] over 40 miles an hour.

2. The housewife realized that commodity prices [have/had] risen in recent weeks.

정답 및 해설

1. blew
해석 그들은 시속 40마일 이상의 바람과 맞서 싸워야 했다.
해설 주절 동사가 had to로 과거시제이므로 that절 안의 동사는 과거시제로 일치시킨다.

2. had
해석 그 가정 주부는 상품가격이 최근 몇 주 동안에 올랐다는 것을 깨달았다.
해설 주절 동사가 realized로 과거시제이고, 상품가격이 오른 것은 깨달은 시점보다 이전이므로 과거완료시제를 사용한다.

2) 시제일치의 예외

(1) 불변의 진리, 속담, 격언: 항상 현재를 사용한다.

1. Columbus proved that the earth [is/was] round.

2. The scientist reminded us that light [traveled/travel] at a tremendous speed.

1. is
해석 Columbus는 지구가 둥글다는 것을 입증했다.
해설 불변의 진리를 항상 현재시제를 사용한다.

2. travel
해석 과학자들은 빛이 상당한 속도로 이동한다는 것을 상기시켰다.
해설 불변의 진리는 현재시제로 표현한다.

(2) 역사적 사실: 항상 과거시제를 사용한다.

1. Most of the elementary students **didn't know** that the Korean War [broke out/had broken out] in 1950.

1. broke out
해석 대부분의 초등학생들은 한국전쟁이 1950년에 발발했다는 것을 몰랐다.
해설 역사적인 사실은 항상 과거시제를 사용한다.

(3) 시간, 조건의 부사절: 시간, 조건의 부사절에서는 내용상 미래(완료)시제인 경우에도 현재(완료)시제로 표시한다.

1. If it [rains/will rain] tomorrow, I won't go to school.

2. I will go out if the rain [stops/will stop].

1. rains
해석 내일 만약 비가 오면, 학교를 가지 않을 것이다.
해설 조건부사절에는 미래시제 대신에 현재시제를 사용한다.

2. stops
해석 비가 멈추면, 나는 밖으로 나갈 거다.
해설 조건부사절에서는 미래시제 대신에 현재시제를 사용한다.

주의: when과 if절이 부사절이 아닌 명사절로 사용되는 경우에는 내용상 미래일 때 미래시제를 그대로 사용한다.

1. Do you know if the CEO [attends/will attend] the meeting?

2. Nobody knows when the buyer [visits/will visit] the factory.

1. will attend
해석 최고경영자가 회의에 참여할지를 알고 있니?
해설 이 문장에서 if 이하의 절은 부사절이 아닌 know라는 타동사의 목적어 자리에 사용되고 있는 명사절이다. 명사절에서는 미래의 의미일 때 그대로 미래 시제를 사용한다.

2. will visit
해석 그 바이어가 언제 공장을 방문할지를 아무도 모른다.
해설 when 이하는 knows라는 타동사가 목적어 자리에 있으므로 부사절이 아닌 명사절이다. 명사절에서는 미래의 의미일 때 그대로 미래 시제를 사용한다.

1. 다음 중 어법상 올바른 것을 고르시오.

1. I wonder if she [will finish/finishes] the work by tonight.
2. Management was informed that the shipment from the branch office in Paris [would arrive/will arrive] the following Friday.
3. This year the car industry [has attracted/had attracted] many investors because automobile products now make up 17 percent of the country' exports.
4. If management [asks/will ask] James to rewrite the project analysis over the weekend, they will have to pay him for overtime.
5. In the past ten years, the number of Americans using 90 percent of their income to pay off credit card debts [rose/has risen] by 30 percent.

2. 다음 문장을 어법에 맞게 고치시오.

6. We have been playing tennis for about half an hour when it started to rain heavily.
7. If you will experience any problems with your new word processing software, check the handbook first before consulting our technical support.
8. I had hardly left home than it began to rain.
9. For years, cosmetic companies told women that beauty is a secret to success.
10. Not until he failed the math test he decided to study harder.

1. 어법상 옳은 것은?

① Of the billions of stars in the galaxy, how much are able to hatch life?
② The Christmas party was really excited and I totally lost track of time.
③ I must leave right now because I am starting work at noon today.
④ They used to loving books much more when they were younger.

2. 어법상 옳지 않은 것은?

① A few words caught in passing set me thinking.
② Hardly did she enter the house when someone turned on the light.
③ We drove on to the hotel, from whose balcony we could look down at the town.
④ The homeless usually have great difficulty getting a job, so they are losing their hope.

3. 어법상 옳은 것은?

① China's imports of Russian oil skyrocketed by 36 percent in 2014.
② Sleeping has long been tied to improve memory among humans.
③ Last night, she nearly escaped from running over by a car.
④ The failure is reminiscent of the problems surrounded the causes of the fatal space shuttle disasters.

4. 다음 글의 밑줄 친 부분 중, 어법상 틀린 것은?

We lack a sufficient vocabulary for ① <u>making</u> sense of the sources of error. The more scientific knowledge we accumulate, the better we understand that the ignorance ② <u>over which</u> the knowledge enterprise is built is shockingly deep. For instance, it turned out that psychoanalysis's attempt to delimit the sources of error by categorizing the kinds of mistakes to which humans are subject in light of the therapeutic situation in the talking cure ③ <u>draw</u> on misguided assumptions about the normalcy conditions for subjects. Digging deeper into the structure of the human mind as well as into the specific embodiment of human knowers equipped with a complex nervous system ④ <u>showed</u> that our mental life is filled with illusions on all levels of knowledge acquisition, from of sensation to perception, from scientific discourse to the use technology based on the latest scientific discovery. Yet, once again, we cannot make sense of this picture of ourselves as immersed in the area of ignorance and illusion without at the same time relying on a huge background of shared, objective knowledge that makes our ignorance ⑤ <u>available</u> to us. Subjectivity and objectivity are interwoven with our fallibility.

* embodiment : 화신

** be immersed in : ~에 깊이 빠지다

*** fallibility : 불완전성, 틀릴 가능성

5. 다음 글의 밑줄 친 부분 중, 문맥상 낱말의 쓰임이 적절하지 않은 것은?

Surely one reason that copies have lost their sense of human connection, abundance, and intimate relation is that modern technology has made copying so easy. The methods of copying available to us have never been more powerfully ① abundant. This seems true even as a sense of loss has attended our ever more powerful means to ② reproduce what we care about. Walter Benjamin has famously formulated this loss as an "aura": that which is ③ lost in mechanical reproduction. The aura of a work of art, he suggests, cannot be copied by mechanical technology. By around 1900, he writes, "technical reproduction had reached a standard that not only permitted it to reproduce all transmitted works of art and thus to cause the most profound change in their impact upon the public/The ④ ability to copy mechanically "substituted a plurality of copies for a unique existence/Benjamin argued. In addition to transforming art and the public's relation to it, Benjamin asserted that mechanical reproduction has the power to rend traditions by interfering with the authority of objects "embedded in the fabric of tradition." This ⑤ devotion to tradition was twofold and concerned the presence of objects, Benjamin believed.

* rend : 분열시키다, 찢다

** embed : 깊이 새겨두다

1. 다음 중 어법상 올바른 것을 고르시오.

1. will finish

해석

나는 그녀가 오늘 밤 그 일을 끝낼 수 있을지 궁금하다.

해설

if 이하의 절은 wonder라는 타동사의 목적어로 사용되는 명사절이다. 명사절의 경우, 미래의 의미일 때 그대로 미래시제를 사용한다.

2. would arrive

해석

경영진은 파리의 지점으로부터의 선적물이 그다음 금요일에 도착할 거라는 통보를 받았다.

해설

시제일치 문제이다. 주절 동사의 시제가 과거이므로 that 절 이하의 동사의 시제는 미래를 사용할 수 없다.

3. has attracted

해석

올해 자동차 산업은 자동차 제품이 그 나라의 수출의 17퍼센트를 차지하기 때문에 많은 투자자들을 유치했다.

해설

과거완료시제는 단독으로는 사용될 수 없다. 올해 초부터 올해 말까지의 기간을 표시하는 시제로 현재완료가 적절하다.

4. asks

해석

만약 경영진은 James에게 주말에 걸쳐서 프로젝트 분석을 다시 쓰라고 요청하면, 그들은 그에게 초과근무수당을 주어야 할 것이다.

해설

조건부사절에서는 미래시제 대신에 현재시제를 사용한다.

5. has risen

해석

지난 십 년 동안에, 소득의 90퍼센트를 신용카드 빚을 갚는 데 사용하는 미국인의 수는 30퍼센트만큼 증가해 왔다.

해설

in the past ten years는 과거부터 현재까지의 현재완료 기간을 나타내는 표현이므로 동사의 시제 역시 현재완료를 사용한다.

2. 다음 문장을 어법에 맞게 고치시오.

6. have → had

해석

우리가 폭우가 내리기 시작했을 때 30분 정도 테니스를 쳐 왔다.

해설

비가 내린 시점이 과거이고, 테니스를 친 시점이 그보다 이전이므로 현재완료가 아닌 과거완료시제를 사용해야 한다.

7. will experience → experience

해석

새로운 워드프로세스 소프트웨어를 사용하다가 문제를 경험하시면, 우리 기술지원팀에 연락하기 전에 먼저 사용설명서를 확인해 보세요.

해설

조건 부사절에서는 미래 대신에 현재시제를 사용한다.

8. than → before 또는 when

(해석)

내가 집을 나서자마자 비가 오기 시작했다.

(해설)

'~하자마자 ~했다'라는 표현으로 'hardly/scarcely ~ when(before)' 구문을 사용한다.

9. told → have told 또는 have been telling

(해석)

수년 동안에 화장품 회사들은 아름다움이 성공의 비법이라고 말해 오고 있다.

(해설)

시간 부사구로 for years는 과거 몇 년 전부터 현재까지의 현재완료구간을 나타내는 것이므로 동사의 시제는 현재완료 또는 현재완료진행시제가 사용되어야 한다.

10. he decided → did he decide

(해설)

수학시험에 실패하고 나서야 그는 공부를 열심히 하기로 결심했다.

(해설)

Not until과 같은 부정의 의미를 지니는 부사(구/절)가 문두에 오면, 주절 주어와 동사는 도치된다.

1. 정답 ③

해석

① 은하계에 있는 수십 억 개의 별 중에서 얼마나 많은 별들이 생명을 부화시킬 수 있을까?

② 크리스마스 파티는 정말 신나서 나는 온통 시간 가는 줄 몰랐다.

③ 나는 오늘 정오에 근무를 시작할 예정이기 때문에 지금 즉시 출발해야 한다.

④ 그들은 어렸을 때 책을 훨씬 더 좋아하곤 했다.

해설

③ start는 왕래발착 동사로서 예정된 미래(at noon today)를 나타낼 때 현재시제나 현재진행시제를 사용하므로 현재진행시제(am starting)를 쓴 것은 문법적으로 옳다.

① stars는 가산명사이므로 이를 불가산명사와 쓰이는 much로 받을 수 없으며, 동사 are과도 호응하지 않으므로 much를 many로 고쳐야 한다. much → many.

② excite는 감정유발동사로서, 감정유발동사의 분사형을 묻는 문제이다. 크리스마스 파티가 신이 나는 감정을 유발하므로 excited를 exciting으로 고쳐야 한다. excited → exciting.

④ 과거에는 규칙적으로 발생하였지만 현재는 더 이상 발생하지 않음을 의미할 때 조동사 used to를 사용하는데, 이때 used to 뒤에는 동사원형이 온다. 따라서 loving을 love로 고쳐야 한다. loving → love.

2. 정답 ②

해석

① 언뜻 들은 몇 단어 때문에 나는 생각에 잠겼다.

② 그녀가 집에 들어가자마자 누군가가 불을 켰다.

③ 우리는 호텔로 계속 차를 몰고 갔는데, 그 호텔의 발코니에서 우리는 마을을 내려다볼 수 있었다.

④ 노숙자들은 보통 직장을 찾는 데 매우 어려움을 겪으며, 그래서 그들은 희망을 잃어 가고 있다.

해설

② '~하자마자 ~하다'라고 할 때 '주어+had+hardly+p.p. ~ when+주어+동사(과거시제)'로 사용할 수 있다. 하지만 이때 부정부사 hardly가 앞으로 나가면 주어와 동사가 도치된다. 따라서 'Hardly had she entered'라고 수정해야 한다.

① 가산명사 앞에 a few를 붙일 수 있다. 이때 과거분사 caught(붙잡힌, 잡힌)는 앞의 명사를 수식한다. words와 caught 사이에 which were가 생략되어 의미상 수동이므로 과거분사 caught가 올바르게 사용되었다.

③ whose의 선행사는 the hotel로, whose balcony는 the hotel's balcony를 의미한다. from whose balcony는 from the hotel's balcony를 의미하며, '전치사+명사구' 뒤에는 완전한 문장이 위치할 수 있다.

④ 'the+형용사'는 '~하는 사람들'이라고 해석하며, 복수로 취급하기 때문에 이와 호응하는 have를 사용한 것은 맞는 표현이다. 'have difficulty ~ing' '~하는 데 어려움을 겪다'라고 해석한다.

3. 정답 ①

해석

① 중국의 러시아 석유 수입은 2014년에 36%만큼(정도로) 급등하였다.

② 수면은 사람들 사이에서 기억을 증진시키는 것과 오랫동안 연관되어 왔다.

③ 지난밤, 그녀는 거의 차에 치일 뻔했다.

④ 그 실패는 치명적인 항공기 참사의 원인을 둘러싼 문제들을 연상시킨다.

해설

① in 2014라는 시간이 제시되어 있으므로 동사의 시제가 과거형으로 쓰인다. 문장의 skyrocketed의 형태는 올바르다.

② be tied to ~ing로 사용되므로 improving이 올바르다.

③ run over은 '~을 치다'라는 의미를 가진다. 문장에서 주어는 she이고, 차에 치였으므로 run over은 수동형인 being run over의 형태가 되어야 한다.

④ surrounded는 과거분사로 뒤에 목적어가 오기 위해

서는 현재분사인 surrounding이 되어야 한다.

4. 정답 ③

우리는 오류의 원인을 이해하기 위한 충분한 어휘가 부족하다. 우리가 더 많은 과학적 지식을 축적할수록 지식 활동이 쌓여 올려지는 무지가 굉장히 깊다는 것을 더 잘 이해한다. 예를 들면, 대화 치료 중의 치료적 상황에 비추어 인간이 빠져들기 쉬운 실수의 종류를 분류함으로써 오류 원인의 범위를 정하려는 정신분석의 시도는 피험자의 정상 상태에 대해 잘못 인식한 가정을 기반으로 한다는 것이 판명되었다. 복잡한 신경계를 갖춘 인간 인식의 구체적 화신(化身)뿐만 아니라 인간 마음의 구조를 더 깊이 파고드는 것은, 감각에서 지각에 이르기까지, 과학적 담론에서 최신의 과학적 발견에 기반한 기술의 사용에 이르기까지, 우리의 정신적 삶이 모든 수준의 지식 습득에 대한 환상으로 가득 차 있다는 것을 보여 주었다. 그러나 다시 한번. 우리가 동시에 우리의 무지를 입수할 수 있 게 하는 공유되고 객관적인 지식의 거대한 배경에 의지하지 않고서는 우리가 우리 자신이 무지와 환상의 영역에 깊이 빠져 있다는 이 심상을 이 해할 수 없다. 주관성과 객관성은 우리의 불완전성과 서로 얽혀 있다.

① 전치사 for 다음에 동명사 making이 온 것은 적절하다.
② 선행사 the ignorance를 수식하는 관계사절에서 문장의 필요 성분을 모두 갖춘 완전한 문장이 왔으 므로, 관계대명사 앞에 전치사가 있는 in which가 온 것이 적절하다.
③ 관계절의 주어는 psychoanalysis attempt이고 to부정사는 주어를 수식하는 형용사적 용법이므로, draw를 단수 주어에 맞춰 단수 동사 draws로 고쳐 써야 한다.
④ 동명사구 Digging deeper into the structure of the human mind as well as into the specific embodiment of human knowers equipped with a complex nervous system이 주어로 뒤에 동사가 와야 하므로, showed가 온 것은 적절하다.
⑤ 동사 make의 목적격 보어로 형용사가 와야 하므로, available이 온 것은 적절하다.

sufficient 충분한 accumulate 쌓다, 축적하다 ignorance 무지 delimit 범위를 정하다 be subject to ~을 하기 쉽다 in light of ~에 비추어 draw on ~을 이용하다 assumption 가정 normalcy 정상상태 illusion 환상, 착각 acquisition 습득 discourse 담론

5. 정답 ⑤

확실히 복제품들이 인간적 연결, 풍요로움, 그리고 친밀한 관계라는 감각을 잃어버린 이유 중 하나는 현대 기술이 복제를 너무 쉽게 만들었기 때문일 것이다.
현재 우리가 사용할 수 있는 복제 방법들은 그 어느 때보다 강력하고 풍부하다.
우리가 소중히 여기는 것을 점점 더 강력한 방식으로 재생산할 수 있음에도 불구하고, 동시에 상실감이 따라온다는 점에서 이는 사실인 듯하다.
발터 벤야민(Walter Benjamin)은 이러한 상실을 유명하게 "아우라(aura)", 즉 기계적 복제 과정에서 상실되는 것이라고 설명했다.
그는 예술 작품의 아우라는 기계 기술로는 복제될 수 없다고 주장한다.
그는 약 1900년 무렵, "기술적 복제가 모든 전해져 내려오는 예술 작품을 재생산할 수 있는 수준에 도달했으며, 이는 대중에게 미치는 영향에 매우 깊은 변화를 초래했다"고 말한다.
또한 기계적으로 복제할 수 있는 능력은 하나뿐인 존재를 여러 개의 복제품으로 대체했다고 벤야민은 주장했다.
예술과 대중의 관계를 변화시키는 것 외에도, 벤야민은 기계적 복제가 전통 속에 깊이 자리 잡은 대상들의 권위를 약화시키면서 전통을 분열시킬 힘을 가진다고 주장했다.
벤야민은 이러한 전통에 대한 헌신이 두 가지 측면을 가지며 대상의 존재와 관련되어 있다고 믿었다.

앞 문장에서 전통과 권위의 상실과 약화가 제시되어 있으므로 devotion을 loss로 고쳐야 한다.

bundance 풍요, 풍부함 intimate relation 친밀한 관계 reproduce 재생산하다, 복제하다 aura (예술작품의) 독특한 분위기, 아우라 mechanical reproduction 기계적 복제 substitute A for B B 대신 A를 대체하다 plurality 다수성 unique existence 유일한 존재 authority 권위 rend 분열시키다, 찢다 embed 깊이 자리 잡게 하다 devotion 헌신

9. 가정법

가정법은 현재나 과거 사실을 반대로 가정하거나 실현가능성이 희박한 미래의 상황에 대한 상상 혹은 소망을 표현하는 것을 말한다.

1) 가정법 과거

현재 사실의 반대를 가정하고, '만약 ~하다면, ~ 할 것이다'라고 해석한다.

종속절	주절
If+S+동사의 과거형/were	S+would, could, should, might+R

If I <u>were</u> a bird, I <u>would fly</u> to you. 만약 내가 새라면, 너에게 날아갈 텐데.
If the car <u>had</u> an automatic transmission, I <u>would</u> buy it. 만약 그 차가 자동 변속장치가 있다면, 나는 구매할 텐데.

빈칸에 알맞은 것을 고르시오.

1. If I were you, I [would/would have applied] for the position.

2. If Steve [went/will go] to New York, he would visit the Statue of Liberty.

정답 및 해설

1. would
해석 내가 만약 너라면, 그 직책에 지원할 텐데.
해설 if절 동사가 were이므로 가정법 과거이다. 따라서 주절에는 조동사 과거형이 사용된다.

2. went
해석 만약 Steve가 New York에 가면, 그는 자유의 여신상을 방문할 텐데.
해설 주절 동사가 would로 가정법 과거이므로 if절 동사는 일반동사의 과거형인 went가 정답이다.

2) 가정법 과거완료

과거사실의 반대를 가정하고, '만약 ~ 했다면, ~했을 것이다'라고 해석한다.

종속절	주절
If+S+had p.p.	S+would, could, should, might+have p.p.

If I had studied harder, I would have passed the exam. 만약 내가 더 열심히 공부했더라면, 나는 시험에 통과했을 텐데.

If the weather had been nice, you could have seen the beautiful sky.
날씨가 좋았더라면, 당신은 아름다운 도시를 볼 수 있었을 텐데.

1. If I have had a driving license, I would have rented a car for the trip.

2. She wouldn't have missed the seminar if she caught the flight last night.

1. have had → had had
해석 만약에 내가 운전면허증이 있었더라면, 여행을 가기 위해 차를 빌렸을 텐데.
해설 주절 동사가 would have p.p. 이므로 가정법 과거완료구문이다. if절 동사는 had p.p. 형이 되어야 한다.

2. caught → had caught
해석 만약 그녀가 어제 비행기를 탔었더라면, 세미나에 빠지지 않았을 텐데.
해설 주절 동사가 wouldn't have p.p.로 가정법 과거완료구문이다. 따라서 if절의 동사는 had p.p.의 형이 되어야 한다.

3) 가정법 미래

미래에 발생할 가능성이 매우 적은 일을 가정할 때 사용하고, '혹시라도 ~하면, ~하세요'라고 해석한다.

종속절	주절
If+S+should R(불확실한 미래)	S+would, could, should, might (will, can, shall, may)+R
If+S+were to R(불가능)	S+would, could, should, might+R

If you should have any concerns, please feel free to contact us. 만약 걱정이 있으면, 주저 말고 연락 주세요.
If I were to be born again, I would become an actor. 내가 만약 다시 태어난다면, 배우가 될 텐데.

1. If the product [were not/should not] be delivered tomorrow, they would complaint about it.

1. should not
해석 혹시라도 제품이 내일 배송되지 않으면, 그들은 컴플레인할 거다.
해설 가정법 미래 구문으로 if절 동사는 should R의 형태를 취한다.

4) 혼합가정법

가정법과거완료와 가정법과거가 혼합된 형태로, 보통 주절에는 현재를 나타내는 시간부사(구)(now, today, currently)가 온다.

종속절(가정법 과거완료)	주절(가정법 과거)
If+S+had p.p.	S+would, could, should, might+R +(now/today)

If you had listened to my advice, there would be no problem now.
만약 네가 나의 조언에 귀 기울였다면, 지금쯤 문제가 없을 텐데.

다음 문장을 어법에 맞게 고치시오.

1. If I had gone to the party last night, I would have been tired today.

2. If I had asked for a vacation last month, I would have been in Tokyo now.

정답 및 해설

1. would have been tired → would be tired
해석 만약 내가 어제 파티에 갔더라면, 오늘 피곤할 텐데.
해설 if절에는 had p.p. 형의 동사를 사용했지만, 주절에 now라는 현재시간부사가 있으므로 혼합가정법이다. 따라서 주절 동사는 would R의 형태가 되어야 한다.

2. would have been → would be
해석 만약 내가 지난달에 휴가를 요청했더라면, 지금 Tokyo에 있을 텐데.
해설 if절에 가정법 과거완료 동사를 사용했지만, 주절에 now라는 현재시간부사가 있으므로 혼합가정법이다. 따라서 주절 동사는 would R의 형태가 되어야 한다.

2. if가 생략된 가정법

1) 가정법 도치

가정법에서 if가 생략되면, 주어와 동사가 도치된다.

가정법 과거	Were+S ~ , S+would, could, should, might+R
가정법 과거완료	Had+S p.p. ~ , S+would, could, should, might+have p.p.
가정법 미래	Should+S+R ~, S+would, could, should, might (will, can, shall, may)+R Were+S+to R, S+would, could, should, might+R

다음 문장을 어법에 맞게 고치시오.

1. Had she come to the concert, she would enjoy it.

정답 및 해설

1. would enjoy → would have enjoyed

해석 만약 그녀가 콘서트에 왔더라면, 즐겼을 텐데.

해설 가정법 과거완료구문에서 if가 생략되어서 주어와 동사가 도치된 구문이다.

2) I wish 가정법

현재 이루지 못하고 있거나 과거에 이루지 못했던 것에 대한 아쉬움을 표현하기 위해 사용한다.

I wish+가정법 과거	현재 이루지 못하고 있는 것에 대한 아쉬움(~라면, 좋을 텐데) I wish+주어+**과거동사** I wish I were rich. 부자라면, 좋을 텐데.
I wish+가정법 과거완료	과거에 이루지 못한 것에 대한 아쉬움(~였더라면, 좋을 텐데) I wish+주어+**had p.p.** I wish I had been rich. 부자였더라면, 좋을 텐데.

다음 문장을 어법에 맞게 고치시오.

1. I wish I will use my imagination earlier.

2. I wish we are on vacation now.

1. will use → had used
해석 내가 상상력을 더 일찍 발휘했더라면 좋을 텐데.
해설 과거에 이루지 못한 아쉬움을 나타내므로 had p. p. 형의 동사를 사용해야 한다.

2. are → were
해석 우리가 지금 방학 중이라면 좋을 텐데.
해설 현재사실의 반대의 가정이므로 I wish 다음에는 가정법 과거동사가 사용되어야 한다.

3) It is high time+가정법 과거

It is high(about) time+주어+동사(과거형)	~ 할 시간이다(그런데 아직 못 했다)

It is time you [go/went] to bed. 이제 자러 갈 시간이다.

빈칸에 알맞은 것을 고르시오.

1. It's time you [knew/will know] the truth.

2. It is high time we [leave/left] for the airport.

정답 및 해설

1. knew
해석 이제 당신이 사실을 알아야 할 시간이다.

2. left
해석 우리가 공항으로 떠나야 할 시간이다.

4) as if/as though 가정법

as if/as though+주어+가정법과거	마치 ~인 것처럼
as if/as though+주어+가정법과거완료	마치 ~이었던 것처럼

He talks as if he [was/were] rich. 그는 마치 부자처럼 이야기한다.

빈칸에 알맞은 것을 고르시오.

1. Linda spends money as if she [is/were] a millionaire; in fact, she' not.

2. He acted as though he [never met/had never met] her before.

정답 및 해설

1. were
해석 Linda는 마치 백만장자처럼 돈을 쓴다. 그런데, 아니다.
해설 '마치 ~처럼 ~하다'라는 현재사실의 반대의 가정이므로 as if 뒤에는 가정법과거 동사를 사용한다.

2. had never met
해석 그는 마치 그녀를 전에 만나지 않았던 것처럼 행동했다.
해설 과거사실의 반대의 가정이므로 as if 뒤에는 가정법 과거완료동사를 사용한다.

5) '~이 없다면, ~이 없었다면' 가정법

~이 없다면 (가정법 과거)	If it were not for~ =Were it not for ~ =But for ~ =Without ~	S+would, could, should, might+R
~이 없었더라면 (가정법 과거완료)	If it had not been for ~ =Had it not been for ~ =But for ~ =Without ~	S+would, could, should, might +have p.p.

If it were not for water, no living things could exist. 만약 물이 없다면, 어떠한 생명체도 존재하지 않을 텐데.
→ Were it water, no living things could exist.
=But for water, no living things could exist.
=Without water, no living things could exist.

If it had not been for your help, I could not have succeeded. 만약 당신의 도움이 없었더라면, 나는 성공하지 못했을 텐데.
→ Had it your help, I could not have succeeded.
=But for your help, I could not have succeeded.
=Without your help, I could not have succeeded.

1. [But for/Without for] your help, the product could not have been launched.

2. Were it not for water, all living creatures on the earth [would be/would have been] extinct.

정답 및 해설

1. But for
해석 만약 당신의 도움이 없었더라면, 그 제품은 출시되지 못했을 텐데.
해설 '만약 ~가 없었더라면'을 표현하기 위해서는 But for나 without을 사용해야 한다.

2. would be
해석 만약 물이 없다면, 지구상의 모든 생명체는 멸종할 텐데.
해설 If it were not for water에서 if가 생략되어 도치가 이루어진 구문이다. 따라서 주절 동사는 would R의 형태가 되어야 한다.

1. 어법상 올바른 것을 고르시오.

1. [If/Should] your rental application be denied, the owner of the apartment will refund the cost of processing the application.
2. If she [was/were] not exhausted, she would not go to bed so early.
3. I wish I [studied/had studied] biology when I was a college student.
4. [Have/Had] I been in my sister's shoes I would have acted violently in the middle of the heated argument.
5. Had the president [informed/been informed] that an important client was waiting, he would have been asked him to wait in his office.

2. 다음 문장을 어법에 맞게 고치시오.

6. I wish I am as intelligent as he is.
7. Had the contract delivered earlier, we might have been able to discuss the conditions and make a decision before the weekend.
8. If plans had been made sooner, the company would have been conducting the feasibility study for the construction project by now.
9. It is high time the restaurant treats repeat customers much better.
10. Had I given up the project at that time, I should have achieved such a splendid result.

1. 어법상 옳은 것은?

① Please contact to me at the email address I gave you last week.

② Were it not for water, all living creatures on earth would be extinct.

③ The laptop allows people who is away from their offices to continue to work.

④ The more they attempted to explain their mistakes, the worst their story sounded.

2. 어법상 옳은 것을 고르시오.

① Undergraduates are not allowed to using equipments in the laboratory.

② The extent of Mary's knowledge on various subjects astound me.

③ If she had been at home yesterday, I would have visited her.

④ I regret to inform you that your loan application has not approved.

3. 다음 글의 밑줄 친 표현 중 어법상 옳지 않은 것은?

This perhaps ① would not have been a concern if the portrayals of crime and justice in the media ② were balanced in other aspects and ③ presented various competing ④ constructions of the world.

4. 다음 글의 밑줄 친 부분 중, 어법상 틀린 것은?

Routines enable athletes to evaluate competition conditions. For example, bouncing a ball in a volleyball service routine. Plato argued that when you see something that strikes you ① supplies the server with information about the ball, the floor, and the state of her muscles. This information can then be used to ② properly prepare for her serve. Routines also enable athletes to adjust and fine-tune their preparations ③ based on those evaluations or in pursuit of a particular competitive goal. This adaptation can involve adjustment to the conditions, rivals, competitive situation, or internal influences ④ what can affect performance. Just like adjusting a race-car engine to the conditions of the track, air temperature, and weather, routines adjust all competitive components ⑤ to achieve proper performance.

* component : 구성 요소

5. 다음 글의 밑줄 친 부분 중, 문맥상 낱말의 쓰임이 적절하지 않은 것은?

Promotion deals with consumer psychology. We can't ① force people to think one way or another, and the clever marketer knows that promotion is used to provide information in the most clear, honest, and simple fashion possible. By doing so, the possibility of increasing sales goes up. Gone are the days when promotions were done in order to ② fool the consumer into purchasing something. The long-term effect of getting a consumer to buy something they did not really want or need wasn't good. In fact, consumers fooled once can do ③ damage to sales as they relate their experience to others. Instead, marketers now know that their goal is to ④ identify the consumers who are most likely to appreciate a good or service, and to promote that good or service in a way that makes the value clear to the consumer. Therefore, marketers must know where the ⑤ uninterested consumers are, and how to reach them.

1. 어법상 올바른 것을 고르시오.

1. should

(해석)

혹시라도 임대 신청서가 거절이 되면, 그 아파트의 소유자는 신청서를 처리하는 비용을 환불해 줄 것이다.

(해설)

주절 동사로 will refund가 사용되는 것으로 보아서, 가정법 미래이다. 가정법 미래에서 if가 생략되어 도치가 발생한 구문이다.

2. were

(해석)

만약 그녀가 지치지 않는다면, 이렇게 일찍 자러 가지 않을 텐데.

(해설)

주절 동사가 would이므로 가정법 과거구문이다. 따라서 if절 동사는 were를 사용한다.

3. had studied

(해석)

내가 대학생일 때 생물학을 공부했으면 좋을 텐데.

(해설)

대학생일 때이므로 가정에 대한 가정이다. 따라서 I wish 뒤에는 가정법 과거완료 동사가 사용되어야 한다.

4. had

(해석)

내가 언니의 입장이었다면 가열된 언쟁 중에 나는 폭력적으로 행동했을 것이다.

(해설)

주절 동사가 would have p.p. 형이므로 가정법 과거완료구문이다. 이 문장은 if가 생략되어 주어와 동사가 도치되고 had가 문두로 온 형태이다.

5. been informed

(해석)

만약 사장님이 중요한 고객이 기다리고 있다는 통보를 받았더라면, 그는 그의 사무실에서 기다려 달라고 요청했을 텐데.

(해설)

주절 동사가 would have p.p.이라서 가정법 과거완료구문이 맞다. inform은 inform+사람+that의 구조를 지니는데, 이때 목적어에 있던 사람이 주어 자리로 가서 수동태로 변경된 형태이다. be informed that은 '~라는 것을 통보받다'이다.

2. 다음 문장을 어법에 맞게 고치시오.

6. am → were

(해석)

내가 그처럼 똑똑하다면 좋을 텐데.

(해설)

I wish 뒤에는 가정법 동사를 사용한다. 가정법 과거에서 be동사는 were가 맞는 표현이다.

7. delivered → been delivered

(해석)

만약 계약서가 더 일찍 배달되었더라면, 우리는 조건을 토론하고 주말 전에 결정을 할 수 있었을 텐데.

(해설)

가정법 과거완료구문으로 시제는 맞는 표현이다. 이 문제는 태가 잘못된 것으로, 계약서가 배달하는 것이 아니라 배달되는 것이므로 수동태의 구조가 되어야 한다.

8. would have been conducting → would be conducting

(해석)

만약 그 계획이 일찍 만들어졌더라면, 회사는 공사프로젝트의 타당성 조사를 지금쯤 하고 있을 텐데.

(해설)

if절 동사로 had p.p. 형이 사용되었지만, 주절에는 by now라는 현재시간부사가 있으므로 혼합가정법구문이다. 따라서 주절동사는 would R의 형태가 되어야 한다.

9. treated

(해석)

그 레스토랑이 단골들을 더 좋게 대접할 시간이다.

(해설)

It is high time 뒤에는 가정법 구문이므로 과거형 동사가 사용된다.

10. should have achieved → could not have achieved

(해석)

내가 그때 그 계획을 포기했었더라면, 이렇게 좋은 성과를 얻지 못했을 것이다.

(해설)

should have p.p.는 '~했어야만 했는데'라는 과거의 후회나 유감을 나타낸다. 문맥상 '~하지 못했을 텐데'가 맞으므로 could not have p.p.가 사용되어야 한다.

1. 정답 ②

[해석]

① 제가 지난주에 드렸던 이메일로 연락해 주세요.

② 물이 없다면, 지구상의 모든 생명체는 멸종될 것이다.

③ 노트북은 사람들이 회사가 아닌 곳에서도 계속해서 업무를 진행할 수 있도록 한다.

④ 그들이 실수에 관해서 설명하면 할수록, 이야기는 더욱 부정적으로 들렸다.

[해설]

② 가정법이 쓰인 문장에서 if가 생략되어 주어와 동사가 도치되었다. 현재 사실의 반대를 가정하는 가정법 과거에서 if절의 be동사는 주어의 인칭과 수에 상관없이 were를 사용해야 하며, 주절의 동사는 '조동사 과거(would/could/should/might)+동사원형'으로 나타낸다.

① contact는 타동사로서 목적어가 필요하다. 따라서 me가 목적어가 되려면 전치사 to를 삭제해야 한다. 종속절 I gave you last week의 동사 give는 대표적인 4형식 동사이므로 이 문장은 직접목적어가 없는 불완전한 문장이다. 따라서 email address가 선행사이자 목적어 역할을 하며, 선행사인 email address와 I 사이에 목적격관계대명사가 생략된 경우이다.

③ allow는 to부정사를 목적격 보어로 가지는 대표적인 5형식 동사이므로 목적격 보어 to continue가 적절하게 사용되었다. 또한 목적어인 people은 단수와 복수로 모두 사용되므로 문장 내의 힌트를 활용해서 수 일치를 결정해야 한다. 관계대명사절에서 'their offices'라고 언급되므로 이 문장의 people은 복수로 사용되었음을 유추할 수 있다. 따라서 관계대명사의 동사는 복수인 선행사 people과 수가 일치해야 하므로 is가 아닌 are이 적절하다.

④ attempt의 목적어로 to부정사가 적절하게 사용되었다. 하지만 '~하면 할수록 더욱 ~하다'라는 의미인 'the 비교급+주어+동사, the 비교급+주어+동사'의 구조이므로 worst가 아닌 비교급인 worse가 적절하다.

2. 정답 ③

[해석]

① 학부생들은 실험실에서 장비를 사용하는 것이 금지되어 있다.

② 메리의 다양한 주제에서의 지식의 정도는 나를 놀라게 했다.

③ 그녀가 어제 집에 있었더라면, 나는 그녀를 방문했을 텐데.

④ 당신의 대출신청서가 승인되지 않았음을 알려 드리게 되어 유감입니다.

[해설]

③ 과거 사실의 반대 사실을 가정하는 가정법 과거완료가 올바르게 사용되었다.

① 복수 명사인 undergraduates에 동사 are가 적절히 사용되었다. 또한 사용 승인을 학부생들이 받는 것이므로 수동태가 올바르게 사용되었다. 하지만 be allowed 다음에는 to부정사가 사용되어야 하므로 using을 use로 바꿔야 한다.

② 주어인 extent가 단수이므로 동사는 이와 호응해 astounds가 되어야 한다. 지식의 정도(extent)가 목적어인 나를 놀라게 하였으므로 능동태가 올바르게 사용되었다.

④ application이 approve의 주체가 될 수 없고 대상이 되어야 하므로 수동인 has not been approved가 적합하다.

3. 정답 ①

[해석]

만약 미디어 안에서 범죄와 정의의 묘사가 다른 측면에서 균형을 이루고 있고 세상의 다양한 대립되는 구조들을 제시하고 있다면 이는 아마도 염려할 바가 없을 것이다.

[해설]

① 이 문장은 현재사실이 반대의 가정이므로 가정법 과거구문이 맞다. 따라서 주절동사는 조동사 과거완료형이 아닌 조동사 과거형이 사용되어야 한다. would not

have been이 아니라 would not be가 되어야 한다.
② 가정법 과거에서 if절의 동사로 were는 제대로 사용되었다.
③ and 뒤에는 앞에서 사용된 부분이 반복이 되는 경우 생략이 가능하다. and (were) presented에서 were가 생략된 표현이다.
④ various 뒤에 복수명사를 사용하는 것은 맞는 표현이다.

4. 정답 ④

(해석)

루틴은 운동선수가 경기 조건을 평가할 수 있도록 해 준다. 예를 들어, 배구 서브 루틴에서 공을 튕기는 것은 서브를 하는 선수에게 공, 바닥, 그리고 자신의 근육 상태에 대한 정보를 제공한다. 그런 다음 이 정보는 자신의 서브를 적절히 준비하기 위해 사용될 수 있다. 루틴은 또한 그런 평가에 기반하거나 특정 경쟁 목표를 추구하여 선수가 준비 상태를 조절하고 미세하게 조정할 수 있게 해 준다. 이런 적응은 수행에 영향을 미칠 수 있는 조건, 경쟁 상대, 경기 상황, 또는 내적 영향에 대한 조정을 포함할 수 있다. 경주용 자동차 엔진을 트랙, 기온, 그리고 날씨의 조건에 맞게 조정하는 것처럼, 루틴은 적절한 수행을 해내기 위해 경기의 모든 구성 요소를 조정한다.

(해설)

① 문장의 주어로 동명사구인 bouncing a ball in a volleyball service routine이 쓰였으므로 3인칭 단수 동사인 plies는 적절하게 쓰였다.
② 뒤에 있는 동사 prepare를 수식하는 부사 properly는 적절하게 쓰였다.
③ '~에 기반하여'라는 의미의 과거분사 based는 적절하게 쓰였다.
④ what 뒤에 불완전한 문장이 왔고 앞에 선행사(the conditions, rivals, competitive situation, or internal influences)가 있으므로 관계대명사 what을 주격관계대명사 that으로 바꿔야 한다.
⑤ '~하기 위해'라는 부사적 용법의 to부정사인 to achieve는 적절하게 쓰였다.

(어휘)

enable 가능하게 하다 athlete 운동선수 evaluate 평가하다 competition 경기, 경쟁 condition 조건 bounce (공을) 튕기다 volleyball 배구 supply 제공하다 floor 바닥 muscle 근육 properly 적절히 prepare for ~을 준비하다 adjust 조절하다, 조정하다 fine-tune 미세하게 조정하다 evaluation 평가 in pursuit of ~을 추구하여 adaptation 적응 involve 포함하다 internal 내적 influence 영향 affect 영향을 미치다 performance 수행

5. 정답 ⑤

(해석)

프로모션은 소비자 심리를 다룬다. 우리는 사람들을 어떤 한 방식으로 생각하도록 ① 강요할 수는 없고, 현명한 마케팅 담당자는 프로모션이 가능한 한 가장 명확하고 정직하며 단순한 방식으로 정보를 제공하기 위해 사용된다는 것을 알고 있다. 그렇게 함으로써, 매출 증가의 가능성이 높아진다. 무언가를 구매하도록 소비자를 ② 속이기 위해 프로모션이 행해지던 시대는 갔다. 소비자가 정말로 원하지 않았거나 필요로 하지 않았던 물건을 구매하도록 하는 것의 장기적인 효과는 좋지 않았다. 사실, 한번 속은 소비자는 자신의 경험을 다른 사람에게 전하기 때문에 판매에 ③ 손해를 끼칠 수 있다. 대신, 마케팅 담당자들은 상품이나 서비스의 진가를 가장 인정할 것 같은 소비자를 ④ 확인하고, 그 소비자에게 그 상품이나 서비스의 가치를 명확하게 하는 방식으로 홍보하는 것이 자신들의 목표가 되어야 한다는 것을 이제 알고 있다. 그러므로, 마케팅 담당자들은 그 ⑤ 무관심한 (→ 잠재적인) 소비자가 어디에 있는지, 그리고 어떻게 그들에게 도달해야 하는지를 알아야 한다.

(해설)

마케팅 담당자들은 상품이나 서비스의 진가를 가장 인정할 것 같은 소비자를 확인하고, 그 소비자에게 그 상품이나 서비스의 가치를 명확하게 하는 방식으로 홍보하는 것이 자신들의 목표가 되어야 한다는 것을 알고 있다고 했으므로, 마케팅 담당자들은 '잠재 적인' 소비자를 찾아 그들에게 홍보를 해야 한다는 문맥이 되어야 자연스럽다. 따라서 ⑤ uninterested(무관심한) — potential(잠재적인)' 등의 어휘로 고쳐야 한다.

promotion 프로모션, 홍보 deal with ~을 다루다 consumer 소비자 psychology 심리 one way or another 어떻게 해서든 marketer 마케팅 담당자 provide 제공하다 fashion 방식, 방법 possibility 가능성 sales 매출, 판매 fool 속이다 purchase 구매하다 long-term 장기적인 damage 손해, 피해 relate 전하다 experience 경험 identify 확인하다 appreciate 진가를 인정하다

10. 부정사

1. 준동사와 to부정사

1) 준동사

준동사란 'to부정사, 동명사, 분사'를 지칭하는데, 동사원형에서 약속된 형태의 변화를 주어서 다른 품사의 성격을 부여한 것이다. 준동사는 동사의 성격을 가지고 있지만 문장 내에서는 '명사, 형용사, 부사'의 역할을 한다.

	to부정사	동명사	분사
역할	명사, 형용사, 부사	명사	형용사, 부사
기본형	to R	Ring	Ring(능동 진행)
수동형	to be p.p.	being p.p.	p.p.(수동, 완료)
완료형	to have p.p.	having p.p.	having p.p./having been p.p.
부정형	not to R	not Ring	not Ring/not p.p.
의미상 주어	for+목적격	소유격	주격

2) 부정사란: 동사+명사/형용사/부사

to부정사란 동사원형 앞에 to를 붙여서, 동사에 명사나 형용사, 부사의 성격이 추가된 것이다.
하나의 품사로 정해지지 않았기 때문에 부정사라고 한다.

2. 부정사의 동사 성격

1) 태(to부정사의 능동(to R), 수동(to be p.p.))
부정사도 동사 성격이 있어서 능동태와 수동태를 가진다.

① to부정사의 의미상 주어를 먼저 파악한다(앞에 나온 명사나 수식을 받는 명사)
② 뒤에 목적어 유무를 확인한다.

I want to love. 나는 사랑하기를 원한다.
I want to be loved. 나는 사랑받기를 원한다.

빈칸에 알맞은 것을 고르시오.

1. I was very pleased [to invite/to be invited] to the awards ceremony.

1. to invite
해석 나는 시상식에 초대받아서 기뻤다.
해설 to부정사 뒤에 목적어가 없고, 해석 또한 초대하는 것이 아닌 초대받는 것이므로 to be invited가 되어야 한다.

2) 시제(단순시제(to R), 완료시제(to have p.p.))

to부정사의 시제가 본동사의 시제와 같은 경우에는 단순시제, 본동사의 시제보다 빠를 때에는 완료시제(to have p.p.)를 사용한다.
She seems to have cried. 그녀는 울었던 것처럼 보였다.
I am sorry to have been late for the meeting. 회의에 늦어서 죄송합니다.

빈칸에 알맞은 것을 고르시오.

1. He claims [to be robbed/to have been robbed] yesterday.

정답 및 해설

1. to have been robbed
해석 그는 어제 강도당했다고 주장한다.
해설 주장하는 시점보다 강도당하는 시점이 더 이전이므로 완료부정사를 사용한다.

3) 부사가 수식

부사가 동사를 꾸미듯이 부정사 역시 동사 성격이 있으므로 부사가 수식한다.
The company attempted to **promptly** respond to the complaints.
그 회사는 불만에 즉각적으로 반응하려고 시도했다.

4) 의미상 주어

부정사는 동사의 성격을 가지므로 그 동작의 주체를 나타내는 의미상의 주어를 따로 표시할 수 있다.

5) 원칙: for+목적격

It was impossible **for us** to finish the work on time. 우리가 그 일을 정각에 끝내는 것은 불가능했다.
It is easy for him to pass the exam. 그가 시험에 통과하는 것은 쉬웠다.

예외: 사람의 성격을 나타내는 형용사 뒤에는 **of+목적격**을 사용한다.

긍정적	kind, wise, clever, thoughtful, considerate, careful, generous
부정적	foolish, stupid, cruel, rude, careless

1. It is very nice [for/of] you to say so.

2. It is foolish [for/of] you to do such a thing.

1. of
해석 그렇게 말해줘서 고맙다.
해설 nice는 사람의 성격을 나타내는 형용사이므로 의미상의 주어를 표시할 때 전치사를 for 대신에 of를 사용한다.

2. of
해석 네가 그런 일을 하다니 어리석다.
해설 foolish는 사람의 성격을 나타내는 형용사이므로 의미상의 주어를 표시할 때 전치사를 for 대신에 of를 사용한다.

6) 목적어 수반(타동사의 경우)

타동사에서 파생된 부정사의 경우, 동사의 성격을 그대로 가지고 있어서 뒤에 목적어를 수반한다.
<u>To brush **your teeth**</u> is very important. 이를 닦는 것은 매우 중요하다.

7) 준동사의 부정

not, never와 같은 부정어는 준동사 바로 앞에 위치한다.

1. They decided [to not/not to] commission a new project.

1. not to
해석 그들은 새로운 프로젝트를 위임하지 않기로 결정했다.
해설 to부정사를 부정할 때에는 not을 to 앞에 위치시킨다.

3. 부정사의 용법

1) 명사적 용법

문장에서 명사처럼 주어, 목적어, 보어 역할을 한다. '~하기, ~하는 것'로 해석된다.

[**주어**] To save money seems impossible. 돈을 절약하는 것은 불가능해 보인다.
[**목적어**] The team has agreed to work extended hours. 그 팀은 연장근무하기로 결정했다.
[**보어**] Our mission is to support public art projects. 우리의 임무는 공공 예술 프로젝트를 지원하는 것이다.

(1) 주어

가주어/진주어 구문이 출제된다.
to부정사가 문장의 주어에 있는 경우, 문장이 길어지므로 이것을 뒤로 빼고, 주어 자리에는 it를 사용한다. 이때 it 을 가주어, 뒤로 뺀 to R를 진주어라고 한다.
To achieve my dream is impossible.
→ **It** is impossible (**for me**) to achieve the dream. 내가 꿈을 실현하는 것은 불가능하다.

(2) 목적어

특정 동사는 목적어로 부정사를 취하고, 특정 동사는 목적어로 동명사를 취하는데, 반출되는 것이므로 꼭 암기해야 한다.

① to부정사를 목적어로 취하는 동사: 소기계약동결(소고기 가격 계약 동결)

소망	hope, wish, want, desire
기대	expect, long
계획	plan, arrange
약속	promise, vow
동의	agree, assent, consent
결정	decide, determine, choose, refuse
기타	fail, afford, manage, hesitate, strive

괄호 안에 알맞은 것을 고르시오.

1. She determined [to ignore/ignoring] his faults.

2. Nowadays, many women choose [to go/going] out to work.

정답 및 해설

1. to ignore

해석 그녀는 그의 실수를 무시하기로 결정했다.
해설 determine은 뒤에 to부정사를 목적어로 수반한다.

2. to go
해석 요즘, 많은 여성들은 일하러 나가는 것을 선택했다.
해설 choose는 뒤에 목적어로 to부정사를 수반한다.

(3) 보어

to부정사가 서술적 용법으로 쓰여 주격 보어나 목적격 보어 자리에 사용된다.

① be to 용법
'be+to R'의 형태로 예정, 의무, 가능, 운명, 의도 등을 표현한다.
The speaker is to arrive soon. [예정] 그 연사는 곧 도착할 예정이다.
You are to submit the report by this afternoon. [의무] 당신은 보고서를 오늘 오후까지 제출해야 한다.

② to부정사를 주격 보어로 취하는 동사들

seem to R	~인 것 같다	appear to R	~인 것 같다
prove to R	~로 판명되다	come to R	~하게 되다

She seems to be happy. 그녀는 행복한 것처럼 보인다.

③ 동사+목적어+목적격 보어(to부정사)
5형식 문장에서 목적격 보어 자리로 부정사를 취하는 동사들이다. 굉장히 반출된다. 전부 '목적어로 하여금 목적
보어 하게 만들다'라는 의미가 있어서 행위유발동사로 따로 암기하면 된다.

~가 ~하기를 **원하다**	want 목 to R　　need 목 to R　　expect 목 to R invite 목 to R　　require 목 to R
~가 ~하라고 **알려 주다**	remind 목 to R　advise 목 to R　warn 목 to R
~가 ~하게 **허락하다**	allow 목 to R　　permit 목 to R　enable 목 to R forbid 목 to R ~을 금하다
~가 ~하게 **부추기다**	cause 목 to R　　persuade 목 to R　convince 목 to R encourage 목 to R　ask 목 to R
~가 ~하게 **강요하다**	force 목 to R　　compel 목 to R　get 목 to R urge 목 to

1. To admit mistakes [is/are] not easy.

2. I tried [to not/not to] think about it at all.

3. The key to happiness is [enjoys/to enjoys] every moment

1. is
해석 실수를 인정하는 것은 싫지 않다.
해설 to부정사가 주어 자리에 사용되는 경우 단수 취급한다.

2. not to
해석 나는 그것을 전혀 생각하지 않으려 노력했다.
해설 to부정사를 부정하는 경우, 부정어는 to 앞에 위치한다.

3. to enjoy
해석 행복의 비법은 모든 순간을 즐기는 것이다.
해설 앞에 있는 be동사가 있으므로, 주격 보어 자리에 to부정사가 필요하다.

2) 형용사적 용법

to부정사가 앞에 있는 명사를 수식해서 '~하는, ~할, ~하기 위한'으로 해석이 된다.

(1) to부정사가 명사를 뒤에서 수식한다

He has a lot of money to spend. 그는 쓸 돈이 많다.

to부정사의 수식을 받는 명사가 to부정사의 목적어인 경우

1. to R의 목적어 자리를 비워 준다

a report to submit them [x] 제출할 보고서
They have a lot of books to read them. [x]
→ They have a love of books to read. 그는 읽어야 할 책이 많다.
→ to read의 수식을 받는 명사 books가 to부정사의 목적어이기 때문에 to read 뒤에는 목적어를 다시 표시하지 않는다.

2. to R가 자동사라면 to R의 목적어와 연결가능한 전치사가 필요하다

a house to live [x] 살 집
a chair to sit [x] 앉을 의자
I need a pen to write. [x]

→ I need a pen to write **with** 나는 쓸 펜이 필요하다.

1. I should buy a book for my son to [read/read it].

2. The payment of his debts left him nothing to [live/live on].

정답 및 해설

1. read
해석 나는 우리 아들이 읽을 책을 사야 한다.
해설 a book이 to read의 목적어 이므로 to read 뒤에 다시 목적어가 오면 안 된다.

2. live on
해석 그의 채무를 지불하는 것은 그에게 살아갈 아무것도 남기지 않았다.
해설 live은 자동사이므로 뒤에 연결할 전치사 on이 필요하다.

to부정사를 취하는 명사(기계권능방시)

기회	chance, opportunity
계획	plan, decision
권리	right, authority
능력	ability
방법	way, method
시간/시도	attempt, effort, time

3) 부사적 용법

to부정사가 동사, 형용사, 다른 부사를 수식해서 목적, 결과, 감정의 원인, 정도를 나타낸다.

(1) 목적(~하기 위해서,=in order to R, so as to R)

I study hard to get a job. [목적] 나는 취업하기 위해서 열심히 공부한다.

(2) 원인(~해서)

S+be+**감정형용사**+to R

기쁨: glad, happy, pleased, delighted
슬픔: sad, sorry

We were surprised to hear the news. 우리는 그 소식을 듣게 되어서 매우 놀랐다.

(3) 결과(결국 ~하게)

We visited the library only to find it closed. 우리는 그 도서관을 방문했으나 닫혀 있었다.

(4) too ~ to R(지나치게 ~해서 ~할 수 없다)

He is too lazy to get up early in the morning. 그는 매우 게을러서 아침에 일찍 일어날 수 없다.

This is too good a chance to lose. 이것은 놓치기에는 너무 좋은 기회이다.

[as/too/so/how+형용사+a+명사] vs [such/quite/what+a+형용사+명사]

4. 부정사 관용 표현(영작)

관용 표현은 숙어 표현으로 암기해야 한다!

1) with a view to R

~하기 위해서

2) It takes+사람+시간+to R

~하는데 ~시간이 필요하다.

→ It takes+시간+(for 사람)+to R

It took Steve about an hour to come to work. Steve가 출근하는 데 대략 한 시간이 걸렸다.

→ It took about an hour (for Steve) to come to work.

3) ~하지 않을 수 없다

have no choice but **to R**

cannot but **R**

cannot choose but **R**

cannot help **~ing**

4) 막 ~하려 하다

be about **to R**

be on the point/brink/edge **of ~ing**

The show is about to begin.

1. 괄호 안에 알맞은 것을 고르시오.

1. He decided [didn't smoke/not to smoke].
2. It is careless [for you/of you] to make such a mistake.
3. The purpose of the program is [provide/to provide] museum staff with the know-how and feedback to set priorities and identify areas of change.
4. I regret [to tell/telling] you that I lost my key.
5. Innovations are likely [to find/to be found] wherever bright and eager people think they can find it.

2. 어법상 틀린 곳을 고치시오.

6. The rings of Saturn are so distant to be seen from Earth without a telescope.
7. Customers who need receiving lengthy documents over the Internet should have their network connection configured to optimize large data transfer.
8. With the prices of natural gas and other energy sources increasing, utility companies are now encouraging people conserving energy.
9. The struggling company needed some new talent but couldn't afford hiring any more workers.
10. My aunt didn't remember to meet her at the party.

1. 밑줄 친 부분 중 어법상 옳지 않은 것은?

There is a more serious problem than ① maintaining the cities. As people become more comfortable working alone, they may become ② less social. It's ③ easier to stay home in comfortable exercise clothes or a bathrobe than ④ getting dressed for yet another business meeting!

2. 어법상 옳은 것을 고르시오.

① The poor woman couldn't afford to get a smartphone.

② I am used to get up early everyday.

③ The number of fires that occur in the city are growing every year.

④ Bill supposes that Mary is married, isn't he?

3. 밑줄 친 부분 중 어법상 옳지 않은 것은?

Most European countries failed ① to welcome Jewish refugees ② after the war, which caused ③ many Jewish people ④ immigrate elsewhere.

4. 다음 글의 밑줄 친 부분 중, 어법상 틀릴 것은?

It would be hard to overstate how important meaningful work is to human beings work ① that provides a sense of fulfillment and empowerment. Those who have found deeper meaning in their careers find their days much more energizing and satisfying, and ② to count their employment as one of their greatest sources of joy and pride. Sonya Lyubomirsky, professor of psychology at the University of California, has conducted numerous workplace studies ③ showing that when people are more fulfilled on the job, they not only produce higher quality work and a greater output, but also generally earn higher incomes. Those most satisfied with their work ④ are also much more likely to be happier with their lives overall. For her book Happiness at Work, researcher Jessica Pryce-Jones conducted a study of 3, 000 workers in seventy-nine countries, ⑤ finding that those who took greater satisfaction from their work were 150 percent more likely to have a happier life overall.

* numerous : 수많은

5. 다음 글의 밑줄 친 부분 중, 문맥상 낱말의 쓰임이 적절하지 않은 것은?

The rate of speed at which one is traveling will greatly determine the ability to process detail in the environment. In evolutionary terms, human senses are adapted to the ① speed at which humans move through space under their own power while walking. Our ability to distinguish detail in the environment is therefore ideally ② suited to movement at speeds of perhaps five miles per hour and under. The fastest users of the street, motorists, therefore have a much more limited ability to process details along the street — a motorist simply has ③ enough time or ability to appreciate design details. On the other hand, pedestrian travel, being much slower, allows for the ④ appreciation of environmental detail. Joggers and bicyclists fall somewhere in between these polar opposites ; while they travel faster than pedestrians, their rate of speed is ordinarily much ⑤ slower than that of the typical motorist.

* distinguish : 구별하다

** pedestrian : 보행자

1. 괄호 안에 알맞은 것을 고르시오.

1. not to smoke

(해석)

그는 담배를 끊기로 결심했다.

(해설)

decide는 뒤에 목적어로 부정사를 수반하고, 부정어는 to 앞에 위치한다.

2. 정답 of you

(해석)

네가 그런 실수를 하는 것은 부주의했다.

(해설)

careless는 사람의 인성을 나타내는 형용사이므로 의미상 주어는 of를 사용한다.

3. to provide

(해석)

이 프로그램의 목적은 박물관의 직원들에게 우선순위를 정하고 변화의 분야를 찾을 수 있도록 노하우를 제공하기 위한 것이다.

(해설)

주어가 목적을 나타낼 때, 주격 보어 자리에는 to부정사가 사용된다.

4. to tell

(해석)

키를 분실했다는 것을 알리게 되어서 유감이다.

(해설)

regret은 뒤에 목적어로 동명사가 오는 경우 '~했던 것을 후회하다'의 의미이고, 뒤에 to부정사가 오는 경우 '~하게 되어서 유감이다'라는 의미이다.

5. to be found

(해석)

혁신은 현명하고 의욕적인 사람들이 찾을 수 있다고 생각하는 어디에서든 발견될 수 있다.

(해설)

혁신이 발견하는 것이 아니라 발견되는 것이므로 수동형이 부정사가 사용되어야 한다.

2. 어법상 틀린 곳을 고치시오.

6. so distant → too distant

(해석)

토성의 고리들은 지구에서 망원경 없이 보기에는 너무 멀리 떨어져 있다.

(해설)

too ~ to R '너무 ~해서 ~할 수 없다'라는 구조의 구문이다.

7. receiving → to receive

(해석)

인터넷으로 긴 문서를 받을 필요가 있는 고객들은 대용량 자료 전송에 최적화되도록 그들의 네트워크 연결을 구성해야 한다.

(해설)

need는 목적어로 to부정사를 수반하는 동사이다.

8. conserve → conserve

(해석)

천연가스와 다른 에너지 자원이 가격이 증가함에 따라서, 공익설비 회사들은 사람들에게 에너지를 절약할 것을 고무시키고 있다.

(해설)

encourage는 encourage A to R의 형태로 목적보어 자

리에 to부정사를 수반한다.

9. hiring → to hire

(해석)

그 고군분투하고 있는 회사는 새로운 재능이 필요했지만
더 이상의 직원을 고용할 여력이 안 되었다.

(해설)

afford는 afford to R '~할 여력이 되다'와 같이 목적어로
to부정사를 수반한다.

10. to meet → meeting

(해석)

숙모는 파티에서 그녀를 만난 것을 기억하지 못했다.

(해설)

remember는 목적어로 동명사와 부정사 둘 다를 취하는
데, 동명사가 올 때에는 '~했던 것을 기억하다'라는 의미
이고, 부정사가 올 때에는 '~할 것을 기억하다'라는 의미
이다.

1. 정답 ④

해석

도시를 유지하는 것보다 더 심각한 문제가 있다. 사람들이 혼자 일하는 것을 더 편안해할수록, 덜 사교적이게 될지도 모른다. 편안한 운동복이나 목욕 가운을 입고 집에 머무르는 것이 또 다른 사업상 모임을 위해 옷을 차려 입는 것보다 쉽다!

해설

④ than을 기준으로 getting dressed와 비교되는 것은 앞 문장의 가주어인 to stay이다. 비교 대상은 형태가 같아야 하므로 getting을 to get으로 고쳐야 한다.
① 접속사 than 뒤에 동명사가 왔고, maintaining the cities의 비교 대상은 문장의 주어인 more serious problem이다.
② 형용사 social의 비교급으로 '더 적은'을 의미하는 less가 올바르게 쓰였다.
③ 형용사 easy의 비교급으로 than과 함께 easier가 올바르게 쓰였다.

2. 정답 ①

해석

① 그 가난한 여성은 스마트폰을 살 여유가 없다.
② 나는 매일 일찍 일어나는 것에 익숙하다.
③ 그 도시에서 일어나는 화재 수가 매년 증가하고 있다.
④ 빌은 메리가 결혼했다고 가정하고 있어, 그렇지 않아.

해설

① cannot afford to부정사는 '~할 여유가 없다'라는 의미로 사용되는 관용어구이다.
② 'be used to부정사'는 '~하기 위해서 사용되다'이고, 'be used to ~ing'는 '~하는 데 익숙하다'이다. 매일 일찍 일어나는 것에 익숙하다는 표현이 되기 위해서는 'I am used to getting up early everyday'로 수정해야 한다.
③ 주어가 the number of일 때 동사는 단수 동사가 필요하다. are growing → is growing
④ 부가의문문을 만들 때 앞에 있는 동사가 일반동사라면 do를 이용하여 만들어야 한다. isn't he → doesn't he

3. 정답 ④

해석

대부분 유럽 국가들은 전쟁이 끝난 후에 유대인 난민들을 환영하지 않았고, 이는 많은 유대인들을 다른 곳으로 이주하게 하였다.

해설

④ cause는 목적격 보어로 to부정사를 취하기 때문에 to immigrate로 고쳐야 한다.
① fail 은 to부정사를 목적어로 취한다.
② after은 전치사로, 뒤의 명사인 the war을 수식하고 있다.
③ 뒤의 Jewish people는 복수 명사이므로 수량형용사 many가 쓰이는 것이 옳다.

4. 정답 ②

해석

인간에게 의미 있는 일, 즉 성취감과 권한을 제공하는 일이 얼마나 중요한지를 과장해서 말한다는 것은 어려울 것이다. 자신의 직업에서 더 깊은 의미를 찾은 사람들은 자신의 하루하루가 훨씬 더 활기차고 만족감을 준다는 것을 발견하고, 자신의 직업을 기쁨과 자부심의 가장 큰 원천 중 하나로 꼽는다. University of California의 심리학 교수인 Sonya Lyubomirsky는 사람들이 직업에 더 많은 성취감을 느낄 때 그들은 더 질 높은 업무와 더 큰 성과를 만들어 낼 뿐만 아니라 일반적으로 더 높은 수입을 거둔다는 것을 보여 주는 수많은 업무 현장 연구를 수행했다. 자신의 일에 가장 만족하는 사람들은 또한 전반적으로 자신들의 삶에 더 행복해할 가능성이 훨씬 더 크다, 자신의 저서 『Happiness at Work』를 위해 연구자 Jessica Pryce-Jones는 79개 국가의 3,000명의 근로자들에 대한 연구를 수행했고, 자신의 일로부터 더 큰 만족감을 갖는 사람들이 전반적으로 더 행복한 삶을 살 가능성이 150% 더 크다는 것을 알아냈다.

① 뒤에 이어지는 문장이 불완전하고 work를 선행사로 하는 관계대명사이므로, that은 적절하게 쓰였다.

② 문장의 주어는 Those who have found deeper meaning in their careers이고 술어 동사로 find와 count가 접속사 and로 병렬 연결되어야 하므로 to count를 count로 고쳐야 한다.

③ showing과 workplace studies는 능동 관계이므로 현재분사인 showing은 적절하게 쓰였다.

④ 문장의 주어는 Those most satisfied with their work이므로 술어 동사 are는 적절하게 쓰였다.

⑤ 결과를 나타내는 분사구문으로, researcher Jessica Pryce-Jones가 that 이하의 사실들을 알아낸 것이므로 finding은 적절하게 쓰였다.

fulfillment 성취감 empowerment 권한 energizing 활기찬 satisfying 만족감을 주는 count 간주하다 employment 직업 psychology 심리학 conduct 수행하다 numerous 수많은 workplace 업무 현장 output 성과 overall 전반적으로

5. 정답 ③

사람이 이동하는 속도의 빠르기는 환경 속에 세세한 것을 처리하는 능력을 크게 결정할 것이다. 진화론적인 관점에서, 인간의 감각은 인간이 그 자신의 힘으로 걸으며 공간을 이동하는 ① 속도에 적응되어 있다. 환경 속에서 세세한 것을 구별하는 우리의 능력은 대략 시속 5마일이나 그 속도 이하의 이동에 이상적으로 ② 맞추어져 있다. 따라서 도로의 가장 빠른 사용자인 운전자는 도로를 따라 (이동하며) 세세한 것을 처리하는 훨씬 더 제한된 능력을 가지고 있고, 그래서 운전자는 단지 디자인의 세세한 것을 감상할 수 있는 ③ 충분한(→ 적은) 시간이나 능력이 있다. 반면에 보행자 이동은 훨씬 더 느려서, 환경의 세세한 것을 ④ 감상할 수 있도록 허용해 준다. 조깅하는 사람과 자전거를 타는 사람은 이런 극과 극 사이의 어딘가에 해당한다. 그들은 보행자보다 더 빨리 이동하지만, 속도의 빠르기는 보통 전형적인 운전자의 그것보다 훨씬 ⑤ 더 느리다.

운전자는 도로를 따라 (이동하며) 세세한 것을 처리하는 훨씬 더 제한된 능력을 가지고 있기 때문에 디자인의 세세한 것을 감상할 수 있는 시간이 적다는 문맥이 되어야 자연스러우므로, ③ 'enough(충분한)'를 'little(적은)' 등의 어휘로 고쳐야 한다.

rate 빠르기, 속도 determine 결정하다 evolutionary 진화의 adapted 맞추어진, 적용된 ideally 이상적으로 suited 적합한 movement 이동, 움직임 limited 제한된 appreciate 감상하다, 제대로 인식하다 on the other hand 반면에 allow for 가능하게 하다, 허락하다 polar 극과 극의 opposite 반대의 것 ordinarily 보통

11. 동명사

동명사는 동사원형에 ~ing를 붙인 형태로 to부정사와 더불어 동사를 활용해 명사와 같은 역할을 하도록 만든 것이다. to부정사와 마찬가지로 주어, 목적어, 보어 자리에 사용할 수 있다.

1. 동명사의 역할

동명사가 명사 역할을 하는 경우 '~하는 것, ~하기'라는 의미로 해석할 수 있으며, 문장에서 주어, 목적어, 보어 자리에 사용된다.

1) 주어

Having a good friend is more than just time spent together. 좋은 친구를 가지는 것은 시간을 같이 보내는 것 이상이다.

2) 타동사의 목적어

I have finished installing the software. 나는 소프트웨어를 설치하는 것을 끝냈다.
I enjoy studying English. 나는 영어 공부하는 것을 좋아한다.
I want to study English. 나는 영어 공부하고 싶다.

3) 전치사의 목적어

I'm tired of waiting for results. 나는 결과를 기다리는 데 지쳤다.

4) 보어

My hobby is reading a novel. (~하는 것: 동명사) 나의 취미는 소설을 읽는 것이다.
I am studying English. (~하고 있다: 진행시제) 나는 영어 공부하고 있다.

괄호 안에 알맞은 것을 고르시오.

1. [Lose/Losing] weight is difficult.

2. Living with one's grandparents [is/are] not common these days.

3. My dream is [owns/owning] my own coffee shop.

1. Losing
해석 살을 빼는 것은 어렵다.
해설 주어 자리이므로 동명사가 사용되어야 한다.

2. is
해석 할머니와 할아버지와 사는 것은 요즘에 일반적이지는 않다.
해설 동명사가 주어 자리에 오는 경우 단수 취급한다.

3. owing
해석 나의 꿈은 나 자신의 커피숍을 가지는 것이다.
해설 be동사 뒤의 주격 보어 자리이므로 동명사가 적절하다.

2. 동명사의 동사 성격

동명사는 원래 동사에서 ~ing을 붙인 것으로 아래와 같은 동사의 성격을 그대로 유지한다.

1) 태(to부정사의 능동(~ing), 수동(being p.p.))

타동사에서 파생된 동명사의 경우, 동사와 마찬가지로 능동과 수동을 구분해야 한다.

① 동명사의 의미상 주어를 먼저 파악한다(앞에 나온 명사나 수식을 받는 명사)
② 뒤에 목적어 유무를 확인한다.

She likes speaking ill of others. 그녀는 남을 험담하는 것을 좋아한다.
She hates being spoken ill of. 그녀는 험담받는 것을 싫어한다.

빈칸에 알맞은 것을 고르시오.

1. He admitted [telling/being told] a lie.

2. The form must be filed out before [submitting/being submitted].

1. telling
해석 그녀는 거짓말한 것을 인정했다.
해설 동명사도 동사의 성격을 가지는데 빈칸 뒤에 목적어가 있으므로 능동형이 되어야 한다.

2. being submitted
해석 그 양식은 제출되기 전에 작성되어야 한다.
해설 동명사도 동사의 성격을 가져서 태가 있는데, 빈칸 뒤에 목적어가 없고, 또한 양식은 작성되는 것이므로 수동형이 적절하다.

> **need, deserve, require+Ring(능동형으로 수동의미)**
>
> 위와 같은 동사들은 뒤에 동명사가 오는 경우, 능동의 형태이지만 수동의 의미를 가진다.
> My house needs **repairing**. 우리 집은 수리될 필요가 있다.
> My house needs **to be repaired**. 우리 집은 수리될 필요가 있다.

2) 시제(단순시제(~ing), 완료시제(having p.p.))

동명사의 시제가 본동사의 시제와 같은 경우에는 단순시제, 본동사의 시제보다 빠를 때에는 완료시제(having p.p.)를 사용한다.
I'm grateful for <u>having been</u> rich when young. 나는 어릴 때 부자였던 게 감사하다.

빈칸에 알맞은 것을 고르시오.

1. Despite [making/having made] a lot of efforts, he failed.

2. The CEO is happy about [being visited/having visited] the construction site last week.

정답 및 해설

1. having made
해석 많은 노력을 했음에도 불구하고, 그는 실패했다.
해설 전치사 뒤에는 목적어로 동명사가 올 수 있다. 그리고 실패한 것보다 노력을 한 시점이 더 이전이므로 완료형 동명사를 사용한다.

2. having visited
해석 그 최고경영자는 지난주에 공사 현장을 방문한 거에 대해서 만족했다.
해설 전치사 about의 목적어로 동명사가 오는데, 만족한 시점보다 공사현장을 방문한 시점이 한 시점 더 이전이므로 완료형 동명사를 사용한다.

3) 부사가 수식

동명사는 동사와 마찬가지로 부사의 수식을 받는다.

<u>Effectively</u> managing your salary is one of the first and most important steps toward goof financial conditions. 당신의 급료를 효과적으로 관리하는 것이 좋은 재정 상태로 가기 위해서 가장 중요하다.

1. The company made profits after [successful/successfully] introducing a new system.

1. successfully
해석 그 회사는 새로운 시스템을 성공적으로 도입함으로써 수익을 만들었다.
해설 전치사 after의 목적어로 introducing이라는 동명사가 사용되고 있다. 그리고 동명사를 수식하는 것은 형용사가 아닌 부사이다.

4) 의미상 주어: 소유격을 사용한다

동명사도 부정사와 마찬가지로 의미상의 주어를 가질 수 있는데, 동명사는 부정사보다 명사의 성격이 짙어서 '소유격'으로 의미상의 주어를 표시한다.

소유격+~ing

Your <u>informing</u> us in advance will help a lot. 당신이 우리에게 미리 알려 주신 것은 상당히 도움이 될 것이다.

5) 목적어 수반(타동사의 경우)

타동사에서 파생된 동명사는 뒤에 목적어를 수반한다.
Would you mind closing <u>the door</u>? 문을 닫아 주시겠습니까?

6) 준동사의 부정

not, never와 같은 부정어는 준동사 바로 앞에 위치한다.

빈칸에 알맞은 것을 고르시오.

1. I am used to [having not/not having] a car.

정답 및 해설

1. not having
해석 나는 차가 없는데 익숙하다.
해설 not은 동명사 앞에 위치한다.

3. 동명사를 목적어로 취한 동사

특정한 동사는 뒤에 목적어로 to부정사를 취하고, 특정한 동사는 뒤에 목적어로 동명사를 취한다. 최빈출이니 꼭 암기해야 한다!

mind	꺼리다	enjoy	즐기다	give up	포기하다
avoid admit	피하다 인정하다	postpone practice	연기하다 연습하다	appreciate	감사하다
suggest recommend consider	제안하다 추천하다 고려하다	stop quit finish discontinue	중단하다	include	포함하다
deny	부인하다				

빈칸에 알맞은 것을 고르시오.

1. It would be best to avoid [to talk/talking] on the phone during work hours.

2. She is very careful with her money, and she enjoy [to find/finding] a bargain when she goes shopping.

3. The buyer suggested [to go/going] out for dinner after the presentation.

정답 및 해설

1. talking
해석 근무 중에는 전화로 이야기하는 것을 피하는 게 최고이다.

해설 avoid는 목적어로 동명사를 취한다.

2. finding
해석 그녀는 돈을 매우 조심해서 사용하기 때문에, 쇼핑하러 갈 때에는 싼 물건을 찾는 것을 좋아한다.
해설 enjoy는 목적어로 동명사를 취한다.

3. going
해석 그 바이어는 발표 후에 저녁 먹으러 나가자고 제안했다.
해설 suggest는 목적어로 동명사를 취한다.

4. 부정사와 동명사를 둘 다 목적어로 취하는 동사

특정한 동사는 목적어로 부정사와 동명사를 둘 다 취하는데, 동명사가 목적어로 올 때에는 과거의 의미가 있고, 부정사가 목적어로 올 때에는 미래의 의미를 가진다.

	to R(미래: 동작이 아직 안 일어남)	Ring(과거: 동작이 일어남)
remember	~하기로 한 것을 기억하다	~한 것을 기억하다
forget	~하기로 한 것을 잊다	~한 것을 잊다
regret	~하게 되어서 유감이다	~한 것을 후회하다
try	~하기 위해 노력하다	시험 삼아 해 보다

I remember to meet her tomorrow. 나는 그녀를 내일 볼 것을 기억하고 있다.
I remember meeting her last month. 나는 그녀를 지난달에 본 것을 기억하고 있다.

빈칸에 알맞은 것을 고르시오.

1. I regret [to tell/telling] you that I lost your car key.

2. I sometimes forgot [to turn/turning] the TV off and left it on overnight.

정답 및 해설

1. to tell
해석 자동차 키를 분실했다는 것을 알리게 되어 유감입니다.
해설 regret는 '~하게 되어서 유감이다'라는 표현으로는 뒤에 to부정사를 수반한다.

2. to turn
해석 나는 가끔 TV 끄는 것을 잊고, 밤새 켜 두었다.
해설 forget은 '할 것을 잊다'라는 표현으로는 뒤에 to부정사를 수반한다.

5. 전치사 to+~ing

to부정사는 뒤에 to 뒤에 동사원형을 데리고 다닌다. 같은 모양이지만 전치사로 사용되는 to 뒤에는 동사원형이 아닌 명사나 동명사가 와야 한다.

> (1) look forward to Ring ~을 고대하다
> (2) be used(accustomed) to Ring ~에 익숙하다
> (3) object to(be opposed to) Ring ~하는 데 반대하다
> (4) When it comes to Ring ~에 관해 말하자면
> (5) be committed(devoted/dedicated) to Ring ~에 전념하다
> (6) come near(close) to Ring 거의 ~할 뻔하다
> (7) resort to Ring ~에 의존하다

어법에 맞게 고치시오.

1. The woman object to be asked out by people at work.

2. The producers did not have sufficient funds to hire many actors, so Mel Blanc resorted to create different voices.

정답 및 해설

1. be → being
해석 그녀는 직장에서의 사람들로부터 데이트 신청을 받는 것을 반대했다.
해설 object to에서 to는 전치사이다. 따라서 뒤에는 동사원형이 아닌 동명사가 목적어로 와야 한다.

2. create → creating
해석 그 제작자들은 많은 배우를 고용할 자금이 없었기 때문에, Mel Blanc가 다른 목소리를 내는 데 의존했다.
해설 resort to의 to는 전치사이므로 뒤에 목적어인 동명사가 와야 한다.

6. 동명사 관용 표현

동명사와 결합하는 관용 표현은 빈출되니 하나로 묶어서 기억해야 한다.

1) feel like Ring ~하고 싶다
2) be worth Ring ~할 가치가 있다
3) be busy Ring ~하느라 바쁘다
4) cannot help Ring=cannot help but R=have no choice but to R ~하지 않을 수 없다
5) be on the point(verge, edge, brink) of Ring 막 ~하려던 참이다
6) make a point of Ring=make it a rule to R ~하는 것을 규칙으로 삼다
7) There is no Ring ~하는 것은 불가능하다
8) It is no use(good) Ring ~해도 소용없다
9) It goes without saying that S V ~는 말할 필요도 없다
10) never ~ without Ring ~하면 반드시 ~하다
11) have problem(difficulty, trouble, a hard time) (in) Ring ~하는 데 어려움이 있다
12) spend+돈/시간+(in) Ring ~하는 데 돈/시간을 쓰다

괄호 안에 알맞은 것을 고르시오.

1. I feel like [eat/eating] out this evening.

2. Robin couldn't help [to agree/agreeing] with the boss.

3. I'm used to [do/doing] the dishes after meals.

4. We are looking forward to [meet/meeting] with you.

5. The new tourist attraction is well worth [to visit/visiting].

정답 및 해설

1. eating
해석 나는 오늘 외식하고 싶다.
해설 feel like Ring에서 like는 전치사이므로 뒤에 동명사가 목적어로 사용된다.

2. agreeing
해석 Robin은 사장님의 의견에 동의하지 않을 수 없었다.
해설 cannot help Ring '~하지 않을 수 없다'

해설 be worth Ring '~할 만한 가치가 있다'

3. doing
해석 나는 식사 후에 설거지하는 데 익숙하다.
해설 be used to Ring '~하는 데 익숙하다'

4. meeting
해석 우리는 당신을 만날 것을 고대하고 있다.
해설 look forward to Ring '~할 것을 고대하다'

5. visiting
해석 그 새로운 관광지는 방문해 볼 만한 충분한 가치가 있다.
해설 be worth Ring '~할 만한 가치가 있다'

1. 다음 중 괄호 안에 알맞은 것을 고르시오.

1. I am busy [to prepare/preparing] for a trip to Europe.

2. He was getting accustomed to [use/using] his left hand after the accident.

3. She regrets not [having worked/working] harder in her youth.

4. It would be wise of you to consider [to renegotiate/renegotiating] with your firm.

5. The cosmetic division is considering [introducing/to introduce] a new product line for men, which will probably include facial creams and concealers.

2. 다음 문장을 어법에 맞게 고치시오.

6. You can spend an afternoon or an entire day to drive on a racetrack in a genuine race car.

7. Inclusion these items is particularly important to complete the process.

8. Robert is having a hard time to adjust to his new job as he has never worked in the field.

9. The company prohibited him from promoting to vice-president.

10. City residents are enjoying spending their free time exploring the city, finding fun places to eat and shop, and to take leisurely walks in the many city parks.

1. 우리말을 영어로 옳게 옮긴 것은?

① 내가 열쇠를 잃어버리지 않았더라면 모든 것이 괜찮았을 텐데.
→ Everything would have been OK if I haven't lost my keys.

② 그 영화가 너무 지루해서 나는 삼십 분 후에 잠이 들었어.
→ The movie was so bored that I fell asleep after half an hour.

③ 내가 산책에 같이 갈 수 있는지 네게 알려 줄게.
→ I will let you know if I can accompany with you on your walk.

④ 내 컴퓨터가 작동을 멈췄을 때, 나는 그것을 고치기 위해 컴퓨터 가게로 가져갔어.
→ When my computer stopped working, I took it to the computer store to get it fixed.

2. 어법상 옳은 것을 고르시오.

① That place is fantastic whether you like swimming or to walk.

② She suggested going out for dinner after the meeting.

③ The dancer that I told you about her is coming to town.

④ If she took the medicine last night, she would have been better today.

3. 다음 글의 밑줄 친 부분 중 어법상 옳지 않은 것은?

① <u>Knowing</u> the value of your time ② <u>enable</u> you ③ <u>to make</u> wise decisions about where and how you spend it so you can make ④ <u>the most</u> of this limited resources according to your circumstances, goals, and interests.

4. 다음 글의 밑줄 친 부분 중, 어법상 틀린 것은?

The most noticeable human characteristic projected onto animals is ① <u>that</u> they can talk in human language. Physically, animal cartoon characters and toys ② <u>made</u> after animals are also most often deformed in such a way as to resemble humans. This is achieved by ③ <u>showing</u> them with humanlike facial features and deformed front legs to resemble human hands. In more recent animated movies the trend has been to show the animals in a more "natural" way. However, they still use their front legs ④ <u>like</u> human hands (for example, lions can pick up and lift small objects with one paw), and they still talk with an appropriate facial expression. A general strategy that is used to make the animal characters more emotionally appealing, both to children and adults, ⑤ <u>are</u> to give them enlarged and deformed childlike features.

* deform : 변형하다

** paw : (동물의) 발

5. 다음 글의 밑줄 친 부분 중, 문맥상 낱말의 쓰임이 적절하지 않은 것은?

The major philosophical shift in the idea of selling came when industrial societies became more affluent, more competitive, and more geographically spread out during the 1940s and 1950s. This forced business to develop ① closer relations with buyers and clients, which in turn made business realize that it was not enough to produce a quality product at a reasonable price. In fact, it was equally ② essential to deliver products that customers actually wanted. Henry Ford produced his best-selling T-model Ford in one color only (black) in 1908, but in modern societies this was no longer ③ possible. The modernization of society led to a marketing, revolution that ④ strengthened the view that production would create its own demand. Customers, and the desire to ⑤ meet their diverse and often complex needs, became the focus of business.

* affluent : 부유한

1. 다음 중 괄호 안에 알맞은 것을 고르시오.

1. preparing

(해석)

나는 유럽으로 가는 여행을 준비한다고 바쁘다.

(해설)

be busy Ring '~한다고 바쁘다'

2. using

(해석)

그는 사고 후에 왼손을 사용하는 데 익숙해지고 있었다.

(해설)

get used to Ring '~하는 데 익숙해지다'

3. having worked

(해석)

그녀는 젊었을 때 열심히 일하지 않은 것을 후회하고 있다.

(해설)

regret 뒤에 동명사가 오면 '~했던 것을 후회하다'라는 의미가 된다. 열심히 일하지 않은 것은 후회하는 시점보다 이전이므로 완료동명사를 사용한다.

4. renegotiating

(해석)

네가 회사와 재협상하는 것이 현명한 것이다.

(해설)

consider는 목적어로 동명사를 수반하는 동사이다.

5. introducing

(해석)

화장품 부서는 남성을 위한 새로운 제품을 소개할 것을 고려하고 있다. 그것은 아마 얼굴 크림과 커버하는 제품을 포함할 것이다.

(해설)

consider는 목적어로 동명사를 수반하는 동사이다.

2. 다음 문장을 어법에 맞게 고치시오.

6. to driving → driving

(해석)

당신은 진짜 경주용 자동차로 경주로에서 오후 또는 하루 온종일을 운전하면서 보낼 수 있다.

(해설)

spends+시간+(in) Ring '~하는 데 시간을 보내다'

7. Inclusion → Including

(해석)

이러한 항목들을 포함하는 것은 그 과정을 끝내는 데 특히 중요하다.

(해설)

명사인 Inclusion은 뒤에 다시 명사를 데리고 다닐 수 없다. 주어 자리에 사용되면서 뒤에 목적어를 수반할 수 있는 것은 동명사이다.

8. to adjust → adjusting

(해석)

Robert는 현장에서 한 번도 일을 해 보지 않았기 때문에 새로운 일자리에 적응하는 데 애를 먹고 있다.

(해설)

have a hard time (in) Ring '~하는 데 어려움이 있다'

9. promoting → being promoted

(해석)

그 회사는 그가 부회장으로 승진하는 것을 금했다.

동명사도 태를 고려해야 하는데, 우리말로는 그가 승진
하는 것이지만 promote는 타동사로 '~을 승진시키다'라
는 의미이므로 그는 승진이 되는 것이다. 따라서 수동형
으로 바꾸어야 한다.

10. to take → taking

도시의 거주자들은 그들의 자유시간을 도시를 돌아다니
고, 먹고 쇼핑할 재미있는 장소를 찾고, 많은 공원에서
여유로운 산책을 하면서 보내는 것을 좋아한다.

enjoy는 목적어로 동명사를 수반하는데, 이 문장에서는
spending, finding, 그리고 taking이 목적어이다.

1. 정답 ④

④ stop의 뒤에 to부정사와 동명사가 모두 올 수 있다. to부정사가 오면 하기 위해 '잠시 멈추는 것'이고, 동명사가 오면 특정 행위를 '영원히 멈추는 것'이므로 해석상의 차이가 있다.

① 가정법 과거완료이므로 haven't가 hadn't로 바뀌어야 한다.

② 주어인 영화(The movie)가 I를 '지루하게 만들다'는 뜻이므로 boring이 적합하다.

③ accompany는 타동사이므로 전치사 with를 지우고 you가 목적어가 되어야 한다.

2. 정답 ②

(해석)

① 그 장소는 당신이 수영하는 걸 좋아하든 걷는 걸 좋아하든 환상적이다.

② 그녀는 미팅 후에 저녁 먹으러 나가자고 제안했다.

③ 내가 너에게 말했던 그 댄서가 시내로 오고 있는 중이다.

④ 만약 그녀가 지난밤에 약을 먹었더라면. 그녀는 오늘 더 나았을 텐데.

(해설)

② suggest 목적어로 동명사가 필요하다.

① whether A or B는 병렬관계를 이루어야 하기 때문에 A와 B의 형태는 일치해야 한다.

swimming과 같이 to walk를 walking으로 고쳐야 한다.

③ that은 관계대명사절로 앞에 있는 선행사(the dancer)를 수식하고 있다. that은 뒤에 불완전한 문장이 와야 하기 때문에 about 다음에 her를 생략해야 한다.

④ 혼합가정법은 'If+주어+had+p.p., 주어+would+동사원형'이다. 혼합가정법은 조건절은 가정법 과거완료, 주절은 가정법 과거가 온다. 따라서 'If she had taken the medicine last night, she would be better today'로 수정해야 한다.

3. 정답 ②

(해석)

당신의 시간의 가치를 아는 것은 당신의 환경, 목표, 그리고 관심사에 따라 이것을 어떻게 써서 이 한정된 자원을 가장 잘 활용할 수 있도록 하는가에 대해 당신이 현명한 결정을 내리는 것을 가능하게 한다.

(해설)

② 동명사가 주어로 사용되는 경우, 단수 취급하므로 동사가 enables가 되어야 한다.

① Knowing은 동명사로, 문장의 주어 역할을 할 수 있다.

③ enable A to R의 구조를 목적보어 자리에는 to부정사를 사용한다.

④ 'make the most of' '~을 가장 잘 활용하다'라는 관용 표현이다.

4. 정답 ⑤

(해석)

동물에게 투영된 가장 눈에 띄는 인간의 특장은 동물이 인간 언어로 대화할 수 있다는 것이다. 신체적으로도, 동물 만화 캐릭터와 동물을 본떠 만든 장난감은 또한 인간을 닮게 하는 방식으로 변형되는 경우가 아주 많다. 이것은 인간과 같은 얼굴 특징과 사람의 손을 닮게 변형된 앞다리를 가지고 있는 것으로 그것들을 보여 줌으로써 달성된다. 더 최근의 만화 영화에서 추세는 동물을 더 '자연스러운' 방식으로 요사하는 것이었다. 하지만 그것들은 (예를 들어 사자가 한 발로 작은 물체를 집어 들어 올릴 수 있는 것처럼) 여전히 사람의 손처럼 앞다리를 사용하고, 여전히 적절한 얼굴 표정을 지으면서 이야기한다. 동물 캐릭터를 아이와 어른 모두에게 더 감정적으로 매력적이게 만들기 위해 이용되는 일반적인 전략은 그것들에 확대되고 변형된 어린이 같은 특장을 부여하는 것이다.

(해설)

① that 뒤에 완전한 문장이 왔고, 동사 is의 보어 역할을 해야 하므로 명사절을 이끄는 접속사 that은 적절하게 쓰였다.

② 앞에 있는 명사 toys를 수식하는 말이 필요하고, toys
가 만들어지는 것이므로 과거분사 made는 적절하게 쓰
였다.

③ 전치사 by의 목적어로 명사 상당어구가 와야 하므로
동명사 showing은 적절하게 쓰였다. 전치사 by 뒤에 동
명사가 올 경우 '~함으로써'라는 의미이다.

④ '사람의 손처럼'이라는 의미를 나타내기 위해 '~처럼'
이라는 전치사 like는 적절하게 쓰였다.

⑤ 문장의 주어인 A general strategy의 동사가 필요하
므로 are을 is로 고쳐야 한다. that is used to make the
animal characters more emotionally appealing, both
to children and adults는 A general strategy 수식하는
주격관계대명사절이다.

(어휘)

noticeable 눈에 띄는 project 투영하다 physically 신
체적으로 cartoon 만화 character 캐릭터, 등장인물 re-
semble 닮다 achieve 달성하다, 이루다 humanlike 인간
같은 facial 얼굴의 feature 특징, 복색 animated 만화 영
화의 appropriate 적절한, 적당한 facial expression 얼굴
표정 strategy 전략 emotionally 감정적으로 appealing
매력적인 enlarge 확대하다 childlike 어린이 같은

5. 정답 ④

산업 사회가 1940년대와 1950년대 동안 더 부유하고, 더
경쟁적이고, 더 지리적으로 퍼져 나가게 되면서 판매 개
념에 있어 주요한 철학적 변화가 일어났다. 이로 인해 기
업은 구매자 및 고객과 ① 더 긴밀한 관계를 발전시켜야
했고, 이는 결과적으로 기업이 합리적인 가격에 양질의
제품을 생산하는 것으로는 충분하지 않다는 것을 깨닫게
했다. 사실, 고객이 실제로 원하는 제품을 내놓는 것이
마찬가지로 ② 매우 중요했다. 1908년에 Henry Ford는
자신의 가장 많이 팔렸던 T모델 Ford를 단 한 가지 색상
(검은색)으로만 생산했지만, 현대 사회에서는 이것이 더
이상 ③ 가능하지 않았다. 사회의 현대화는 생산이 그 자
체의 수요를 창출할 것이라는 견해를 ④ 강화하는(→ 파
괴하는) 마케팅 혁명으로 이어졌다. 고객과 그들의 다양
하고 종종 복잡한 욕구를 ⑤ 충족하고자 하는 욕망이 기
업의 초점이 되었다.

(해설)

산업 사회의 확대는 판매 개념의 변화를 일으켜 기업이
구매자 및 고객과 더 긴밀한 관계를 발전시켜 합리적인
가격에 양질의 제품을 생산하는 것뿐만 아니라 고객이
실제로 원하는 제품을 내놓는 것 또한 매우 중요하게 생
각했다는 내용이다. 그러므로 생산이 그 자체의 수요를
창출할 것이라는 견해는 더 이상 받아들여지지 않을 것
이므로 ④ 'strengthened(강화하는)'를 'destroyed(파괴
하는)'로 고쳐야 한다.

(어휘)

philosophical 철학적인 shift 변화 industrial 산업
의 competitive 경쟁적인 geographically 지리적으로
spread out ~을 퍼뜨리다 force A to-v A가 ~하도록 강
요하다 relation 관계 quality 양질의, 질 좋은 reason-
able 합리적인 equally 마찬가지로 essential 매우 중요
한 customer 고객 modernization 현대화 revolution 혁
명 strengthen 강화하다 production 생산 demand 수요
meet 충족시키다 diverse 다양한

12. 분사

분사는 동사에 형용사의 성격을 부여한 것이다. 현재분사(~ing)는 능동, 진행의 의미를 가지고, 과거분사(~ed)는 수동, 완료의 의미를 가진다. 분사는 동사에 형용사 성격이 가미된 것으로, 명사를 수식하기도 하고 분사구문의 형태로 문장을 수식하는 부사구의 역할을 하기도 한다.

1. 현재분사와 과거분사의 구분

수식받는 명사가 행위의 주체가 되면, 능동(~한, ~하는)을 의미하는 현재분사를 사용하고, 수식받는 명사가 행위의 대상이면 수동(~된, ~되는)을 의미하는 과거분사를 사용한다.

1) 현재분사: 능동(~하는), 진행(~하고 있는)

People swim. → swimming people 수영하는 사람들
Children are studying. → studying children 공부하고 있는 어린이들

2) 과거분사: 수동(~되는), 완료(~된)

The driver is injured. → injured driver 부상당한 운전자
Leaves have fallen. → fallen leaves 떨어진 나뭇잎

2. 분사의 위치와 역할

분사는 형용사의 역할을 하기 때문에 명사 앞이나 뒤에서 수식하거나, 보어 자리에 사용될 수 있다.

1) 명사 앞에서 수식

I read an interesting novel. 나는 흥미로운 책을 읽었다.
Please review the attached files. 첨부된 파일을 검토해 주세요.

2) 명사 뒤에서 수식

The man taking a walk looks young. 산책하는 남자는 어려 보인다.
She found a wall painted with many different colors. 그녀는 여러 색상으로 페인트된 벽을 발견했다.

The children became <u>excited</u>. 어린이들이 흥분하게 되었다.

The teacher kept the students <u>studying</u> hard. 그 선생님은 학생들이 열심히 공부하게 했다.

빈칸에 알맞은 것을 고르시오.

1. My badly [damaged/damaging] windows cost me a lot of money.

2. My wife and I once drove past a young man [driving/drove] no hands on a bicycle.

3. There are more factors [involving/involved] in human behavior than just these factors.

정답 및 해설

1. damaged
해석 엄청 손상된 창문은 수리하는 데 많은 돈이 들었다.
해설 창문은 손상되는 것이므로 과거분사를 사용한다.

2. driving
해석 아내와 나는 자전거에 손을 올리지 않고 운행하는 젊은 남자 옆에 운전해서 갔다.
해설 남자가 자전거를 운전하는 것이므로 현재분사를 사용한다.

3. involved
해석 인간의 행동에 관여되는 것은 이것들보다 많은 요소들이 있다.
해설 분사는 동사의 성격을 가지는데 뒤에 목적어가 없고 전치사가 있으므로 구조적으로 과거분사를 고를 수 있다.

3. 감정타동사의 현재분사와 과거분사

감정타동사는 수식을 받는 명사가 감정을 느끼는 주체(사람)이면 과거분사(~ed), 감정을 일으키는 주체일 때에는 현재분사(~ing)를 사용한다.

감정타동사		현재분사(능동)		과거분사(수동)	
excite	흥분시키다	exciting	흥분시키는	excited	흥분한

bore	지루하게 하다	boring	지루한	bored	지루해하는
surprise	놀라게 하다	surprising	놀라운	surprised	놀란
embarrass	당황하게 하다	embarrassing	당황하게 하는	embarrassed	당황한
disappoint	실망시키다	disappointing	실망시키는	disappointed	실망한
annoy	성가시게 하다	annoying	성가신	annoyed	성가셔 하는
interest	흥미를 일으키다	interesting	흥미로운	interested	흥미 있어 하는
frustrate	좌절시키다	frustrating	좌절시키는	frustrated	좌절된
encourage	격려시키다	encouraging	격려하는	encouraged	고무된
overwhelm	압도시키다	overwhelming	압도적인	overwhelmed	압도된

The sales figures were <u>disappointing</u>. 그 매출액은 실망스러웠다.

The sales representatives were <u>disappointed</u>. 그 영업사원들은 실망되었다.

빈칸에 알맞은 것을 고르시오.

1. There is an [annoying/annoyed] noise.

2. He felt [embarrassing/embarrassed] at being the center of attention.

3. The movie was so [bored/boring] that I felt asleep after half an hour.

정답 및 해설

1. annoying
해석 짜증 나는 소리가 있다.
해설 소리가 짜증 나게 만드는 것이므로 현재분사를 사용한다.

2. embarrassed
해석 그는 관심의 중심에 있어서 당황하게 되었다.
해설 그가 당황하게 만드는 것이 아니라 당황하게 되는 것이므로 과거분사를 사용한다.

3. boring
해석 그 영화는 너무나 지겨워서 나는 30분 후에 잠이 들었다.
해설 영화가 지루하게 만드는 것이므로 현재분사를 사용한다.

4. 분사 구문

분사구문은 '접속사+주어+동사'의 부사절을 간단하게 축약한 것이다. 분사구문에서 필요한 분사를 고를 때, 분사 뒤에 목적어가 있으면 현재분사를, 목적어가 없으면 과거분사를 고른다.

1) 분사구문

분사구문은 '부사절 접속사+주어+동사'를 축약해 '(부사절 접속사)+~ing/~ed'의 형태로 만드는 것이다.

2) 분사구문을 만드는 방법

① 접속사를 생략하고, ② 주절 주어와 중복되는 주어를 생략한 후, ③ 동사의 분사형태로 바꾼다. ④ 이때 주절 주어가 동사의 행동을 '하는 경우'에는 현재분사(능동)를 사용하고, 주절의 주어가 동사의 형동을 '당하는 경우' 과거분사(수동)를 사용한다.

While I watch TV, I fell asleep. TV를 보는 동안, 나는 잠이 들었다.

→ Watching TV, I fell asleep.

Because I was left alone, the baby cried. 혼자라고 느꼈기 때문에, 그 애기는 울었다.

→ (Being) left alone, the baby cried.

3) 분사구문의 해석

(1) 분사구문, S+V

① 시간(~하면서, ~할 때)　　Attending the meeting, I met the former boss. 회의에 참여할 때, 이전의 사장님을 만났다.

② 이유(~하기 때문에)　　Being sick, she took a day off. 아프기 때문에, 그녀는 하루 쉬었다.

③ 조건/④ 양보

(2) S+V, 분사구문

① '그리고'　　The meeting starts at 10 a.m., ending at three p.m. 그 회의는 오전 10시에 시작했다. 그리고 오후 3시에 끝났다.

② 시간(~할 때)　　I fell asleep, watching TV. TV를 볼 때 잠이 들었다.

4) 분사구문의 의미상 주어

분사의 행동 주체가 주절 주어와 같은 경우 생략하지만, 주절 주어와 일치하지 않는 경우 앞에 의미상 주어를 반드시 표시해야 하면, 주격으로 표시한다.

The man being sick, we didn't invite him to the party. 그 남자가 아팠기 때문에, 우리는 그를 초대하지 않았다.

There being no objection, the meeting could end earlier than expected. 반대가 없었기 때문에, 회의는 예상보다 일

찍 끝날 수 있었다.

1. [It being/Being] cold outside, I boiled some water to have tea.

1. It
해석 밖의 날씨가 추워서, 나는 차를 마시기 위해 물을 끓였다.
해설 주절 주어는 I이지만, 부사절의 주어는 날씨를 나타내는 비인칭 주어 It이다. 주절 주어와 다르므로 분사구문을 만들 때 반드시 표시해야 한다.

5) 분사구문의 시제

분사구문이 주절의 동사보다 앞선 시제를 나타낼 때에는 Having p.p.를 사용한다.

능동태		수동태	
단순분사구문	~ing	단순분사구문	(being) p.p.
완료분사구문	having p.p.	완료분사구문	(having been) p.p.

<u>Having studied</u> harder, I got a good job. 더 열심히 공부해서, 나는 취업을 했다.

1. Bing abroad for ten years, he can speak English very fluently.

2. Having built three decades ago, the building is now used as a school.

1. Bing → Having been
해석 10년 동안 외국에 있어서, 그는 영어를 매우 유창하게 구사한다.
해설 영어를 구사는 시점보다 외국에 있었던 시점이 이전이므로 완료분사를 사용한다.

2. Having been built
해석 30년 전에 건설된 그 건물은 이제 학교로 사용되고 있다.
해설 주절 주어가 the building이므로 건설하는 것이 아니라 건설이 되는 것이다. 따라서 과거분사를 사용해야 한다.

6) 분사구문의 부정: not+~ing(능동)/p.p.(수동)

분사구문을 부정할 때에는 부정어가 준동사인 분사 앞에 위치한다.

<u>Not</u> knowing who he is, I didn't meet him. 그가 누군지 몰라서, 나는 그를 만나지 않았다.

7) 부대상황의 분사구문 with

전치사 with를 이용해서 부대 상황을 표현할 수 있는데, '~하면서, ~한 채로, ~하는 동안'으로 해석한다.
분사가 목적보어 자리에 사용되는 경우에는, 목적어와 목적보어와의 관계가 능동이면 현재분사가 사용되고, 수동이면 과거분사를 사용한다.

with+목적어+~ing(능동)
　　　　　+~ed(수동)
　　　　　+형용사구
　　　　　+전치사구

I was sitting on a chair, and I was closing my eyes. 나는 의자에 앉아 있었다. 그리고 나는 눈을 감았다.
→ I was sitting on a chair, **with** my eyes <u>closed</u>. 나는 눈을 감은 채로 의자에 앉아 있었다.
I was sitting on a chair, **with** my eyes <u>shining</u>. 나는 눈이 반짝이는 채로 의자에 앉아 있었다.

The man stood with his arms <u>folded</u> 그 남자는 팔짱을 낀 채로 서 있었다.
With winter <u>approaching</u>, they began to close the store early. 겨울이 다가오므로, 그들은 가게를 일찍 닫기 시작했다.
He fell asleep **with** the TV <u>turned on</u>. TV를 켠 채로 그는 잠이 들었다.

1. She was listening to music with her eyes [closing/closed].

1. closed
해석 눈을 감은 채로 그녀는 음악을 듣고 있었다.
해설 그녀가 눈을 감는 것이므로 눈은 감기게 되는 것이다 따라서 과거분사를 사용해야 한다.

1. 다음 중 어법상 올바른 것을 고르시오.

1. The institute is specifically designed for recently [appointing/appointed] government officials.
2. [Covering/Covered] with confusion, he left the conference room in a hurry.
3. While [working/worked] at a hospital, she saw her first air show.
4. Once [merging/merged], both corporations will examine what alternatives are available for the affiliates they separately own.
5. Having [selected/been selected] to represent the organization, Karl delivered a short speech.

2. 틀린 부분을 바르게 고치시오.

6. Facilities have been established to facilitate pick-ups and drop-offs for passengers used the train and subway stations.
7. When asking who broke the glass, the child pretended not to know.
8. Readers find the young writer's first novel fascinated despite the fact that the initial reviews of the book were so dismal.
9. The company expanded into the European market last year, expanded its market share.
10. The state government has decided to introduce a program targeting unemployed men and women tried to re-enter a highly competitive job market.

1. 밑줄 친 부분 중 어법상 가장 옳지 않은 것은?

Strange as ① it may seem, ② the Sahara was once an expanse of grassland ③ supported the kind of animal life ④ associated with the African plains.

2. 밑줄 친 부분 중 어법상 가장 옳지 않은 것은?

The first coffeehouse in western Europe ① opened not in ② a center of trade or commerce but in the university city of Oxford, ③ in which a Lebanese man ④ naming Jacob set up shop in 1650.

3. 밑줄 친 부분 중 어법상 옳지 않은 것을 고르시오.

In 1778 Carlo de Buonaparte, re-elected as one of the Council of Twelve Nobles, ① was chosen to be a member of a Corsican delegation to King Louis XVI. He took ten-year-old Giuseppe and nine-year-old Napoleone with him, ② to begin their life in their new country. They spent a night in a miserable inn at the port, sleeping on mattresses ③ lay out on the floor. En route from Corsica they visited Florence, where Carlo was able to procure a letter of introduction from the Habsburg Grand Duke Pietro Leopoldo to his sister Queen Marie Antoinette. Then they went on to France. Admittedly Carlo had something to celebrate, ④ having been informed by the Minister for War that Napoleone had been granted a scholarship and a place in the military school at Brienne as 'Royal Pupil' whose expenses would be paid by the King.

4. 다음 글의 밑줄 친 부분 중, 어법상 것은?

Studies of experts provide insight into ① what it means to have deep and flexible understanding. Experts in a particular domain are people who have deep, richly interconnected ideas about the world. They are not just good thinkers or people who are ② exceptionally smart. Rather, experts ③ having knowledge in a specific domain — such as chess, chemistry, or tennis — and are not generalists. However, experts do not just know "a bunch of facts". In fact, having expertise in a topic means ④ that knowledge is organized into coherent frameworks, and the expert understands the inter-relationship between facts and can distinguish which ideas are most central. This kind of deep but organized understanding allows for greater flexibility in learning and ⑤ facilitates application across multiple contexts.

* coherent : 일관성 있는

5. 다음 글의 밑줄 친 부분 중, 문맥상 낱말의 쓰임이 적절하지 않은 것은?

It is natural for people to observe happenings and then seek explanations for why those happenings occurred. But sometimes the reasoning is ① <u>wrong</u> because of one or more misconceptions. One of these is the ecological fallacy, where an argument claims that there is a causal relationship between two things merely because they occur ② <u>together</u>. For example, in the 1950s it was found that crime rates were the highest in neighborhoods where immigrants were, most numerous. Some people used this "co-occurrence" to argue that immigrants were a ③ <u>cause</u> of crime. But a careful analysis of this situation revealed that- immigrants were forced to live in neighborhoods where crime rates were already ④ <u>low</u>; they could not afford more expensive housing in safer neighborhoods. Immigrants themselves committed very few of the crimes. Unless you analyze the claim carefully, you would ⑤ <u>misinterpret</u> the relationship and thereby construct a faulty belief.

* immigrant : 이민자

 손태진 문법 원리

1. 다음 중 어법상 올바른 것을 고르시오.

1. appointed

(해석)

그 기관은 최근에 임명된 정부 관리들을 위해서 특별하게 만들어졌다.

(해설)

정부 관리들이 임명하는 것이 아니라 임명되는 것이므로 수동관계이다. 따라서 과거분사를 사용한다.

2. Covered

(해석)

혼동에 휩싸여, 그는 회의장을 서둘러 떠났다.

(해설)

분사구문에서 분사의 결정은 주절 주어와의 관계를 파악하고, 또한 구조적으로 뒤에 목적어가 있는지를 파악해서 결정할 수 있다. 이 문장의 경우 뒤에 목적어 없이 전치사가 제시되고 있으므로 과거분사를 사용한다.

3. working

(해석)

병원에서 일하는 동안, 그녀는 그녀의 첫 번째 에어쇼를 관람했다.

(해설)

work는 자동사이므로 현재분사형만 존재한다.

4. merged

(해석)

합병이 된 후에, 두 회사는 그들이 각각 운영하고 있는 계열회사에 대해서 어떠한 대안이 있는지를 검토할 것이다.

(해설)

분사구문으로, 주절 주어인 두 회사가 합병이 되는 것이므로 과거분사를 사용한다. 또한 분사 뒤에 목적어가 없

으므로 구조적으로도 과거분사가 정답이다.

5. been selected

(해석)

조직을 대표하도록 선출이 되고 나서, Karl은 짧은 연설을 했다.

(해설)

Kark이 선출하는 것이 아니라 선출되는 것이므로 과거분사가 정답이다.

2. 틀린 부분을 바르게 고치시오.

6. used → using

(해석)

시설은 기차와 지하철을 이용하는 승객들에게 승하차를 용이하게 하도록 만들어졌다.

(해설)

승객들이 기차와 지하철 역을 이용하는 것이므로 현재분사를 사용한다. 또한 명사 뒤의 분사를 결정할 때에는 그 분사의 의미상의 목적어 유무로 결정할 수도 있다. 분사 뒤에 명사구가 목적어로 제시되고 있으므로 현재분사형을 사용한다.

7. asking → asked

(해석)

누가 창문을 깼는지 질문을 받았을 때, 그 아이는 모르는 척했다.

(해설)

주절 주어 the child와 ask는 수동의 관계가 성립하므로 과거분사를 사용한다.

8. fascinated → fascinating

(해석)

독자들은 그 책의 초기의 반응이 절망적이었다라는 사실에도 불구하고 그 젊은 작가의 첫 소설이 매력적이라는 것을 알게 되었다.

9. expanded → expanding

(해석)

그 회사는 시장 점유율을 높이면서, 작년에 유럽 시장으로 진입했다.

(해설)

접속사 없이 expanded라는 과거 동사가 나올 수 없다. 분사로 바꾸어야 하는데, 콤마 뒤에는 현재분사가 온다는 점을 기억하자. 그리고 분사 뒤에 명사가 수반되고 있으므로 구조적으로도 현재분사가 정답이다.

10. tried → trying

(해석)

그 주정부는 매우 경쟁적인 취업시장에 다시 진입하려고 노력하는 실업 상태의 남자와 여자 들을 목표로 하는 프로그램을 도입하기로 결정하였다.

(해설)

남자와 여자 들이 노력을 하는 것이므로 men and women와 try의 관계는 능동관계이다. 따라서 현재분사형을 사용한다.

1. 정답 ③

(해석)

이상하게 보일 수도 있지만 사하라는 한때 아프리카 평원과 관련된 동물들을 지탱하는 광활한 초원이었다.

(해설)

③ supported가 분사로 사용된 것이므로 수동의 의미인데, 문맥상 grassland가 support의 주체가 되어야 하므로 능동의 의미를 가지는 분사인 supporting이 되어야 한다.

2. 정답 ④

(해석)

서구 유럽에서 최초의 커피 하우스는 무역과 상업의 중심부가 아닌 옥스퍼드 대학 도시에서 제이콥이라는 이름을 가진 레바논 사람이 1650년에 가게를 차렸다.

(해설)

④ 수동의 의미를 지닌 '~라는 이름인' 이라는 표현은 과거분사 named이다. name은 동사로서 '이름 짓다'의 의미이다.

3. 정답 ③

(해석)

1778년에 12 귀족 위원회의 한 명으로서 재당선된 카를로 부오나파르테는 루이 16세의 코르시카 대표단의 일원으로 선택되었다. 그는 새로운 나라에서 삶을 시작하기 위해 10살이 된 주세페와 9살이 된 나폴레옹을 데리고 갔다. 그들은 바닥에 펼쳐진 매트리스 위에서 잠을 자며 항구의 보잘것없는 여관에서 밤을 보냈다. 코르시카에 가던 도중 그들은 플로렌스를 방문했고, 그곳에서 카를로는 합스부르크 통치자 피에트로 레오폴드가 그의 여동생인 여왕 마리 앙투아네트에게 보내는 소개장을 입수할 수 있었다. 그다음 그들은 프랑스로 갔다. 인정하건대, 카를로는 축하할 만한 일이 있었는데, 군수장관으로부터 나폴레옹이 왕이 모든 비용을 지불하는 "왕가의 학생"으로서 장학금과 브리엔에 있는 군사 학교를 배정받게 되었다는 사실을 전해 듣게 되었다는 것이다.

(해설)

③ lay out on the floor(바닥에 펼치다)가 앞에 있는 명사 mattresses를 뒤에서 꾸미며 '바닥에 펼쳐져 있는 매트리스'라는 뜻이 되게끔 해야 한다. 이와 같은 뜻이 되려면 mattresses 뒤의 lay(펼치다)가 분사 laid(펼쳐진)로 바뀌어 mattresses laid out on the floor가 되어야 한다.

(어휘)

re-elected 재당선된 council 의회, 위원회 Corsican 코르시카 사람의 delegation 대표단, 위임 miserable 비참한, 보잘것없는 lay out ~을 펼치다 en route (어디로 가는) 도중에 Grand Duke 통치자 procure 구하다, 입수하다 admittedly 인정하건대 be granted a scholarship 장학금을 받다

4. 정답 ③

(해석)

전문가에 대한 연구는 깊고 유연한 이해를 가지는 것이 무엇을 의미하는지에 대한 통찰을 제공한다. 특정 분야의 전문가는 세상에 대해 깊고 풍부하게 상호 연결된 생각을 가진 사람들이다. 그들은 단순히 생각을 잘하는 사람이거나 유난히 똑똑한 사람이 아니다. 오히려, 전문가는 특정 분야 — 체스, 화학, 혹은 테니스와 같은 — 에서 지식을 가지고 있고, 다방면의 지식을 가진 사람이 아니다. 하지만, 전문가는 '많은 사실'을 알기만 하는 것은 아니다. 사실, 한 주제에 대한 전문성이 있다는 것은 지식이 일 관된 틀로 조직화되어 있고, 전문가가 사실 간의 상호 관계를 이해하고 어떤 아이디어가 가장 핵심적인지 구분할 수 있다는 것을 의미한다. 이런 깊이 있으면서도 조직화된 이해는 학습에서의 더 큰 유연성을 가능하게 하고 다양한 맥락에 걸쳐 적용을 촉진한다.

(해설)

① 전치사 into의 목적어로 간접의문문이 쓰인 형태로, 간접의문문은 '의문사+주어+동사' 어순으로 적절하게 쓰

였다. 이 문장에서 it은 가주어이고 to have 이하가 진주어이다.

② 뒤에 있는 형용사 smart를 수식하는 부사 exceptionally는 적절하게 쓰였다.

③ 문장의 주어인 experts에 상응하는 동사가 필요하므로 having을 have로 고쳐 써야 한다. 접속사 and 뒤에 동사 are과 병렬로 연결되어 있다.

④ 동사 means의 목적어절을 이끄는 명사절 접속사 that은 적절하게 쓰였다.

⑤ 문장의 주어는 This kind of deep but organized understanding, 동사로 allows와 facilitates가 접속사 and로 병렬 연결되어 있다.

(어휘)

expert 전문가 insight 통찰(력) flexible 유연한(n. flexibility) particular 특정한 domain 분야, 영역 interconnected 상호 연결된 exceptionally 특별히 chemistry 화학 generalist 박학다식한 사람 a bunch of 다수의 expertise 전문성 coherent 일관성 있는 framework 틀 interrelationship 상호 관계 distinguish 구분하다 central 중심의 facilitate 촉진하다 application 적용 multiple 다양한 context 맥락

5. 정답 ④

(해설)

사람들이 사건들을 관찰하고 나서 왜 그런 사건들이 일어났는지에 대한 설명을 찾는 것은 당연하다. 그러나 때때로 하나 이상의 오해로 인해 추론이 ① 잘못된다. 그 중 하나는 생태학적 오류로, 여기서 논자는 두 가지가 단지 ② 함께 발생한다는 이유만으로 두 가지 사이에 인과 관계가 있다고 주장을 들어, 1950년대에 범죄율이 이민자가 가장 많은 지역에서 가장 높다는 것이 밝혀졌다. 일부 사람들은 이민자들이 범죄의 ③ 원인이라고 주장하기 위해서 이런 '동시 발생'을 이용했다, 그러나 이런 상황에 대한 면밀한 분석은 이민자들이 이미 범죄율이 ④ 낮은 (→ 높은) 지역에 거주할 수밖에 없었다는 것을 밝혀냈다. 즉, 그들은 보다 안전한 지역에 있는 더 비싼 주택을 살 여력이 없었다. 이민자 자신들은 범죄를 거의 저지르지 않았다. 그 주장을 주의 깊게 분석하지 않으면, 당신

은 그 관계를 ⑤ 잘못 해석하여 잘못된 믿음을 형성할 것이다.

(해설)

사람들은 사건을 관찰하고 나서 사건의 원인을 찾으려 하지만, 생태학적 오류와 같은 오해로 인해 잘못된 결론에 이를 수 있다는 내용이다. 범죄율이 이민자가 가장 많은 지역에서 가장 높았다고 밝혀졌지만, 이민자들은 안전한 지역에 있는 더 비싼 주택을 살 여력이 없었기 때문에 이미 범죄율이 높은 지역에 거주할 수밖에 없었다는 문맥이 되어야 자연스럽다. 따라서 ④ 'low(낮은)'를 high(높은)' 등의 어휘로 고쳐야 한다.

(어휘)

natural 당연한 happening 사건 occur 발생하다 reasoning 추론 misconception 오해 ecological 생태학적인 fallacy 오류 argument 논지 causal relationship 인과 관계 merely 단지 neighborhood 인근, 동네 numerous 수많은 immigrant 이민자 analysis 분석 situation 상황 commit 저지르다, 행하다 construct 만들다, 구성하다 faulty 잘못된

13. 형용사

형용사는 대표적인 수식어로서 명사의 상태나 성질을 수식하거나 주어 또는 목적어의 상태나 성질을 서술하는 역할을 한다.

He is a diligent student. 그는 근면한 학생이다.
The student is diligent. 그 학생은 근면하다.
We found the student diligent. 그는 그 학생이 근면하다는 것을 알게 되었다.

1. 형용사의 역할

형용사는 명사 앞이나 뒤에서 명사를 수식하거나 불완전동사의 보어로 사용된다.

1) 제한적 용법

형용사가 명사를 앞이나 뒤에서 수식하는 용법이다.

> 관사+**형용사**+명사

2) 서술적 용법

형용사가 불완전동사 뒤에 사용되어서 주어나 목적어를 설명해 주는 용법이다.

2형식	be, become, remain 감각동사(look, smell, taste, sound, feel)+**형용사**
5형식	make, keep, find, leave, consider+목적어+**형용사**

전치 수식만 가능한 형용사(후치 수식이나 보어 자리에는 사용할 수 없다)

wooden 나무로 된	golden 금으로 된	elder 손위의
live 살아 있는	lone 외로운	drunken 술 취한

The animal is live (×) → a live animal 살아 있는 동물

서술적 용법으로만 쓰이는 형용사

(명사를 전치 수식할 수 없고, 명사를 후치 수식하거나 보어로만 사용된다.)

alive 살아 있는	alike 비슷한	awake 깨어 있는
asleep 잠자는	afraid 두려워하는	aware 알고 있는
alone 혼자인	ashamed 수치스러워하는	

1. Look at those [sleeping/asleep] puppies.

2. The hospital, [like/alike] many others across the country, turned to its antiquated loudspeaker system.

정답 및 해설

1. sleeping

해석 이 잠자고 있는 강아지들을 봐라.

해설 asleep는 명사 앞에는 사용할 수 없는 형용사이다.

2. like

해석 그 병원은 전국의 다른 병원과 마찬가지로 낡아 빠진 확성기 시스템에 의존했다.

해설 alike는 명사 앞에는 사용할 수 없다. 이 문장에서 like는 전치사로 '~와 같은'의 의미로 해석이 된다.

2. 형용사의 어순

일반적인 경우 수식하는 것이 수식받는 것 앞에 위치한다. 따라서 형용사는 명사 앞에 위치한다.
예외적인 사항을 기억해야 하고, 명사 앞에 여러 가지 형용사가 나열될 때에는 다음의 어순을 따른다.

1) 여러 개의 형용사가 함께 사용되는 경우

전치한정사		all, both, 배수(half, double, three times)
(중치) 한정사	소유격	my, your
	관사	an, the
	지시형용사	this, that, these, those
수량형용사		one, two, first, second
일반형용사		big, white, rich, old

We bought <u>all</u> <u>the</u> <u>beautiful</u> <u>wooden</u> chairs. 우리는 이 모든 아름다운 나무로 만든 의자를 구입했다.

전치한정사+한정사+일반형용사+재료

2) ~thing, ~body, ~one, ~where로 끝나는 명사는 형용사가 뒤에서 수식한다

You have something <u>cold</u> to drink. 너는 마실 시원한 게 있다.

괄호 안에 알맞은 것을 고르시오.

1. I want to eat [sweet something/something sweet].

2. [The all/All the] students in my school are studying English.

정답 및 해설

1. something sweet
해석 나는 뭔가 달콤한 것을 먹고 싶다.
해설 something을 꾸밀 때에는 형용사가 뒤에서 수식한다.

2. All the
해석 우리 학교의 모든 학생들은 영어를 공부하고 있다.
해설 all은 전치한정사로 한정사인 the보다 더 앞에 위치한다.

3. 형용사의 종류

1) 수량형용사

수나 양을 나타내는 형용사의 경우, 수식받는 명사의 형태에 주의해야 하면, 특히 동사와의 수 일치에 단서가 될 수 있으므로 주의해야 한다.

수 형용사+복수가산명사		양 형용사+불가산명사		수량공통형용사 +복수가산명사 +불가산명사	
many	많은	much	많은	all	모든
few	거의 없는	little	거의 없는	most	대부분의
a few	약간의	a little	약간의	some	몇몇의
quite(not) a few	꽤 많은 수의	quite(not) a little	꽤 많은 양의	any	어떤
a number of	많은 수의	an amount of	많은 양의	no	어떤 ~도 아닌

a couple of	두어 개의	a great deal of	많은	more	더 많은
several	여러 개의	less	더 적은	a lot of	많은
				plenty of	많은

<u>Much</u> **information** is needed for the research. 그 연구에 많은 정보가 필요하다.
<u>Many</u> **companies** are located in the area. 많은 회사들이 이 지역에 위치하고 있다.
<u>Most</u> **information** is collected from the research. 대부분의 정보는 그 조사에서 얻었다.
<u>Most</u> **companies** are going to attend the conference. 대부분의 회사들은 그 회의에 참석할 것이다.
<u>Every</u> **company** is seeking new ways to make profits. 모든 회사들이 수익을 내기 위한 새로운 방법을 찾고 있다.

괄호 안에 알맞은 것을 고르시오?

1. There aren't [many/much] houses around here.

2. I spent [a little/a few] time in the park.

3. How [many/much] money do I need to buy it?

4. She collects [a lot of/much] coins from around the world.

정답 및 해설

1. many
해석 여기 주변에는 많은 주택이 없다.
해설 houses가 가산명사이므로 many를 사용한다.

2. a little
해석 나는 공원에서 약간의 시간을 썼다.
해설 time은 불가산명사이므로 a little과 어울린다.

3. much
해석 이것을 구매하려면 얼마나 돈이 필요하나요?
해설 money는 불가산명사이므로 much와 어울린다.

4. a lot of
해석 그녀는 전 세계의 동전을 수집한다.
해설 coins는 가산명사이므로 much와는 어울릴 수 없다. a lot of는 뒤에 가산명사, 불가산명사 둘 다 가능하다.

2) 난이형용사

쉽고, 어려움을 나타내는 형용사로 아래 세 가지 출제 포인트를 확실하게 학습해야 한다.

어려운, 쉬운	difficult, hard, tough, easy
편리한, 불편한	convenient, inconvenient
가능한, 불가능한	possible, impossible

(1) It is 난이형용사 for 의미상주어 to v+o

사람의 성질을 나타내는 형용사(인성형용사)(kind, wise, nice, foolish, thoughtful, careful, considerate, stupid)는 to부정사의 의미상 주어 자리에 'of+목적격'이 사용된다.

It is very kind of you to say so. 그렇게 말씀해 주시다니 정말 친절하십니다.

빈칸에 알맞은 것을 고르시오.

1. It is very thoughtful [for/of] him to remember the names of every member in our firm.

정답 및 해설

1. of
해석 그가 우리 회사의 모든 사람을 이름을 기억하는 것은 매우 사려 깊은 것이다.
해설 thoughtful은 사람의 성질을 나타내는 형용사이므로 뒤에 전치사 of가 와야 한다.

(2) 주어가 It이 아닌 경우, to부정사의 의미상 주어는 문장의 주어로 쓰일 수 없지만, to부정사의 목적어는 문장의 주어로 사용될 수 있다

(3) to부정사의 목적어가 문장의 주어로 간 경우, to부정사의 목적어 자리는 비어 있어야 한다

It is difficult <u>for</u> me to read the magazine. 이 잡지를 읽는 것은 어렵다.
=The magazine is difficult for me to read.
I am difficult to read the magazine. [×]
The magazine is difficult for me to read the magazine. [○/×]

다음 문장을 어법에 맞게 고치시오.

1. When will you be convenient to visit her mother.

2. It is hard of us to get a job these days.

 손태진 문법 원리

1. When will you be convenient to visit her mother. → When will it be convenient for you to visit her mother.

해석 당신이 그녀의 어머니를 방문하는 것은 언제가 편하시겠습니까?

해설 to부정사의 의미상의 주어가 문장의 주어로 사용될 수 없으므로, 주어를 가주어 it로 변경하고 의미상의 주어는 'for+목적격'으로 표시해야 한다.

2. of → for

해석 우리가 요즘에 취업을 하는 것은 어렵다.

해설 to부정사의 의미상을 주어를 표시할 때 'for+목적격'을 사용한다.

난이형용사와 that절

difficult, easy, hard, convenient, inconvenient	진주어로 that절 불가능
possible, impossible	진주어로 that절 가능

3) 판단형용사

'중요한'이나 '필요한'과 같이 이성적 판단을 나타내는 형용사는 that절 안의 동사가 '~해야 한다'라는 당위성을 가지므로 (should) R의 형태가 되는지 확인해야 한다.

It is 판단형용사 that+S+**(should) V**

중요한	important, vital, critical, crucial
필요한	necessary, essential, mandatory, imperative

It is important for us to finish the assignment. 우리가 과제를 끝내는 것이 중요하다.

It is important that we (should) finish the assignment. 우리가 과제를 끝내는 것이 중요하다.

1. 다음 중 어법상 올바른 것을 고르시오.

1. I think they'll arrive [early enough/enough early] to see it.
2. The math question was too tough for the student to [answer/answer it].
3. It is very [considerable/considerate] of you to give a welcoming speech to the delegates.
4. The city council members expect further social and [economic/economical] progress over the next ten years.
5. [Most/Every] order that comes to our department is processed with the utmost care and attention.

2. 다음 문장을 어법에 맞게 고치시오.

6. Every public servants must carry out their duties efficiently.
7. It is an unprecedentedly man-made change to the shape of the world.
8. The salesman told me that a good set of tires was supposed to last fifty thousands kilometers.
9. The famous international music festival makes our hotel attractively to visitors.
10. The report indicates that the most independent broker agents in the Asian continent were being put out of business by large corporations.

1. 어법상 옳지 않은 것은?

① The main reason I stopped smoking was that all my friends had already stopped smoking.
② That a husband understands a wife does not mean they are necessarily compatible.
③ The package, having wrong addressed, reached him late and damaged.
④ She wants her husband to buy two dozen of eggs on his way home.

2. 다음 중 어법상 옳은 것은?

① Many a careless walker was killed in the street.
② Each officer must perform their duties efficient.
③ However you may try hard, you cannot carry it out.
④ German shepherd dogs are smart, alert, and loyalty.

3. 다음 글에서 밑줄 친 부분 중 틀린 것은?

The emphasis on decoding, translated ① <u>mainly</u> as phonemic awareness and knowledge of the alphabetic principles, has led schools to research for packaged or ② <u>commercial</u> produced reading programs that ③ <u>help</u> students ④ <u>master</u> the skills of decoding.

4. 다음 글의 밑줄 친 부분 중, 어법상 틀린 것은?

The hunter-gatherer lifestyle, which can ① <u>be described</u> as "natural" to human beings, appears to have had much to recommend it. Examination of, human remains from early hunter-gatherer societies ② <u>has</u> suggested that our ancestors enjoyed abundant food, obtainable without excessive effort, and suffered very few diseases. If this is true, it is not clear why so many humans settled in permanent villages and developed agriculture, growing crops and domesticating animals; cultivating fields was hard work, and it was in farming villages ③ <u>what</u> epidemic diseases first took root. Whatever its immediate effect on the lives of humans, the development of settlements and agriculture ④ <u>undoubtedly</u> led to a high increase in population density. This period, known as the New Stone Age, was a major turning point in human development, ⑤ <u>opening</u> the way to the growth of the first towns and cities, and eventually leading to settled civilizations.

* remains : 유적, 유해
* epidemic: 전염병의

5. 다음 글의 밑줄 친 부분 중, 문맥상 낱말의 쓰임이 적절하지 않은 것은?

Many human and non-human animals save commodities or money for future consumption. This behavior seems to reveal a preference of a ① delayed reward over an immediate one: the agent gives up some immediate pleasure in exchange for a future one. Thus the discounted value of the future reward should be ② greater than the un-discounted value of the present one. However, in some cases the agent does not wait for the envisioned occasion but uses their savings ③ prematurely. For example, early in the year an employee might set aside money to buy Christmas presents but then spend it on a summer vacation instead. Such cases could be examples of ④ weakness of will. That is, the agents may judge or resolve to spend their savings in a certain way for the greatest benefit but then act differently when temptation for immediate pleasure ⑤ disappears.

* envision : 계획하다

1. 다음 중 어법상 올바른 것을 고르시오.

1. early enough

(해석)

나는 그들이 그것을 보기 위해서 충분히 일찍 도착할 거라고 생각한다.

(해설)

enough가 형용사나 부사를 수식하는 부사로 사용되는 경우, 뒤에서 앞으로 꾸며 준다.

2. answer

(해석)

그 수학문제는 그 학생이 답변하기에는 너무 어려웠다.

(해설)

난이형용사 구문에서 to부정사의 목적어가 주어로 간 경우 to부정사의 목적어 자리가 비어 있어야 한다.

3. considerate

(해석)

당신이 대표들에게 환영사를 해 주는 것은 매우 사려 깊은 것이다.

(해설)

'사려 깊은'의 의미로 considerate가 사용된다. considerable는 '수나 양이 상당한'의 의미이다.

4. like

(해석)

Cooper는 사설 보안 수사관으로, Parmer Woods와 같이 한때 번영했던 집단 거주지들을 순찰하는 많은 사람들 중 하나이다.

(해설)

빈칸 뒤에 명사가 있으므로, 이 문장에서는 전치사 like가 필요하다. alike는 명사 뒤에는 꾸며 주는 형용사이다.

5. Every

(해석)

우리 부서로 오는 모든 주문은 최고의 관리와 주의를 가지고 처리된다.

(해설)

order은 가산명사인데, 단수형으로 사용되고 있으므로 Every가 정답이다. most는 가산명사와 사용되는 경우 명사가 복수형이 되어야 한다.

2. 다음 문장을 어법에 맞게 고치시오.

6. Every → All

(해석)

모든 공무원들은 반드시 그들의 직무를 효율적으로 수행해야 한다.

(해설)

every는 '모든의' 의미이지만 각각의 하나하나를 지칭하는 것으로 뒤에는 단수명사가 와야 한다. 그리고 뒤에 대명사 역시 복수형으로 사용하고 있으므로 Every를 All로 바꾸어야 한다.

7. unprecedentedly → unprecedented

(해석)

그것은 인간이 만든 유례없는 세계의 형태에 대한 변화이다.

(해설)

unprecedentedly가 change라는 명사를 수식하고 있으므로 부사형이 아닌 형용사형으로 바꾸어야 한다.

8. fifty thousands → fifty thousand

(해석)

그 영업사원은 나에게 품질이 좋은 타이어 세트는 5만

킬로미터까지 지속될 것이라고 말했다.

(해설)

thousand 앞에 수사가 와서 특정한 수를 나타낼 때에는
단수형으로 사용되어야 한다.

9. attractively → attractive

(해석)

그 유명한 국제 음악 축제는 우리의 호텔을 방문객들에
게 매력적으로 만들다.

(해설)

make가 불완전타동사이므로 목적격 보어 자리에는 부
사가 아닌 형용사가 필요하다.

10. the most → most

(해석)

그 보고서는 아시아 대륙에서의 대부분의 독립적인 중개
사들은 대형 회사들로부터 퇴출되었다고 보고하다.

(해설)

the most는 '가장 ~한'의 의미로 최상급을 표현할 때 사
용한다. '대부분의' 의미로는 the 없이 most만 사용해야
한다.

1. 정답 ③

해석

① 내가 흡연을 그만둔 주된 이유는 모든 나의 친구들이 이미 흡연을 그만두었기 때문이었다.

② 남편이 아내를 이해하는 것이 그들이 반드시 화합할 수 있다는 것을 의미하는 것은 아니다.

③ 그 소포는 잘못된 주소를 가지고 있어서 그에게 늦게 도착하였으며 파손되어 있었다.

④ 그녀는 그녀의 남편이 집으로 오는 길에 달걀 두 다스를 사 오는 것을 원한다.

해설

③ 주어인 the package(소포)와 분사구문의 동사인 address(주소를 적다)는 수동의 관계이며, 형용사 wrong은 부사 wrongly로 변경되어야 한다. having wrong addressed을 having been wrongly addressed로 바꿔야 한다.

① 내가 금연을 한 것보다 (과거) 친구들이 금연을 한 것이 더 이전의 시제이므로 대과거인 had stopped가 올바르다.

② 접속사 that은 완전한 문장의 앞에 온다. That a husband understands a wife는 주어로 사용된 명사절이다.

④ dozen은 앞에 정확한 수가 있을 경우에는 단수로 쓴다.

2. 정답 ①

해석

① 부주의한 많은 보행자가 길에서 죽었다.

② 각각의 공무원은 그의 직무를 효과적으로 수행해야 한다.

③ 당신이 아무리 열심히 해도. 그것을 수행할 수 없다.

④ 독일 셰퍼드는 영리하고, 민첩하고, 충성스럽다.

해설

① 'many a'는 단수 명사, 단수 동사와 함께 쓰이는 수량형용사이기 때문에 walker, was killed가 모두 적절하게 쓰였다. 수동태 문장이므로 동사 뒤에 목적어가 없는 것도 맞다.

② 단수 주어인 each officer를 대명사 their로 받을 수 없다. efficient는 동사 perform을 수식하므로 부사인 efficiently로 바꿔야 한다.

③ 복합관계부사인 however를 이용해 '아무리 ~해도'라는 의미의 양보의 부사절을 만들려면 'however+형용사/부사+주어+동사'의 순으로 써야 한다. 'However hard you may try, ~'로 써야 한다.

④ A, B, and C와 같은 병렬 구조는 A, B, C의 품사가 같아야 한다. smart, alert는 형용사인데 loyalty는 명사이므로 loyal로 바꾸어 써야 한다.

3. 정답 ②

해석

주로 음소인식과 알파벳 원칙에 대한 지식으로 번역되어지는 독해에 대한 강조는 학교가 학생들이 독해의 기술을 속달하는 것을 돕는 일괄적인 혹은 상업적으로 만들어진 독해 프로그램을 찾도록 이끌었다.

해설

② produced라는 과거분사를 수식하는 것은 형용사가 아닌 부사이다. 따라서 commercially로 바꾸어야 한다.

① mainly라는 부사가 앞에 있는 과거분사를 수식하고 있으므로 맞다.

③ that의 선행사가 programs이므로 관계절의 동사 역시 복수형으로 제대로 사용하고 있다.

④ 'help+명사+(to) R'의 구조이다. help는 준사역동사로 목적보어 자리에 동사원형이나 to부정사가 온다.

4. 정답 ③

해석

수렵 채집 생활 방식은 인류에게 '자연스러운' 것으로 묘사될 수 있으며, 그것을 추천할 만한 것(장점)이 많은 것으로 보인다. 초기 수렵 채집 사회의 유적 조사는 우리 조상들이 과도한 노력 없이도 구할 수 있는 풍족한 식량을 누릴 수 있었고, 질병에 걸리는 일도 거의 없었다는 것을 알려 준다. 만약 이것이 사실이라면, 왜 그렇게 많은 인류가 영구적으로 마을에 정착하여 농작물을 재배하고 동물을 기르면서 농업을 발달시켰는지는 분명하지 않다. 밭을 경작하는 것은 힘든 일이었고, 전염병이 처음 뿌리내린 곳은 바로 농경 마을이었다. 그것이 인간의 삶에 미치는 즉각적인 영향이 무엇이든 간에, 정착지와 농업의 발전은 의심의 여지없이 인구 밀도의 높은 증가로 이어졌다. 신석기 시대로 알려진 이 시기는 인류 발전에 있어 중요한 전환점으로, 최초의 마을과 도시가 성장하는 길을 열었고, 결국 정착된 '문명'으로 이어졌다.

① 수렵 채집 생활 방식이 '자연스러운' 것으로 묘사될 수 있다는 내용이 되어야 하므로 조동사의 수동태 '조동사+be+과거분사'인 can be described는 적절하게 쓰였다.
② 문장의 주어는 Examination of human remains from early hunter-gatherer societies이므로 술어 동사로 has suggested는 적절하게 쓰였다.
③ 장소의 부사구인 in farming villages를 강조하는 구문이므로 what을 that으로 고쳐야 한다.
④ 문장의 동사인 led를 수식하는 부사 undoubtedly는 적절하게 쓰였다.
⑤ 결과를 나타내는 분사구문으로, This period가 최초의 마을과 도시가 성장하는 길을 열었으므로 opening은 적절하게 쓰였다.

hunter-gatherer 수렵 채집인 lifestyle 생활방식 natural 자연스러운 human being 인간, 인류 recommend 추천하다 suggest 시사하다, 넌지시 말하다 ancestor 조상 abundant 풍부한 obtainable 얻을 수 있는 excessive 과도한, 지나친 settle in ~에 자리 잡다, 정착하다 permanent 영구적인 agriculture 농업 crop 작물

5. 정답 ⑤

많은 인간과 인간이 아닌 동물은 미래의 소비를 위해 물건이나 돈을 저축한다. 이런 행동은 즉각적인 보상보다는 ① 보상에 대한 선호를 드러내는 것과 같다. 즉, 행위자는 미래의 보상을 위해 당장의 쾌락을 포기하는 것이다. 따라서 미래 보상의 하락된 가치는 하락되지 않은 현재의 가치보다 ② 더 커야만 한다. 하지만 어떤 경우에는 행위자가 계획된 일을 기다리지 않고 그들의 저축을 ③ 조기에 사용한다. 예를 들어, 연초에 한 직원이 크리스마스 선물을 사기 위해 돈을 모아 두었지만 대신 그 돈을 여름휴가에 사용할 수 있다. 이런 사례는 의지의 ④ 약함의 예시가 될 수 있다. 즉, 행위자는 그들의 저축을 가장 큰 이익을 위한 특정한 방식으로 사용하기로 판단하거나 결심했으나 즉각적인 즐거움에 대한 유혹이 ⑤ 사라지면 (→ 생기면) 다르게 행동할 수도 있다.

행위자는 그들의 저축을 가장 큰 이익을 위해 특정한 방식으로 사용하기로 판단하거나 결심했으나 즉각적인 즐거움에 대한 유혹이 생기면 의지가 약화되어 미래의 보상보다는 당장의 쾌락을 추구하면서 다르게 행동할 수 있다는 문맥이 되어야 자연스러우므로, ⑤ 'disappears(사라지다)'를 'appears(나타나다, 생기다)' 등의 어휘로 고쳐야 한다.

commodity 상품, 물건 consumption 소비 behavior 행동 reveal 드러내다 delayed 지연된 reward 보상 immediate 즉각적인 agent 행위자 in exchange for 교환으로, ~ 대신의 discounted 할인된, 무시된 value 가치 present 현재의 occasion 일, 경우, 때 saving 절약한 돈 prematurely 조기에, 너무 이르게 employee 직원 set aside 모아 두다 weakness 약함 will 의지 judge 판단하다 resolve 결심하다 benefit 이익 temptation 유혹 disappear 사라지다

14. 부사

부사는 문장에서 중심 역할을 수행하지 않고 부수적인 역할을 수행하는 말이다. 동사나 형용사 또는 다른 부사 등을 수식한다.

1. 부사의 형태

일반적인 부사의 형태는 '형용사+ly'이다.

형용사	형용사+ly
rapid 빠른	rapidly 빠르게
quick 빠른	quickly 빠르게
beautiful 아름다운	beautifully 아름답게
clear 분명한	clearly 분명하게
careful 조심스러운	carefully 조심스럽게

ly로 끝나지 않는 부사: '형용사+ly'의 부사형이 아닌 원래 자체가 부사들도 있다.

always	almost	just	still	even
sometimes	already	besides	also	then

~ly가 붙으면 뜻이 바뀌는 형용사와 부사

형용사와 부사가 다 되는 경우, 무엇을 수식하는가에 따라 품사가 결정되고, 의미가 전혀 다른 경우가 있으므로 주의해야 한다.

late	(형) 늦은 (부) 늦게	lately	(부) 최근에
hard	(형) 힘든, 열심인 (부) 열심히	hardly	(부) 거의 ~하지 않은
near	(형) 가까운 (부) 가까이	nearly	(부) 거의
short	(형) 부족한, 짧은 (부) 부족하게, 짧게	shortly	(부) 즉시
high	(형) 높은 (부) 높게	highly	(부) 매우

1. The bird flies <u>high</u>. 그 새는 높이 난다.
2. The hotel is highly <u>recommended</u>. 그 호텔은 강력히 추천된다.

빈칸에 알맞은 것을 고르시오.

1. The number of employees who come [late/lately] has [late/lately] increased.

2. 부사의 위치

부사는 명사를 제외한 동사, 형용사, 다른 부사, 준동사 또는 문장 전체를 수식할 수 있는데, 문장 내에서 여러 곳에서 위치할 수 있기 때문에 여기에 초점을 맞춘 문제가 빈출된다.

1) 동사 수식

(1) S+(부사)+동사

We sincerely regret any inconvenience. 우리는 어떠한 불편함에 대해서도 진심으로 유감으로 생각합니다.

(2) be+(부사)+p.p.

The final budget can be formally accepted. 그 최종 예산은 공식적으로 받아들여졌다.

(3) have+(부사)+p.p.

Analysts have repeatedly warned that stock prices will fall. 분석가들은 주가가 하락할 것이라고 반복적으로 경고해 왔다.

(4) 조동사+(부사)+R

We could easily pass the test. 그는 쉽게 시험에 통과했다.

(5) 자동사+(부사)+전치사

The country relies heavily on export. 그 나라는 수출에 지나치게 의존한다.

(6) 타동사+목적어(명사)+(부사)

He handles the customer complaints professionally. 그는 고객 불만을 전문적으로 다룬다.

1. Tom was waiting [patient/patiently] for Jean.

2. Carl tried very [hard/hardly] to remember her name.

3. It's raining [heavy/heavily] outside.

정답 및 해설

1. patiently
해석 Tom은 Jean을 인내력을 가지고 기다렸다.

2. hard
해석 Carl은 그녀의 이름을 기억하려고 매우 열심히 노력했다.
해설 hardly는 부정부사로 '좀처럼 ~하지 않다'라는 의미이다. '열심히'라는 의미의 부사는 hard가 사용된다.

3. heavily
해석 밖에 비가 폭우로 쏟아지고 있다.
해설 rain이라는 동사를 꾸미는 부사가 적절하다.

'타동사+전치사 형태의 부사'에서 목적어의 위치

목적어가 일반명사	타동사+**목적어(일반명사)**+부사 (○) 타동사+부사+**목적어(일반명사)** (○) put **the jacket** on put on **the jacket**
목적어가 대명사	타동사+**목적어(대명사)**+부사 (○) 타동사+부사+**목적어(대명사)** (×) put **it** on put on **it** (×)

타동사+부사 vs 자동사+전치사

'자동사+전치사'의 목적어는 항상 전치사 뒤에 온다. 반면 '타동사+부사'의 목적어는 위에서 언급된 것과 같이 목적어가 명사인 경우와 대명사인 경우에 따라서 위치가 결정된다.

타동사+부사	turn on 켜다	turn off 끄다	put on 입다
	put off 벗다, 미루다	pick up 태우다	see off 마중 가다
자동사+전치사	look for 찾다	hand in 제출하다	focus on 집중하다
	depend on 의존하다	cope with 대처하다	

You must hand in **the report** by tomorrow. 당신은 내일까지 보고서를 제출해야 한다.

1. He has been to the airport this morning to [see her off/see off her].

2. I lost my wallet, so I'm [looking it for/looking for it].

3. The light is too bright. Can you [turn off it/turn it off].

1. see her off
해석 그는 그녀를 배웅하기 위해서 오늘 아침 공항에 갔었다.
해설 see off는 '타동사+전치사'의 구조이므로 목적어가 대명사인 경우 타동사+목적어+부사의 어순을 취해야 한다.

2. looking for
해석 나는 지갑을 분실해서, 찾고 있다.
해설 look for는 자동사+전치사의 구조이다. 따라서 목적어는 '자동사+전치사+목적어'와 같이 동사구 뒤에 위치한다.

3. turn it off
해설 조명이 너무 밝다. 꺼줄 수 있니?
해설 turn off은 '타동사+부사'의 구조이다. 따라서 목적어가 대명사인 경우, 반드시 동사구 사이에 위치해야 한다.

2) 다른 수식어 수식

부사는 형용사, 분사 그리고 부사와 같은 수식어 앞에서 의미를 추가한다.
This tool is <u>extremely</u> helpful. 이 장비는 매우 유용하다.
This soup tastes <u>really</u> good. 이 수프는 정말 맛있다.

3) 일반부사의 위치(방법+장소+시간)

They studied <u>very hard</u> <u>in the school</u> <u>last week</u>. 그들은 지난주에 학교에서 매우 열심히 공부했다.
　　　　　방법　　　　장소　　　　시간

4) 빈도부사의 위치

always, often, usually, sometimes, hardly와 같은 빈도 부사는 '일반동사 앞, be동사와 조동사 뒤'에 위치한다.
He is so tied that he can hardly keep awake. 그는 너무 피곤해서 거의 깨어 있을 수가 없다.

빈칸에 알맞은 것을 고르세요.

1. The ex-girlfriend [sometimes writes/writes sometimes] to me.

2. I [go usually/usually go] to bed at 11 p.m.

정답 및 해설

1. sometimes writes
해석 나의 전 여자친구는 가끔 나에게 편지를 쓴다.
해설 빈도부사는 위치를 묻는 문제가 출제되는데, 일반동사보다 앞에 위치한다.

2. usually go
해석 나는 주로 11시에 자러 간다.
해설 빈도부사는 일반동사 앞에 위치한다.

5) 부정부사

부정부사는 not 등의 부정어와 함께 사용될 수 없고, 부정부사가 문두에 오는 경우 '대동사+주어+동사'의 어순으로 도치가 이루어진다.

다음 문장을 어법에 맞게 고치시오.

1. I can't hardly make myself understood in English.

2. Little I dreamed that he had told me a lie.

3. My husband and I work very hardly from Monday to Friday.

정답 및 해설

1. can't → can
해석 나는 내 말을 영어로 이해시킬 수 없다.
해설 hardly 자체가 부정어이므로 can't와는 같이 사용될 수 없다.

2. Little I dreamed → Little did I dream
해석 나는 그가 나에게 거짓말했다는 것을 꿈도 꿀 수 없다.
해설 Little라는 부정어가 문두에 왔으므로 '대동사+주어+동사'의 어순으로 도치되어야 한다.

3. hardly → hard
해석 남편과 나는 월요일부터 금요일까지 매우 열심히 일한다.
해설 hardly는 부정부사로 '거의 ~하지 않는다'라는 의미이다. 문맥상 '열심히'가 맞으므로 hard로 바꾸어야 한다.

3. 혼동하기 쉬운 부사

1) very vs much

very	much
very+형용사나 부사의 원급 very beautiful 매우 아름다운	much+형용사나 부사의 비교급 much more beautiful 훨씬 더 아름다운
the very+최상급 the very highest building 가장 높은 건물	
very+현재분사 very exciting 매우 흥미로운	much+과거분사 much appreciated 상당히 감사한
동사 수식 불가	동사 수식 가능 Thank you very much. 대단히 고맙습니다.

빈칸에 알맞은 것을 고르시오.

1. Most of the peers think that Jessica is [very/much] careless person.

2. The root meaning of philanthropy is [very/much] more universal.

정답 및 해설

1. very
해석 대부분의 동료들은 Jessica가 매우 부주의한 사람이라고 생각한다.
해설 careless라는 형용사의 원급을 수식하는 것은 very이다.

2. much
해석 박애주의의 근본적인 의미는 훨씬 더 보편적이다.
해설 뒤에 more universal이라는 비교급이 있으므로 비교급 수식어구 much가 사용되어야 한다.

2) too vs either

too	~ 또한 ~하다(긍정동의)
either	~ 또한 ~하지 않다(부정동의)

Steve is honest, and he is smart too. Steve는 정직하고, 그는 또한 똑똑하다.
Steve doesn't like the movie, and his wife doesn't either. Steve는 영화를 좋아하지 않는다. 그리고 그의 부인 역시 좋아하지 않는다.

3) most, the most, almost

most	대부분(대명사), 대부분의(형용사) most of the employees, most employees 대부분의 직원들
the most	가장 ~한(최상급) the most successful company 가장 성공적인 회사
almost	거의(부사) almost all (of) the employees 거의 대부분의 직원들

1. [Most/Almost] people have simply trusted the government organizations to ensure the safety of the new product.

1. Most
해석 대부분의 사람들은 정부 조직이 새로운 제품의 안전성을 보장할 것이라고 신뢰해 왔다.
해설 뒤에 people이라는 명사를 수식하는 형용사 역할을 하는 most가 필요하다.

1. 다음 괄호 안에 적절한 것을 고르시오.

1. The fireman was [so/such] courageous that he received an award.
2. There was a car accident, but the car [narrow/narrowly] missed the pedestrian on the street.
3. [Most/Almost] half of the respondents only exercise for an hour or less per week.
4. Gorge has not completed the assignment yet, and Mark hasn't [too/either].
5. Tom says that it is [more/much] easier for him to express his thought in Russian than in English.

2. 문법적으로 틀린 부분을 고치시오.

6. Those presentations are very more exciting and easier to follow than books and newsletters.
7. The manager sent a memo complaining the timeliness of report submissions and mentioned that monthly reports are being submitted one or two days lately.
8. Marks is such a dedicated supervisor that he works night and day and hardly never takes time to relax.
9. The premature aged wife was coming to be the exception rather than the rule.
10. Many developing countries do not have a high literate population needed to build an industrial society.

1. 밑줄 친 부분 중 어법상 가장 옳지 않은 것은?

His survival ① <u>over</u> the years since independence in 1961 does not alter the fact that the discussion of real policy choices in a public manner has hardly ② <u>never</u> occurred. In fact, there have always been ③ <u>a number of</u> important policy issues ④ <u>which</u> Nyerere has had to argue through the NEC.

2. 어법상 옳은 것은?

① Jessica is a much careless person who makes little effort to improve her knowledge.

② But he will come or not is not certain.

③ The police demanded that she not leave the country for the time being.

④ The more a hotel is expensiver, the better its service is.

3. 밑줄 친 부분 중 어법상 옳은 것은?

① <u>As the old saying go</u>, you are what you eat. The foods you eat ② <u>obvious affect your body's performance</u>. They may also influence how your brain handles tasks. If your brain handles them well, you think more clearly, and you are more emotionally stable. The right food can ③ <u>help you being concentrated</u>, keep you motivated, sharpen your memory, speed your reaction time, reduce stress, and perhaps ④ <u>even prevent your brain from aging</u>.

4. 다음 글의 밑줄 친 부분 중, 어법상 틀린 것은?

Although praise is one of the most powerful tools available for improving young children's behavior, it is equally powerful for improving your child's self-esteem. Preschoolers believe what their parents tell ① <u>them</u> in a very profound way. They do not yet have the cognitive sophistication to reason ② <u>analytically</u> and reject false information. If a preschool boy consistently hears from his mother ③ <u>that</u> he is smart and a good helper, he is likely to incorporate that information into his self-image. Thinking of himself as a boy who is smart and knows how to do things ④ <u>being</u> likely to make him endure longer in problem-solving efforts and increase his confidence in trying new and difficult tasks. Similarly, thinking of himself as the kind of boy who is a good helper will make him more likely to volunteer ⑤ <u>to help</u> with tasks at home and at preschool.

* profound: 뜻깊은

** sophistication: 정교화(함)

5. 다음 글의 밑줄 친 부분 중, 문맥상 낱말의 쓰임이 적절하지 않은 것은?

Advertisers often displayed considerable facility in ① adapting their claims to the market status of the goods they promoted. Fleischmann's yeast, for instance, was used as an ingredient for cooking homemade bread. Yet more and more people in the early 20th century were buying their bread from stores or bakeries, so consumer demand for yeast ② increased. The producer of Fleischmann' yeast hired the J. Walter Thompson advertising agency to come up with a different marketing strategy to ③ boost sales. No longer the "Soul of Bread," the Thompson agency first turned yeast into an important source of vitamins with significant health ④ benefits. Shortly thereafter, the advertising agency transformed yeast into a natural laxative. ⑤ Repositioning yeast helped increase sales.

* laxative : 완하제(배변을 쉽게 하는 약, 음식)

1. 다음 괄호 안에 적절한 것을 고르시오.

1. so

(해석)

그 소방관은 매우 용기가 있어서 상을 받았다.

(해설)

so ~ that 구문이다. 중간에 형용사나 부사가 오는 경우 so 를 사용한다.

2. narrowly

(해석)

자동차 사고가 있었지만, 그 차는 길에서 보행자를 간신히 피했다.

(해설)

missed라는 동사를 수식하는 것은 부사이다.

3. Almost

(해석)

그의 대부분의 응답자들은 일주일에 한 시간 미만으로 운동한다.

(해설)

half라는 부정대명사를 수식하고 '거의'라는 의미를 가지는 부사는 almost이다.

4. either

(해석)

Gorge는 그의 과제를 아직 끝내지 못했고, Mark 역시 못했다.

(해설)

부정문에서 '~ 역시 ~않다'라는 의미로는 either가 사용된다.

5. much

(해석)

Tom은 그가 영어보다는 러시아어로 그의 생각을 표현하는 것이 훨씬 쉽다고 말한다.

(해설)

비교급을 수식하는 것은 much이다. easier가 비교급이므로 다시 more를 사용할 수는 없다.

2. 문법적으로 틀린 부분을 고치시오.

6. very → much

(해석)

이러한 발표는 책과 사보보다는 훨씬 더 흥미롭고 따르기 쉽다.

(해설)

very는 형용사의 원급을 수식하지 비교급을 수식할 수 없다. much로 바꾸어야 한다.

7. lately → late

(해석)

그 매니저는 보고서 제출 시간 엄수에 대해 불평하는 메모를 보냈고, 월간 보고서가 하루 또는 이틀 늦게 제출되고 있다고 언급했다.

(해설)

문맥상 '하루나 이틀 늦게'가 맞는 표현이다. 따라서 late로 바꾸어야 한다. lately는 '최근에'라는 의미이다.

8. hardly never → hardly ever

(해석)

Marks는 매우 헌신적인 관리인이어서 밤낮으로 일하고, 좀처럼 휴식하는 시간을 가지지 않는다.

hardly와 never는 둘 다 부정어이므로 같이 사용할 수 없다. hardly ever 또는 never로 바꾸어야 한다.

9. so → such

그 캠퍼스에서 체스 대회는 너무나 인기가 있어서 대회 날에는 강당은 항상 꽉 찼다.

so ~ that 구문에서 중간에 명사가 들어가는 경우에는 so 대신에 such를 사용한다.

10. high → highly

많은 개발도상국들이 산업 사회를 이루기 위해 필요한 학식 높은 사람들을 가지고 있지 않다.

high와 highly는 둘 다 '높은'의 의미를 가지는 부사이다. high는 실제 높이를 나타내는 반면, highly는 추상적인 정도를 표현하는 것으로 '매우, 대단히'라는 의미를 가진다.

1. 정답 ②

해석

1961년 독립 이후 그의 수년 동안의 생존은 실제 정책안에 대한 공적 토론은 결코 일어나지 않았다는 사실을 바꾸지 않는다. 사실 Nyerere가 NEC를 통해 논의했어야 하는 수많은 중요한 정책 사안들이 항상 존재했었다.

해설

② 이중 부정은 규범 문법에서는 문법적으로 옳지 않다. hardly는 '거의 ~하지 않는'이라는 의미의 부정부사이므로 부정부사 never와 함께 쓰이지 않는다.
① 전치사 over는 기간을 나타내는 표현과 함께 '동안', '~에 걸쳐서' 라는 의미로서 over the years는 '수년에 걸쳐, 수년 동안'의 의미이다.
③ a number of는 many, several과 같이 '많은'을 뜻하며 뒤에 복수명사와 복수 동사가 필요하다.
a number of+복수 명사+복수 동사, the number of+복수 명사+단수 동사
④ which는 의문사 혹은 관계대명사이다. 이 문장에서는 각각 2개의 주어와 동사가 존재하므로 이를 연결하는 역할을 할 수 있는 관계대명사로 적절하게 쓰였다. which절에서 목적어가 생략되어 있고, which 앞의 명사가 목적어 역할을 하는 선행사이므로 목적격관계대명사 which가 적절하게 사용되었다.

2. 정답 ③

해석

① 제시카는 자신의 지식을 향상시킬 노력을 별로 하지 않는 아주 무심한 사람이다.
② 하지만 그가 올지 안 올지는 확실하지 않다.
③ 경찰은 그녀가 잠시 동안 출국하지 않을 것을 요구했다.
④ 호텔이 비쌀수록 서비스는 더 낫다.

해설

③ demand(요구하다)라는 동사 뒤에 오는 that절에서 주어 다음에 '동사원형', 혹은 'not+동사원형'이 와야 하는 규칙을 잘 지키고 있으므로 어법상 옳다.

① much가 careless를 수식하는 것이 어법상 맞지 않으며, 여기선 much 대신 very가 오는 것이 적합하다.
② 특히 or not이 있으면 but이 아닌 whether이 적절하다.
④ 'the 비교급, the 비교급' 구문이 쓰였는데 expensive의 비교급은 more expensive이므로 expensiver의 형태가 올바르지 않다. 또한 비교급의 의미를 전달하는 more expensive는 분리하여 쓸 수 없으므로 The more expensive a hotel is가 되어야 한다.

3. 정답 ④

해석

옛말대로, 당신이 먹는 것이 바로 당신이라고 볼 수 있다. 당신이 먹는 음식은 분명히 당신의 신체 활동에 영향을 미친다. 이들은 또한 당신의 뇌가 작업을 처리하는 방법에 영향을 미칠 수도 있다. 만약 당신의 뇌가 이들을 잘 처리한다면, 당신은 좀 더 명확하게 생각하게 되고, 감정적으로 좀 더 안정적이게 된다. 올바른 음식은 당신을 좀 더 집중할 수 있도록 해 주고, 동기부여될 수 있게 유지해 주며, 기억을 선명하게 하고, 반응 속도를 높이며, 그리고 심지어 당신의 뇌가 나이 드는 것으로부터 예방하는 것을 도와준다.

해설

④ prevent A from 명사(동명사) 형태에 알맞다.
① the old saying이 3인칭 단수 주어이므로 go가 아닌 goes가 와야 한다.
② 동사 affect를 꾸미기 위해 부사가 와야 하므로 형용사인 obvious가 아닌 부사 obviously가 와야 한다.
③ 준사역동사 help는 목적격 보어로 원형부정사(동사원형) 또는 to부정사를 취하므로 help you being concentrated는 어법상 틀린 문장이다. help you (to) be concentrated로 고쳐야 한다.

해석

칭찬은 어린아이들의 행동을 개선하는 데 사용할 수 있는 가장 강력한 도구 중 하나이지만, 그것은 아이의 자존감을 향상시키는 데에도 똑같이 강력하다. 미취학 아동들은 그들의 부모가 그들에게 하는 말을 매우 뜻깊게 여긴다. 그들은 분석적으로 추론하고 잘못된 정보를 거부할 수 있는 인지적 정교함을 아직 가지고 있지 않다. 만약 미취학 소년이 그의 어머니로부터 그가 똑똑하고 좋은 조력자라는 것을 계속 듣는다면, 그는 그 정보를 그의 자아상으로 통합시킬 가능성이 높다. 스스로를 똑똑하고 일을 어떻게 하는지 아는 소년으로 생각하는 것은 그가 문제 해결 노력에 있어 더 오래 지속하도록 하고 새롭고 어려운 일을 시도하는 것에 있어 그의 자신감을 증가시킬 가능성이 높다. 마찬가지로, 자신을 좋은 조력자인 그런 부류의 소년으로 생각하는 것은 그가 집에서와 유치원에서 일을 자발적으로 돕게 할 가능성을 더 크게 만들 것이다.

해설

① 'them'은 앞의 복수 명사 'preschoolers'를 지칭하는 복수 대명사로 올바르게 사용되었다.
② 'analytically'는 동사 'reason(추론하다)'을 수식하는 부사로 올바르게 사용되었다.
③ 'that'은 동사 'hear'의 목적어 역할을 하는 명사절을 이끄는 접속사로 그 뒤에 완전한 2형식 문장이 있으므로 올바르게 사용되었다. 불완전한 문장이 따라 나올 경우에는 'what'을 써야 한다.
④ 동명사구 Thinking ~ 전체 주어이고 who ~ things'는 수식어구이므로 준동사 'being'은 정동사로 고쳐야 한다.
⑤ 'to help'는 타동사 'volunteer'의 목적어 역할을 하는 명사적 용법의 부정사로 올바르게 사용되었다.

5. 정답 ②

해석

광고주들은 그들이 홍보하는 상품의 시장 지위에 맞게 그들의 주장을 ① 조절하는 상당한 능력을 자주 보여 주었다. 예를 들어, Fleischmann의 효모는 집에서 만든 빵을 요리하는 재료로 사용되었다. 하지만 20세기 초에 점점 더 많은 사람들이 가게나 빵집에서 빵을 사고 있었고, 그래서 효모에 대한 소비자 수요는 ② 증가했다(→ 감소했다). Fleischmann의 효모의 생산자는 판매를 ③ 촉진하기 위해서 다른 마케팅 전략을 고안하려고 J. Walter Thompson 광고 대행사를 고용했다. Thompson 광고 대행사는 먼저 효모를 더 이상 'Soul of Bread'가 아니라 상당한 건강상의 ④ 이점이 있는 비타민의 중요한 공급원으로 바꾸었다. 그 직후, 광고 대행모를 천연 완하제로 바꾸었다. 효모의 ⑤ 이미지 전환을 꾀하는 것은 매출을 증가시키는 것을 도왔다.

해설

효모는 집에서 빵을 요리할 때 사용되었는데, 20세기 초에 점점 더 많은 사람들이 가게나 빵집에서 빵을 사게 되어서 효모의 수요가 감소했다는 내용이 되어야 하므로 ② 'increased(증가하다)'를 'decreased(감소하다)' 등의 어휘로 바꿔야 한다.

어휘

claim 주장 status 지위 promote 홍보하다 ingredient 재료 come up with 떠올리다, 생각해 내다 strategy 전략 boost 촉진하다 transform A into B A를 B로 바꾸다 source 근원 significant 상당한 benefit 이점, 장점

15. 비교 구문

형용사나 부사를 강조하는 구문을 비교 구문이라고 하는데, 원급 비교, 비교급 비교, 최상급 비교가 있다. 두 대상이 동등함을 나타내는 원급 비교, 두 개의 비교 대상 중 하나가 더 우월함을 나타내는 비교급 비교, 그리고 셋 이상의 비교 대상 중 하나가 가장 뛰어날 때 쓰는 최상급 비교가 있다.

Steve is tall. Steve는 크다.

Steve is as tall as his farther. Steve는 그의 아버지만큼 크다.

Steve is taller than his farther. Steve는 그의 아버지보다 크다.

Steve is the tallest in his family. Steve는 그의 가족 중에서 가장 크다.

비교 구문	형태	의미	예
원급 비교	as+원급+as	~만큼 ~한	as tall as
비교급 비교	비교급+than	~보다 ~한	taller than
최상급 비교	the+최상급	가장 ~한	the tallest

형태

	원급	비교급	최상급
1음절	old, short	older, shorter	oldest, shortest
2음절이상	famous, difficult	more famous	most famous
불규칙변화	good/well	better	best
	bad/ill	worse	worst
	many/much	more	most
	little	less	least

1. 원급 비교

1) 기본형

'~만큼 ~한'이라는 의미로 두 대상의 동등함을 나타내는 표현이다. as ~ as 사이에 형용사와 부사 중 어떤 품사가 들어가는지가 출제된다. 앞에 be동사가 있으면 형용사의 원급, 앞에 일반동사가 있으면 부사의 원급을 사용한다.

Home education is important. 가정교육이 중요하다.

School education is important. 학교교육이 중요하다.

→ Home education is as **important** as school education (is important). 가정교육이 학교교육만큼 중요하다.

형태	의미
S be as **형용사 원급** as B	S는 B만큼 ~하다
S V (O) as **부사 원급** as B	S는 B만큼 ~하다
not as/so 형용사/부사 원급 as	~만큼 ~하지 않다

This fax machine works as **efficiently** as a new model. 이 팩스기계는 새것만큼 효율적으로 작동한다.

The system is not **as(so)** reliable as the traditional method. 이 시스템은 전통적인 방법만큼 믿을 만하지는 않다.

2) 명사 원급 구문

'~만큼 많은'을 나타낼 때, as와 as 사이에 명사가 들어가는데, 이 명사가 가산명사이면 many와 함께, 불가산명사이면 much와 함께 사용된다.

Mark makes much money. Mark는 돈을 많이 번다.

His wife makes much money. 그의 부인은 돈을 많이 번다.

→ Mark makes as **much money** as his wife (makes much money). Mark는 그의 부인만큼 돈을 많이 번다.

→ Mark makes as **much money** as his wife **does**.

가산명사	as many Ns(가산명사) as
불가산명사	as much N(불가산명사) as

3) 원급 비교의 주요 구문

as ~ as S can(as ~ as possible)	가능한 한 ~한(하게)
not as much A as B	A라기보다는 B인
not as much as	~ 조차도 아닌

Give me a call as soon as you can. 가능한 한 빨리 전화 주세요.

He is not so much a singer than an actor. 그는 가수라기보다는 배우이다.

She could not so much as remember my name. 그녀는 나의 이름조차도 기억하지 못한다.

4) 중복, 혼용 주의

more/less와 ~er은 중복해서 사용할 수 없고, as와 어울리는 것은 as이고, more와 어울리는 것은 than이다.

1. Business has never been as better as it is now.

2. His grade was higher as any other student's.

3. Please reply to the email as sooner as possible.

4. The car insurance rates in urban areas are more higher than those in rural areas.

5. No doubt she has received fewer presents as some of her friends.

1. better → good
해석 경기가 지금만큼 좋은 적은 없었다.
해설 as ~ as 사이에 비교급은 사용할 수 없다. been이 제시되어 있으므로 better 대신에 형용사의 원급인 good을 사용한다.

2. as → than
해석 그의 성적은 다른 어떤 학생보다 높다.
해설 앞에 higher라는 비교급 표현이 있으므로 as 대신에 than을 사용한다.

3. sooner → soon
해석 이 이메일이 가능한 한 빨리 응답해 주세요.
해설 as 원급 as의 구문이므로 sooner 대신에 원급인 soon을 사용한다.

4. more 생략
해석 도시의 자동차 보험료는 시골의 자동차 보험료보다 높다.
해설 higher 자체가 비교급 표현임을 앞에 more와 같이 사용될 수는 없다.

5. as → than
해석 그녀가 친구들보다 선물을 적게 받은 것은 의심의 여지가 없다.
해설 fewer가 비교급 표현이므로 뒤에는 as 대신에 than을 사용해야 한다.

2. 비교급 비교

1) 개념

'~보다 ~한'의 의미로 두 대상 중 한쪽이 우월할 때 사용하는 비교 구문이다.
English is important. 영어는 중요하다.
Science is important. 과학은 중요하다.
English is **more** important **than** science (is important). 영어는 과학보다 중요하다.

형태	의미
A+형용사/부사의 비교급+than+B	A가 B보다 더 ~하다
A+not 형용사/부사의 비교급+than+B	A가 B보다 더 ~하지 않다

Buying a new computer would be **cheaper** than fixing broken parts. 새로운 컴퓨터를 구입하는 것이 고장 난 것을 수리하는 것보다 저렴할 것이다.

The student talked more **loudly** than the teacher. 그 학생은 선생님보다 더 크게 말했다.

2) 동일 대상의 성질 비교

하나의 대상의 성질을 비교하는 경우 ~er를 사용하지 않고 반드시 more를 사용한다.

Charles is smarter than his brother. Charles는 그의 형보다 똑똑하다.

Charles is smarter than cunning. (×) Charles는 교활하기보다는 똑똑하다.

→ Charles is more smart than cunning.

3) 비교 대상의 일치

비교급에서 비교되는 두 대상은 아래의 것들이 반드시 일치해야 한다.

(1) 격의 일치

비교되는 두 대상이 주격이면 주격, 목적격이면 목적격으로 격을 일치시키다.

Nobody speaks more fluently than him. [×]

→ **Nobody** speaks more fluently that **he** (speaks fluently.) 아무도 그보다 더 유창하게 말하지는 않는다.

(2) 동사 종류의 일치

비교되는 두 대상이 동사인 경우, 두 대상의 동사의 종류를 일치시켜야 한다. 일반동사는 do동사로 받고, be동사는 be동사, 조동사는 조동사로 받아야 한다.

The new camera operates more quickly than the famous FT40 camera is. [×]

→ The new camera **operates** more quickly than the famous FT40 camera **does**.

그 새로운 카메라는 유명한 FT40 카메라보다 더 빠르게 작동한다.

be동사	비교 구문	be동사
조동사	조동사	
일반동사	일반동사	

(3) 명사의 대상 일치

비교되는 대상이 명사인 경우, 그 대상이 일치해야 한다.

The climate of Busan is milder than Osaka. [×]

→ **The climate** of Busan is milder than **that** of Osaka.

부산의 날씨는 오사카의 날씨보다 더 온화하다.

The white camera is more expensive that the red that. [×]

→ The white camera is more expensive that **red one**.

그 하얀색 카메라가 빨간색보다 더 비싸다.

Steve's idea is more persuasive than Mark. [×]

→ **Steve's idea** is more persuasive than **Mark's**.

Steve의 아이디어는 나의 아이디어보다 더 설득력이 있다.

비교되는 대상 뒤에 수식어가 있는 경우	that/those
비교되는 대상 앞에 수식어가 있는 경우	one/ones
비교 대상이 소유격+명사인 경우	소유대명사

다음 문장을 어법에 맞게 고치시오.

1. Your son's hair is the same color as you.

2. The weather of Korea is much milder than Japan.

정답 및 해설

1. you → yours

해석 당신 아들의 머리는 당신 머리와 같은 갈색이다.

해설 앞에 '소유격+명사'가 제시되고 있으므로 비교 대상은 소유대명사로 사용되어야 한다.

2. Japan → that of Japan

해석 한국의 날씨는 일본의 날씨보다 더 온화하다.

해설 앞에 사용되는 명사가 한국이 아니니 한국의 날씨이므로 비교 대상 역시 일본이 아닌 일본의 날씨가 되어야 한다.

4) 라틴 비교

라틴어에서 유래한 단어들은 '~보다'를 표현할 때 than이 아니라 to를 사용한다.

senior, junior superior, inferior prefer	to+비교 대상

prefer의 특징

prefer	(동)명사	to	(동)명사
	to R	(rather) than	(to) R

5) 비교급 강조어구

비교급을 강조해서 '훨씬'이라는 의미를 지니는 부사를 기억하자.

much, far, by far, even, still: 훨씬

This year's final exam was <u>very</u> difficult. 올해의 기말고사는 매우 어려웠다.
This year's final exam was <u>much</u> more difficult than I thought. 올해의 기말고사는 내가 생각했던 것보다 훨씬 더 어려웠다.

빈칸에 알맞은 것을 고르시오.

1. His latest film is [very/far] more boring than his previous ones.

2. It is [very/much] more difficult than you'd expect to break a habit.

정답 및 해설

1. far
해석 그의 최근의 영화는 이전 영화들보다 훨씬 더 지루하다.
해설 비교급을 강조하는 부사로 far가 사용되어야 한다.

2. much
해석 습관을 깨는 것은 당신이 기대하는 것보다 훨씬 더 어렵다.
해설 비교급 수식어구로 much가 와야 한다.

6) 특수한 비교 구문

(1) the 비교급, the 비교급: ~하면 할수록 더 ~하다
We climb high. 우리는 산을 오른다.
It becomes cold. 날씨가 추워진다.
→ **The** higher we climb, **the** colder it becomes. 산을 오르면 오를수록, 날씨는 더 추워진다.

(2) 비교 대상이 둘로 한정된 경우: the+비교급+of the two (Ns)

1. The healthier your body, less likely you are to encounter disease.

2. The more a hotel is expensive, the better its service is.

3. The more they attempted to explain their mistakes, the worst their story sounded.

1. less → the less
해석 당신의 신체가 건강하면 할수록, 질병에 걸릴 확률은 더 떨어진다.
해설 'the+비교급, the+비교급' 구문이다. 따라서 뒤에 나오는 비교급 앞에 the가 필요하다.

2. The more a hotel is expensive → The more expensive a hotel is
해석 호텔이 비싸면 비쌀수록, 서비스가 더 낫다.
해설 a hotel is more expensive에서 '~하면 할수록 ~하다'라는 표현으로 사용되기 위해서 the more expensive가 문두로 이동한 것이다.

3. worst → worse
해석 그들이 자신의 실수에 대해서 설명하려 더 노력하면 할수록, 그들의 이야기는 더 나쁘게 들렸다.
해설 'the+비교급, the+비교급'의 구문이므로 뒤에 나오는 최상급을 비교급으로 바꾸어 준다.

7) 배수 비교

'~보다 몇 배나 더 ~하다'를 표현할 때 배수 비교를 사용한다.

배수사	
twice (two times)+**비교급 ~ than**	
three times	**as ~ as**

Seoul is <u>three times</u> larg**er than** Busan 서울은 부산보다 세 배 크다.
Seoul is <u>three times</u> **as** large **as** Busan.

8) 비교급 주요 표현

would rather A than B B하느니 차라리 A하는 게 낫겠다	I would rather study English than go fishing.
A rather than B B라기보다는 A인	She is pretty rather than cute.
much more/still more ~는 말할 것도 없이(긍정의미강화)	He can speak English still more Chinese.
much less/still less ~는 말할 것도 없이(부정의미강화)	He can't speak English still less Chinese.

3. 최상급

셋 이상의 대상 중에서 '가장 ~한'이라는 의미를 지니고, 셋 이상의 대상 중 하나의 우월함을 나타낼 때 사용한다.

1) 형태

the 형용사/부사의 최상급	가장 ~한

It is the largest restaurant in the city. 이것은 이 도시에서 가장 큰 레스토랑이다.

2) 정관사 the를 쓰지 않는 최상급

최상급 표현은 '가장 ~한'의 의미로 유일성을 가지므로 앞에 소유격이나 정관사를 사용하는 것이 원칙이다. 정관사를 쓰지 않는 경우는 다음과 같다.

(1) 동일물 비교

This lake is the deepest in the country. 이 호수는 이 나라에서 가장 깊다.

This lake is deepest at this point. 이 호수는 이 지점이 가장 깊다.

빈칸에 알맞은 것을 고르시오.

1. Lauren is [happiest/the happiest] when she is with her family.

정답 및 해설

1. happiest

해석 Lauren은 가족과 함께 있을 때 가장 행복하다.

해설 동일물의 비교에서는 최상급이라도 the를 사용하지 않는다.

(2) 부사의 최상급

Mark runs fastest of all the students. Mark는 모든 학생들 중에서 가장 빨리 달린다.

(3) 소유격과 사용되는 경우

Steve is my best friend. Steve는 나의 가장 친한 친구이다.

3) 최상급 대용 표현

원급이나 비교급을 사용해서 최상급의 의미를 전달할 수도 있다.

부정어+so(as) ~ as A		어떤 것도 A만큼 ~하지 않다
부정어+비교급 than A		어떤 것도 A보다 ~하지 않다
more ~ than	+any (other) 단수명사 +all the other 복수명사	다른 어떤 것보다도(만큼) ~하다

Nothing is as precious as health. 어떤 것도 건강보다 중요하지 않다.

=Nothing is more precious than health.

=Nothing is more precious than any other thing.

=Nothing is more precious than all the other things.

다음 문장을 어법에 맞게 고치시오.

1. He is braver than any other soldiers in the world.

2. Everything in business is so important as credit.

3. This is the more interesting book of the three.

1. soldiers → soldier
해석 그는 전 세계의 다른 어떤 병사보다 용감하다.
해설 '비교급+than any other+단수명사' 구문이다.

2. so → as
해석 비즈니스의 모든 것들은 신용만큼 중요하다.
해설 '~만큼 ~하다'라는 원급 비교이므로 as ~ as를 사용한다.

3. more → most
해석 이것은 셋 중에서 가장 흥미로운 책이다.
해설 비교급은 둘 사이의 대상 비교에서 사용된다. 셋 이상의 비교에서는 최상급을 사용한다.

1. 어법상 맞는 것을 고르시오.

1. Manageent has decided to rotate workers to keep the assembly line running as [efficient/efficiently] as possible.

2. Buying tickets in advance in cheaper than [to get/getting] them on the spot.

3. The more [persuaded/persuasive] your resume is, the more desirable you will be as a prospective candidate.

4. She didn't like the term Native America any more than my mother [did/had].

5. The budget is about 25% higher than originally [expecting/expected].

2. 다음 문장을 어법에 맞게 고치시오.

6. It is very easier to protect the environment than to restore it.

7. A small town seems to be preferable than a big city for raising children.

8. Field experience is very important as one of the educational qualifications for the position.

9. I was convinced that making pumpkin cake from scratch would be even easier than to make cake from a box.

10. I would rather make the reservation now rather risk not getting a ticket down the road.

1. 우리말을 영어로 잘못 옮긴 것은?

① 그 연사는 자기 생각을 청중에게 전달하는 데 능숙하지 않았다.
→ The speaker was not good at getting his ideas across to the audience.

② 서울의 교통 체증은 세계 어느 도시보다 심각하다.
→ The traffic jams in Seoul are more serious than those in any other city in the world.

③ 네가 말하고 있는 사람과 시선을 마주치는 것은 서양 국가에서 중요하다.
→ Making eye contact with the person you are speaking to is important in western countries.

④ 그는 사람들이 생각했던 만큼 인색하지 않았다는 것이 드러났다.
→ It turns out that he was not so stingier as he was thought to be.

2. 어법상 옳은 것을 고르시오.

① My father was in the hospital during six weeks.
② The whole family is suffered from the flu.
③ She never so much as mentioned it.
④ She would like to be financial independent.

3. 우리말을 영어로 잘못 옮긴 것은?

① 예산은 처음 기대했던 것보다 약 25퍼센트 더 높다.
→ The budget is about 25% higher than originally expecting.

② 시스템 업그레이드를 위해 해야 될 많은 일이 있다.
→ There is a lot of work to be done for the system upgrade.

③ 그 프로젝트를 완성하는데 최소 한 달, 어쩌면 더 긴 시간이 걸릴 것이다.
→ It will take at least a month, maybe longer to complete the project.

④ 월급을 두 배 받는 그 부서장이 책임을 져야 한다.
→ The head of the department, who receives twice the salary, has to take responsibility.

4. 다음 글의 밑줄 친 부분 중, 어법상 틀린 것은?

Big mammalian herbivore species react to danger from predators or humans in different ways. Some species are nervous, fast, and pro-grammed for instant flight when they perceive a threat. Other species are slower, less nervous, seek protection in herds, ① stand their ground when threatened, and don't run until necessary. Naturally, the nervous species are difficult to keep in captivity. If ② putting into an enclosure, they are likely to panic, and either die of shock or hit themselves repeatedly to death against the fence in their attempts to escape. That's true, for example, of gazelles, ③ which for thousands of years were the most frequently hunted game species in some parts of the Fertile Crescent. There is no mammal species that the first settled peoples of that area had more opportunity ④ to domesticate than gazelles. But no gazelle spe-cies has ever been domesticated. Just imagine trying to herd an animal that runs away, blindly hits ⑤ itself against walls, can leap up to nearly 30 feet, and can run at a speed of 50 miles per hour!

* herbivore: 초식동물

** herd: 무리

5. 다음 글의 밑줄 친 부분 중, 문맥상 낱말의 쓰임이 적절하지 않은 것은?

For a species born in a time when resources were limited and dangers were great, our natural tendency to share and cooperate is ① complicated when resources are plenty and outside dangers are few. When we have less, we tend to be more open to sharing what we have. Certain nomadic tribes don't have much, yet they are happy to share because it is in their ② interest to do so. If you happen upon them in your travels, they will open up their homes and give you their food and hospitality. It's not just because they are nice people ; it's because their ③ survival depends on sharing, for they know that they may be the travelers in need of food and shelter another day. Ironically, the ④ more we have, the bigger our fences, the more sophisticated our security to keep people away and the less we want to share. Our desire for more, combined with our ⑤ increased physical interaction with the "common folk" starts to create a disconnection or blindness to reality.

* nomadic: 유목의

** hospitality 환대

1. 어법상 맞는 것을 고르시오.

1. efficient

해석

경영진은 조립 라인이 가능한 한 효율적으로 운영되는 것을 유지하기 위해서 직원들을 돌려 가면서 근무시킬 것으로 결정했다.

해설

keep이 불완전타동사이므로 빈칸에는 목적격 보어 자리이다. 따라서 형용사가 들어가야 한다.

2. getting

해석

티켓을 미리 구매하는 것이 현장에서 구매하는 것보다 더 저렴하다.

해설

비교 대상은 일치해야 하는데, 앞에 buying이 나와 있으므로 비교 대상 역시 getting으로 일치시킨다.

3. persuasive

해석

이력서가 설득력이 있으면 있을수록, 당신은 잠재적인 후보자로 바람직하다.

해설

persuaded와 persuasive는 둘 다 형용사인데, persuaded는 주어가 사람인 경우 '설득당한'의 의미이다. 반면 '설득력이 있는'의 의미로는 persuasive가 사용되어야 한다.

4. did

해석

그녀는 나의 엄마가 그랬던 것처럼 아메리카 원주민이라는 용어를 좋아하지 않았다.

해설

비교급에서 동사의 종류를 일치시켜야 한다. 주절에 일반동사를 사용했으면, 대동사 do동사를 사용한다. 시제가 과거이므로 did가 적절하다.

5. expected

해석

예산은 원래 기대되었던 것보다 대략 25% 많다.

해설

than (it was) expected에서 (it was)가 생략된 것이다.

2. 다음 문장을 어법에 맞게 고치시오.

6. very → much

해석

환경을 복원하는 것보다 보호하는 것이 훨씬 더 쉽다.

해설

very는 형용사나 부사의 원급을 수식한다. 비교급을 수식하는 부사는 much이다.

7. than → to

해석

아이들을 키우는 데에는 작은 도시보다 큰 도시들이 더 선호되는 것으로 보인다.

해설

prefer는 라틴어에서 유래된 동사이다. 따라서 뒤에 than이 아니라 to를 사용한다.

8. very → as

해석

현장 경험은 그 직책을 위해 교육적인 자격 조건 중의 하나만큼 중요하다.

(해설)

'~만큼 ~한'의 원급 비교 구문이므로 very를 as로 바꾸어
야 한다.

9. to make → making

(해석)

호박 케이크를 맨 처음부터 만드는 것이 박스에 담긴 믹
스로 케이크를 만드는 것보다 훨씬 더 쉬울 것이라고 나
는 확신했다.

(해설)

that절 안의 주어가 making이므로 비교 대상 역시 동명
사형으로 바꾸어야 한다.

10. rather → than

(해석)

나는 길 아래에서 티켓을 구매하지 못하는 위험을 무릅
쓰는 것보다 지금 예약하는 게 낫겠다.

(해설)

would rather A than B의 구문이다. 따라서 rather를
than으로 바꾸어야 한다.

1. 정답 ④

해설

④ 원급 비교의 부정인 'not so[as] 형/부 as'(~만큼 형/부하지 않다) 구문이 사용되었다. 이때 'not so[as] ~ as' 사이에는 원급이 와야 하므로 비교급 stingier을 stingy로 고쳐야 한다.

① be good at은 '~에 능숙하다'라는 표현으로서 올바르게 쓰였다. get across도 '~을 (~에게) 전달하다, 이해시키다'의 의미로 적절하게 쓰였다.

② 주어인 traffic jams가 복수이므로 동사 are가 주어의 수에 맞춰 적절하게 사용되었다. 또한 'more than any other+단수 명사' 구문은 올바른 최상급 표현이며, 비교 대상인 traffic jams와 those의 수 일치도 올바르다.

③ 동명사 주어 making과 동사 is의 수 일치가 올바르다. the person 뒤에 목적격관계대명사 whom이 생략된 형태이다.

2. 정답 ③

해석

① 나의 아버지는 6주 동안 병원에 계셨다.
② 모든 가족이 감기로 고생하고 있다.
③ 그녀는 그것을 언급조차 하지 않았다.
④ 그녀는 재정적으로 독립을 하고 싶어 한다.

해설

③ not(never) so much as는 '~조차도 않다'라는 표현이므로 바르게 사용되었다.

① during은 뒤에 수치화된 기간이 나올 수 없으므로 for로 바꾸어야 한다.

② suffer from은 자동사로 수동태가 될 수 없다. is suffered from을 is suffering from으로 바꾸어 현재진행시제로 나타내거나, suffered from을 사용하여 과거시제로 바꾸어야 한다.

④ 부사는 형용사를 수식할 수 있지만, 형용사는 형용사를 수식할 수 없다. 따라서 형용사인 financial을 부사인 financially로 바꿔야 한다.

3. 정답 ①

해설

① 예산은 사람에 의해 기대되는 것이므로 expecting(능동)이 아니라 expected(수동)가 되어야 한다.

② 명사 work를 to부정사의 형용사적 용법이 수식하고 있으며, 일은 사람에 의해서 행해지는 것이므로 to부정사는 수동형으로 적절하게 사용되었다.

③ 비인칭주어 it은 시간을 나타내는 표현과 함께 쓸 수 있다.

④ 주어인 the head와 동사 has가 알맞게 수 일치되었으며, the head를 꾸미는 관계대명사 who가 올바르게 사용되었다.

4. 정답 ②

해석

큰 포유류의 초식동물종은 포식자나 인간으로부터의 위험에 대해 다른 방식들로 반응한다. 어떤 종들은 그들이 위협을 감지할 때 긴장하고, 빠르고, 즉각적인 비행을 하도록 프로그램화되어 있다. 다른 종들은 더 느리고, 덜 긴장하고, 무리 속에서 보호를 찾고, 위협을 받았을 때 자신의 자리를 지키고 필요할 때까지 도망가지 않는다. 자연스럽게, 긴장하는 종들은 갇힌 상태를 유지하기 어렵다. 만약 우리 안에 넣어지면, 그들은 공황 상태에 빠지게 될 가능성이 있고, 충격으로 죽거나 탈출하려는 시도로 자신을 반복적으로 울타리에 부딪히게 해서 죽을 가능성이 있다. 예를 들어, 이것은 가젤에 해당하는데, 이들은 수천 년 동안 비옥한 초승달 지대의 일부 지역에서 가장 빈번하게 사냥된 사냥감종이었다. 그 지역에 처음으로 정착한 인간들이 가젤보다 길들일 기회가 더 많았던 포유류는 없다. 하지만 어떤 가젤종도 지금까지 길들여진 적이 없다. 도망가고, 자신을 맹목적으로 벽에 부딪히고, 거의 30피트까지 뛰어오를 수 있고, 시속 50마일 속도로 달릴 수 있는 동물을 무리 지으려고 노력하는 것을 상상해 봐라.

(해설)

① 문장의 주어인 Other species에 동사 are, seek, stand, don't run이 접속사 and로 병렬 연결되었다. 따라서 stand는 적절하게 쓰였다.

② 접속사 If를 남겨 둔 분사구문으로, they가 우리에 '놓이는' 것이므로, putting을 put으로 고쳐 써야 한다. 부사절로 표현하면 'If they are put into an enclosure ~'로 바꿔 쓸 수 있다.

③ 계속적 용법의 관계대명사 which의 선행사는 gazelles로, which가 이끄는 절은 gazelles에 대한 부연 설명을 하고 있으므로 적절하게 쓰였다.

④ to domesticate는 앞에 있는 명사 opportunity 수식하는 형용사적 용법의 to부정사로 적절하게 쓰였다.

⑤ 재귀대명사 itself는 an animal을 받으며, 동사 hits의 목적어 역할을 하므로 적절하게 쓰였다.

(어휘)

mammalian 포유류의 species 종 react to ~에 반응하다 predator 포식자 instant 즉각적인 perceive 감지하다 captivity 사로잡힘 enclosure 울타리 panic 공황 상태에 빠지다 escape 탈출하다 frequently 빈번하게 game 사냥감 Fertile Crescent 비옥한 초승달 지대 settled 정착한 domesticate 길들이다 blindly 맹목적으로 leap 뛰어오르다

5. 정답 ⑤

(해석)

자원이 제한적이고 위험이 컸던 시기에 태어난 종에게 있어, 자원이 풍부하고 외부 위험이 거의 없을 때 나누고 협력하려는 우리의 타고난 성향은 ① 복잡하다. 더 적게 가질 때, 우리는 가진 것을 나누는 데 더 개방적이게 되는 경향이 있다. 특정 유목 부족들은 많은 것을 가지고 있지는 않지만, 그렇게 하는 것이 그들의 ② 이익에 부합하기 때문에 그들은 기꺼이 나누려고 한다. 만약 당신이 여행 중에 그들을 우연히 만나면, 그들은 자신의 집을 열고 당신에게 음식과 환대를 제공할 것이다. 이는 그들이 좋은 사람이어서만이 아니다. 이는 그들의 ③ 생존이 나누는 것에 달려 있기 때문인데, 왜냐하면 그들은 또 다른 날 그들이 음식과 거처가 필요한 여행자가 될 수 있음을 알기 때문이다. 아이러니하게도, 우리는 ④ 더 많이 가질수록, 우리의 울타리는 더 커지고, 사람들을 멀리 두기 위한 우리의 보안은 더 정교해지며, 우리는 더 적게 나누기를 원하게 된다. 더 많은 것에 대한 우리의 욕망은 '일반 대중'과의 ⑤ 증가된(→ 줄어든) 실제적인 상호 작용과 결합되어, 현실에 대한 단절이나 눈멀음을 만들어 내기 시작한다.

(해설)

사람들은 자원이 부족할 때는 생존을 위해 나누지만, 자원이 풍요로울수록 나누기를 꺼리며 사람들을 멀리 두기 위한 보안이 정교해진다는 내용이다. 더 많은 것에 대한 우리의 욕망은 결국 '일반 대중'과의 실제적인 상호작용을 줄인다는 문맥이 되어 야 자연스러우므로 ⑤ 'increased(증가된)'를 'decreased(줄어든)' 등의 어휘로 고쳐야 한다.

(어휘)

species 종 natural 타고난 cooperate 협력하다 complicated 복잡한 nomadic 유목의 tribe 부족 hospitality 환대 shelter 거처, 은신처 sophisticated 정교한 security 보안, 안전 combine 결합하다 physical 실제적인 interaction 상호작용 folk 사람들 disconnection 단절

16. 전치사

전치사는 명사 또는 명사구 앞에 놓여 시간, 장소, 방법, 주제 등 여러 가지 의미를 나타내기 위해 사용한다.

at night (시간) 밤에

at the corporate (장소) 회사에서

over the head (위치) 머리 위로

to the city hall (방향) 시청 쪽으로

except you (기타) 너를 제외한

1. 전치사의 목적어

전치사 뒤에는 명사나 명사상당어구(대명사, 동명사, 명사절)가 수반된다.

① 명사(구)

② 대명사(목적격)

③ 동명사(부정사 ×)

④ 명사절

I'm curious about **your plan**. 나는 너의 계획에 관해 궁금하다.

I'm curious about **him**. 나는 그에 대해 궁금하다.

I'm curious about **attending** the seminar. 나는 세미나에 참석하는 것에 관해 궁금하다.

I'm curious about **what you need**. 나는 네가 필요한 것에 관해 궁금하다.

틀린 문장은 어법상 잘못된 곳을 고치시오.

1. He excels at debate with others. [○/×]

2. Every employee will attend the seminar but the sales manager and I. [○/×]

정답 및 해설

1. debate → debating

해석 그는 다른 사람들과 토론하는 데 뛰어나다.

해설 전치사 at의 목적어로 동사는 안 되고, 동명사가 사용되어야 한다.

2. I → me

해석 영업부장과 나를 제외한 모든 직원들이 세미나에 참석할 것이다.

해설 이 문장에서 but은 전치사로 except과 같은 의미이다. 따라서 뒤에는 목적격이 와야 한다.

1) 전치사구

'전치사+명사/대명사'로 문장에서 수식어(형용사나 부사)의 역할을 하고, 문장 앞, 중간, 뒤 어디라도 위치할 수 있다.

(1) 형용사구

① 명사 수식

The people (in the meeting room) are our patients. 회의실에 있는 사람들은 우리 환자들이다.

The manager is **a man** of ability. 그 매니저는 능력 있는 사람이다.

② 보어

The subject is of importance. 이 주제는 중요하다.

of+추상명사=형용사	
of importance=important	of use=useful
of value=valuable	of no values=valueless

(2) 부사구

(For hours,) he waited at the entrance. 몇 시간 동안, 그는 입구에서 기다렸다.

He has worked (for 30 years). 그는 30년 동안 근무했다.

with+추상명사=부사	
with ease=easily	with kindness=kindly
with care=carefully	

3. 중요전치사

1) 시간전치사

시간 전치사는 at, in, on이 있는데, 시점은 at, 월 이상의 기간은 in, 특정한 날은 on을 사용한다.

(1) at, in, on

at	시점, 시간 앞	at 7　　　　　　　at the end of the year at dawn/noon/night
in	월, 계절, 연도, 오전, 오후, 저녁 앞	in July　　　　in summer　　　　in 2020 in the morning/afternoon/evening
on	날짜, 요일, 특정일 앞	on July 1　　　on Friday　　　　on Christmas

The meeting usually takes place at 8:30 a.m. 그 회의는 주로 오전 8:30에 한다.
The meeting usually takes place on Friday morning. 그 회의는 주로 금요일 오전에 한다.

괄호 안에 알맞은 것을 고르시오.

1. The sales meeting start [at/on] 9 a.m.

2. We usually have lunch [in/at] noon.

3. The soccer games are played [by/on] Sundays.

4. He will be back [next Sunday/on next Sunday].

5. We are going to go out for dinner [at/on] Friday night.

정답 및 해설

1. at
해석 그 영업회의는 오전 9시에 시작한다.
해설 시점을 나타낼 때에는 at을 사용한다.

2. at
해석 우리는 주로 점심을 정오에 먹는다.
해설 at dawn(새벽에), at noon(정오에), at night(저녁에)는 시점 표현으로 같이 암기해 두자.

3. on
해석 그 축구시합은 일요일에 있다.
해설 요일을 나타내는 전치사는 on이다.

4. next Sunday
해석 그는 다음 주 일요일에 돌아올 것이다.
해설 원래 요일 앞에는 전치사 on을 사용하지만, 시간 표현이 this, last, next와 같이 사용되면, 그 자체가 부사가 되어서 전치사는 생략된다.

5. on
해석 우리는 금요일 저녁에 외식할 것이다.
해설 특정일을 나타내는 전치사는 on이다.

(2) for, during

'~ 동안에'는 for와 during을 사용한다. 이 둘의 구분을 묻는 문제가 빈출된다.

for	+불특정 기간 숫자 기간(며칠, 몇 년)	for eight years
during	+특정 기간(휴가, 방학)	during the holiday

He has been using English for ten years. 그는 영어를 10년 동안 사용해 왔다.
We will travel to Spain during the Christmas season. 그는 크리스마스 시즌 동안에 스페인에 여행 갈 것이다.

빈칸에 알맞은 것을 고르시오.

1. We have known with each other [for/during] a long time.

2. They've been working on the project [for/during] 5 months.

정답 및 해설

1. for
해석 우리는 서로를 오랫동안 알아 왔다.
해설 불특정한 기간을 표시할 때에는 전치사 for를 사용한다.

2. for
해석 그들은 그 프로젝트를 5달 동안 작업해 오고 있다.
해설 숫자로 표시되는 기간은 전치사 for를 사용한다.

(3) by, until

'~까지'라는 의미로는 by와 until을 사용하는데, 이 둘의 구분을 묻는 문제가 반출된다.

by	동작의 완료(1회성)	finish, complete, submit, return 등의 동사와 사용 '늦어도'를 넣어서 해석
until	동작, 상태의 계속(계속성)	work, stay, remain, wait등의 동사와 사용 '계속'을 넣어서 해석

The store remains open **until** 9 p.m. 그 가게는 저녁 9시까지 계속 문을 열 것이다.
The package must be delivered **by** noon. 그 소포는 늦어도 정오까지는 배송되어야 한다.

1. The manager will have the copier repaired [by/until] Friday.

2. The renovation will not be completed [by/until] the end of the month.

3. I studied [by/until] midnight and went to bed.

4. I mailed the letter today. and you will receive it [by/until] next Monday.

1. by
해석 그 매니저는 그 복사기를 늦어도 금요일까지는 수리할 것이다.
해설 repair는 완료의 의미를 기지는 동사이므로 by를 사용한다.

2. until
해석 그 보수공사는 이달 말까지는 완료되지 않을 것이다.
해설 동사가 complete로 완료의 의미를 가지지만, not과 어울리는 전치사는 until이다.

3. until
해석 나는 자정까지 계속 공부했고 그리고 자러 갔다.
해설 '일하다, 공부하다'와 같은 동사는 '계속'의 의미를 가지므로 전치사 until과 어울린다.

4. by
해석 내가 오늘 편지를 보냈고, 너는 늦어도 다음 주 월요일까지는 받을 거다.
해설 receive라는 동사는 완료의 의미가 있으므로 by와 어울린다.

2) 장소전치사 at, in, on

시간과 마찬가지로 장소를 나타내는 전치사도 at, in, on이 있다.

at	지점(건물)	at the station, at the company, at the corner of the street
in	공간(도시), '~ 안에'	in Peru, in the city, in Room 502
on	지면(~ 위에)	on the table, on the wall, on the list, on the second floor

I was <u>in</u> the store when he came in. 나는 그가 들어왔을 때 그 가게에 있었다.
We stopped <u>at</u> the store on the way home. 우리는 집에 가는 도중에 그 가게에 들렀다.
같은 장소이지만, 그 장소 안을 나타낼 때에는 in을, 장소 자체를 의미할 때에는 at을 사용한다.

1. Steve sat in front of [I/me].

2. The customer sat [at/on] the chair.

3. Tony fell [at/in] the river by accident.

4. You have to stop [on/at] red traffic lights.

5. This is the tallest building [at/in] this city.

6. There are a lot of fish [in/on] the river.

1. me
해석 Steve는 내 앞에 앉았다.
해설 in front of가 전치사이므로 뒤에는 목적격이 와야 한다.

2. on
해석 그 고객은 의자에 앉았다.
해설 의자는 지면을 나타내므로 on을 사용한다.

3. in
해석 Tony는 실수로 강에 빠졌다.
해설 '강 안으로'라는 의미이므로 in과 같이 사용된다.

4. at
해석 너는 신호등 앞에서 멈추어야 한다.
해설 지점을 나타내는 전치사는 at이다.

5. in
해석 이것은 이 도시에서 가장 높은 건물이다.
해설 마을이나 도시를 나타낼 때 전치사 in을 사용한다.

6. in
해석 이 강에는 많은 물고기가 있다.
해설 문맥상 강 위가 아닌 강 안이므로 전치사 in이 사용되어야 한다.

3) 위치, 방향 전치사

(1) 가까이, 근처에

가까이	by, beside, next to
근처에	near, close to, adjacent to

I sat down <u>next to</u> my wife. 나는 아내 옆에 앉았다.

1. The computer is [beside/besides] the table.

1. beside
해석 컴퓨터는 테이블 옆에 있다.
해설 '~ 옆에'라는 의미로는 beside가 사용된다. besides는 '~ 이외도'라는 의미의 전치사이다.

(2) between, among
'사이에'라는 표현으로 between과 among이 있다.

between	주로 둘 사이에서(비교급과 어울림) between two companies
among	셋 이상 사이에서(최상급과 어울림) among Asian cities

He put cheese <u>between</u> two slices of bread. 그는 치즈를 빵 두 조각 사이에 넣었다.
He was standing <u>among</u> a crowd of children. 그는 어린이들 사이에 서 있었다.

1. She is the best (between/among) the applicants.

2. Although there are some similarities in the platforms of both candidates, the differences [between/among] them are still wide.

1. among
해석 그녀는 지원자들 사이에서 최고이다.
해설 지원자들은 문맥상 셋 이상이므로 among을 사용한다.

2. between
해석 두 후보자들의 공약에는 비슷한 점이 다소 있지만, 차이가 크다.
해설 앞에 both라는 표현이 사용되었으므로 between을 사용해야 한다.

(3) from, to

방향을 나타내는 전치사로 대표적인 것이 from과 to가 있다.

from	~로부터, ~에서	a memo from the boss	
to	~에게, ~로	the way to the station	get it to the director

The copy of the receipt can be obtained from the office. 그 영수증 사본은 그 사무실에서 얻을 수 있다.
I will send the document to your office. 서류를 당신의 사무실로 보내 드릴게요.

괄호 안에 알맞은 것을 고르시오.

1. Mark traveled [from/to] New York [from/to] Chicago last year.

1. from, to
해석 Mark는 작년에 뉴욕에서부터 시카고까지 여행했다.
해설 '~부터'는 from이고 '~까지'는 to를 사용한다.

4) 기타의 전치사

(1) because of: 이유(~때문에)

He was late because of the heavy traffic. 그는 교통 체증 때문에 늦었다.

(2) despite: 양보(~에도 불구하고)

He was punctual despite the heavy traffic. 그는 교통 체증에도 불구하고 시간을 지켰다.

(3) for: '~을 위해, ~에 비해'

She made a reservation for the dinner meeting. 그녀는 저녁 회의를 위해 예약을 했다.

The weather is cold for March. 날씨는 3월임에 비해 춥다.

(4) by: 수단, 동작의 주체

by bus, by the company

You may pay by check or credit card. 당신은 수표나 신용카드로 지불할 수 있습니다.

(5) be made of, be made from

be made of	물리적 변화(재료의 본래 형태가 눈으로 보임)
be made from	화학적 변화(재료의 본래 형태가 눈으로 보이지 않음)

This box is made of paper. 이 박스는 종이로 만들어졌다.

Cheese is made from milk. 치즈는 우유로 만들어진다.

괄호 안에 알맞은 것을 고르시오.

1. It is a good product made [of/from] glass.

2. Wine is made [of/from] grapes.

정답 및 해설

1. of

해석 이것은 유리로 만들어진 좋은 제품이다.

해설 유리로 만들어지는 것은 원래 재료를 눈으로 확인할 수 있는 것이므로 of와 사용된다.

2. from

해석 와인은 포도로 만들어진다.

해설 포도에서 와인으로 만들어지는 것은 화학적 변화이므로 from을 사용한다.

괄호 안에 알맞은 것을 고르시오.

1. His father is suffering [from/of] heart disease.

2. This dress is made [of/from] silk.

3. Jack usually goes to work [by/with] car.

4. I always stay here when I am in Seattle [about/on] business.

1. from
해석 그의 아버지는 심장병으로 고생하고 있다.
해설 '~로부터'라는 의미로 from이 사용된다.

2. of
해석 드레스는 실크로 만들어진다.
해설 드레스에서 실크의 원래 형태를 눈으로 확인할 수 있으므로 of와 어울린다.

3. by
해석 Jack은 차로 출근한다.
해설 'by+수단' '~로'라는 의미이다.

4. on
해석 내가 출장으로 시애틀에 있을 때 항상 여기에서 머문다.
해설 on business '사업차'라는 숙어 표현이다.

1. 어법상 알맞은 것을 고르시오.

1. The supply department will be able to order the cabinet [by/until] the next month.

2. Internet access will be freely available [during/while] the seminar in several dedicated computer stations.

3. Mr. Kim was born in Seoul [at/on/by] August 21, 1960 [on/at/in] 3:40 in the morning.

4. Both adolescent and adults should be cognizant [to/of] the risks of secondhand smoking.

5. [Beside/Besides] the conclusion, the report on the campaign is completed.

2. 틀린 부분을 바르게 고치시오.

6. To have any broken parts replaced without charge, the registration form should be mailed to the company by one month of product purchase.

7. Interest rates are falling although a governmental push to raise all mortgage rates for middle class homeowners.

8. The paper accused him with use the company's money for his own purposes.

9. The workshop teaches managers and employees how to dispute someone else's ideas except being disagreeable.

10. Complimentary beverages will be provided in the lobby for the conference next week.

1. 우리말을 영어로 잘못 옮긴 것을 고르시오.

① 제가 당신께 말씀드렸던 새로운 선생님은 원래 페루 출신입니다.

→ The new teacher I told you about is originally from Peru.

② 나는 긴급한 일로 자정이 5분이나 지난 후 그에게 전화했다.

→ I called him five minutes shy of midnight on an urgent matter.

③ 상어로 보이는 것이 산호 뒤에 숨어 있었다.

→ What appeared to be a shark was lurking behind the coral reef.

④ 그녀는 일요일에 16세의 친구와 함께 산 정상에 올랐다.

→ She reached the mountain summit with her 16-year-old friend on Sunday.

2. 밑줄 친 부분 중 어법상 가장 옳지 않은 것은?

Inventor Elias Howe attributed the discovery of the sewing machine ① <u>for</u> a dream ② <u>in which</u> he was captured by cannibals. He noticed as they danced around him ③ <u>that</u> there were holes at the tips of spears, and he realized this was the design feature he needed ④ <u>to solve</u> his problem.

3. 다음 중 문법적으로 올바른 문장은?

① Both adolescents and adults should be cognizant to the risks of second-hand smoking.

② His address at the luncheon meeting was such great that the entire audience appeared to support him.

③ Appropriate experience and academic background are required of qualified applicants for the position.

④ The major threat to plants, animals, and people is the extremely toxic chemicals

4. 다음 글의 밑줄 친 부분 중, 어법상 틀린 것은?

From an organizational viewpoint, one of the most fascinating examples of how any organization may contain many different types of culture ① is to recognize the functional operations of different departments within the organization. The varying departments and divisions within an organization will inevitably view any given situation from their own biased and prejudiced perspective. A department and its members will acquire "tunnel vision" which disallows them to see things as others see ② them. The very structure of organizations can create conflict. The choice of ③ whether the structure is "mechanistic" or "organic" can have a profound influence on conflict management. A mechanistic structure has a vertical hierarchy with many rules, many procedures, and many levels of management ④ involved in decision making. Organic structures are more horizontal in nature, ⑤ which decision making is less centralized and spread across the plane of the organization.

* hierarchy : 위계

5. 다음 글의 밑줄 친 부분 중, 문맥상 낱말의 쓰임이 적절하지 않을 것은?

An excellent alternative to calming traffic is removing it. Some cities ① reserve an extensive network of lanes and streets for bikes, pedestrians, and the occasional service vehicle. This motivates people to travel by bike rather than by car, making streets safer for everyone. As bicycles become more ② popular in a city, planners can convert more automobile lanes and entire streets to accommodate more of them. Nevertheless, even the most bikeable cities still ③ require motor vehicle lanes for taxis, emergency vehicles, and delivery trucks. Delivery vehicles are frequently a target of animus, but they are actually an essential component to making cities greener. A tightly packed delivery truck is a far more ④ inefficient transporter of goods than several hybrids carrying a few shopping bags each. Distributing food and other goods to neighborhood vendors ⑤ allows them to operate smaller stores close to homes so that residents can walk, rather than drive, to get their groceries.

* animus : 반감, 미움

1. 어법상 알맞은 것을 고르시오.

1. by

[해석]

공급 부서는 캐비닛을 늦어도 다음 달까지는 주문할 것이다.

[해설]

order는 완료의 의미를 가지므로 by와 어울린다.

2. during

[해석]

인터넷의 접속은 세미나 동안에 여러 컴퓨터 전용 작업장에서 자유롭게 이용 가능할 것이다.

[해석]

the seminar가 명사구이므로 전치사가 필요하다. while은 접속사이다.

3. on, at

[해석]

Kim은 1960년 8월 21일 오전 3시 40분에 태어났다.

[해설]

날짜를 나타내는 전치사는 on이다. 그리고 몇 시, 몇 분, 몇 초를 나타낼 때에는 at을 사용한다.

4. of

[해석]

청소년과 어른 들 모두 간접 흡연의 위험을 알고 있어야 한다.

[해설]

be cognizant of '~을 알고 있는'은 숙어 표현이다. 같이 암기해야 한다.

5. Besides

[해석]

결론을 제외하고, 그 캠페인 보고서는 완료되었다.

[해설]

beside는 '~ 옆에'라는 의미이고, besides는 '~을 제외한, ~ 이외에도'라는 의미를 가진다.

2. 틀린 부분을 바르게 고치시오.

6. by → within

[해석]

고장 난 부품을 요금 청구 없이 교체하기 위해서, 등록 양식이 구매 날짜로부터 한 달 이내에 회사에 메일로 보내져야 한다.

[해설]

굉장히 까다로운 문제이다. one month는 시점이 아닌 기간을 나타내는 표현이므로 by와는 어울릴 수 없다. within으로 바꾸어야 한다.

7. although → despite

[해석]

중산층 집주인을 위해 담보대출이자율을 끌어올리려는 정부의 노력에도 불구하고 이자율은 하락하고 있다.

[해설]

a government push가 명사이므로 앞에는 접속사 although가 아닌 전치사 despite가 사용되어야 한다.

8. use → using

[해석]

그 신문은 그가 자신의 용도로 회사의 돈을 사용한다고 비난했다.

전치사 뒤에는 목적어로 명사나 동명사가 나오는데, use
뒤에 the company's money라는 명사가 다시 수반되고
있으므로 동명사를 사용해야 한다.

charge A with B B로 A를 비난하다.

9. except → without

해석

그 워크샵은 관리자들과 직원들에게 지나치게 공격적이
게 되지 않고 다른 사람의 생각을 반박하는 방법을 가리
킨다.

해설

except는 '~을 제외한'의 의미이므로 적절하지 않다.
without+~ing는 '~하지 않고'라는 의미를 가진다.

10. for → during

해석

무료 음료가 다음 주에 회의하는 동안 로비에서 제공될
것이다.

해설

for 뒤에는 숫자와 같은 불특정 기간이 나온다. the+기간
명사(특정 기간)를 나타낼 때에는 during을 사용한다.

1. 정답 ②

② shy of는 '모자라는, 부족한'의 뜻으로 전치사 before 또는 ago처럼 쓰인다. 우리말에서 '5분이 지난 후'의 표현이 있으므로 five minutes past midnight으로 고쳐야 한다.

① The new teacher를 선행사로 하여 전치사 about의 목적어 역할을 하는 목적격관계대명사가 생략된 경우이다.

③ what은 선행사를 포함한 관계대명사로 appeared의 주어 역할을 올바르게 하고 있다. what이 이끄는 절의 동사 appear는 자동사로 수동태가 아닌 능동태가 올바르게 쓰였으며, 주절의 동사 lurk는 '숨어 있다'의 뜻을 가진 자동사로 전치사구와 함께 사용되었다.

④ reach는 자동사로 혼동하기 쉬운 타동사로 전치사구가 아닌 목적어 the mountain summit를 올바르게 사용했다. '숫자+단위'의 명사가 뒤의 명사를 수식하는 형용사의 기능을 할 때는 단수로 표현하므로 16-year-old가 올바르게 쓰였다.

2. 정답 ②

【해석】

발명가 엘리아스 하우는 그가 식인종에게 붙잡힌 꿈 때문에 재봉틀을 발견한 것이라고 말했다. 그는 식인종들이 그를 둘러싸고 춤을 출 때 창 끝에 구멍이 있다는 것을 알아차렸고, 이것이 그가 문제를 해결하기 위해 필요했던 디자인적 특징이라는 것을 깨달았다.

【해설】

① 타동사 attribute는 원인과 결과를 이어 줄 때 전치사 to와 함께 쓴다. 재봉틀을 발견한 것을 꿈의 결과로 돌렸다는 의미이므로 for는 to로 고쳐야 한다.

② 관계절의 형태가 주어와 동사로 완전하므로 '전치사+관계대명사'의 형태가 올바르다.

③ 명사절을 이끄는 접속사 that으로 noticed의 목적어 역할을 한다. 'as they danced around him'은 부사절로 noticed와 that 사이에 삽입되었다.

④ need는 to부정사를 목적어로 취하는 동사이다.

3. 정답 ③

【해석】

① 청소년들과 어른들 모두 간접흡연의 위험성에 대해 알고 있어야 한다.

② 그의 오찬미팅에서의 연설이 너무 훌륭해서 모든 관중들은 그에게 지지를 표명했다.

③ 적절한 경험과 학문적 배경은 그 직위에 자격 있는 지원자들에게 요구된다.

④ 동식물들, 그리고 사람들에게 가장 주된 위협은 독극물이 공기와 물에 방출되는 것이다.

【해설】

③ require를 사용할 경우 '~에게 요구하다'일 때 사람 명사 앞에 전치사 of를 쓰는 것에 주의해야 한다.

① '~을 알고 있다'는 표현은 전치사 to를 of로 수정해서 be cognizant of로 표현해야 한다.

② 'such ~ that'과 'so ~ that' 둘 다 '너무 ~해서 ~하다'라고 해석하지만 such는 뒤에 명사가 필요하고 so 뒤에는 부사나 형용사가 위치한다. 따라서 great를 수식하기 위해서는 'so ~ that'이 적절한 표현이다.

④ releasing 뒤에는 목적어가 필요하며, 내용상으로도 '방출되는'의 수동의 의미를 가진다. 따라서 released로 수정해야 한다.

4. 정답 ⑤

【해석】

조직의 관점에서, 어떤 조직이 어떻게 많은 다른 문화 유형들을 포함할 수 있는지에 관한 가장 매력적인 예시 중 하나는 조직 내 다른 부서들의 기능적인 운영을 인식하는 것이다. 조직 내의 다양한 부서와 과는 필연적으로 어떤 주어진 상황에서도 그들 자신만의 편향적이고 편파적인 관점에서 볼 것이다. 한 부서와 그 구성원들은 그들을 다른 이들이 그것들을 보는 대로 볼 수 없게 하는 '터널 시야 현상'을 갖게 될 것이다. 조직의 구조 자체가 갈등을 만들어 낼 수 있다. 구조가 '기계적'인지 아니면 '유기적'인지의 선택은 갈등 관리에 엄청난 영향을 미칠 수 있다. 기계적 구조는 많은 규칙. 많은 절차 그리고 의사결정에 포함된 많은 수준의 관리를 가진 수직적인 위계를 갖는다. 유기적 구조는 본래 더 수평적이고, 여기서는 의사결정이 덜 중앙 집중화되고, 조직 전반에 걸쳐 펼쳐진다.

① 문장 전체의 주어는 단수대명사 one이고, of the most fascinating examples of how any organization may contain many different types of culture는 one을 수식하는 전치사구이므로, 문장 전체의 동사로 3인칭 단수동사 is가 쓰인 것은 적절하다. how any organization may contain many different types of culture'는 전치사 of의 목적어 역할을 하는 간접의문문이다.

② 앞에 나온 복수명사 things를 받는 복수 대명사 them은 적절하게 쓰였다.

③ 'A이든 B이든'이라는 의미의 'whether A or B' 구문으로, 명사절 whether the structure is "mechanistic" or "organic"은 전치사 of의 목적어로 적절하게 쓰였다.

④ '많은 의사결정에 포함된 많은 수준의 관리'라는 의미가 되어야 하므로, many levels of management를 수식하는 과거분사 involved는 적절하게 쓰였다.

⑤ which 뒤에 완전한 절이 왔으므로, 관계대명사 which를 Organic structures를 선행사로 하는 관계부사 where로 고쳐야 한다.

viewpoint 관점 fascinating 매력적인 functional 기능적인 operation 운영 department 부서 division 부, 국 inevitably 필연적으로 biased 편향적인 prejudiced 편파적인, 편향된 structure 구조 mechanistic 기계적인 organic 유기적인 profound 깊은, 엄청난 influence 영향 management 관리 vertical 수직의 procedure 절차 in nature 본래 centralized 중앙 집중화된

5. 정답 ④

교통을 진정시키는 훌륭한 대안은 그것을 제거하는 것이다. 몇몇 도시는 자전거, 보행자, 그리고 수시 서비스 차량을 위한 광범위한 망의 도로와 거리를 ① 마련해 둔다.

이것은 사람들이 자동차보다 자전거로 이동하도록 동기를 부여하여 거리를 모두에게 더 안전하게 만든다. 자전거가 도시에서 더 ② 대중화되면, 계획자들은 더 많은 자동차 도로와 전체 거리를 더 많은 자전거를 수용할 수 있도록 전환할 수 있다. 그럼에도 불구하고. 가장 자전거 타기 좋은 도시들조차도 여전히 택시, 긴급 차량, 그리고 배달 트럭을 위한 자동차 도로가 ③ 필요하다. 배달 차량은 자주 반감의 대 상이지만, 그것들은 실제로 도시를 더 친환경적으로 만드는 필수 구성요소이다. 짐이 빽빽하게 들어찬 배달 트럭은 각각 몇 개의 쇼핑백을 실은 여러 하이브리드 차량보다 훨씬 더 ④ 비효율적인(→ 효율적인) 상품 운송 수단이다. 음식과 다른 상품을 동네 상인들에게 배포하는 것은 그들이 집에 가까운 더 작은 상점을 ⑤ 허락할 수 있게 해서 그 결과 주민들은 식료품을 사기 위해 운전하기보다는 걸어갈 수 있다.

배달 차량은 종종 반감의 대상이 되기는 하지만 실제로는 도시를 더 친환경적으로 만드는 필수 구성 요소라는 내용으로 보아, 짐을 빽빽하게 실은 배달 트럭이 각각 몇 개의 쇼핑백을 실은 여러 하이브리드 차량보다 훨씬 더 효율적인 상품 운송 수단이라는 문맥이 되어야 자연스러우므로, ④ 'inefficient(비효율적인)'를 'efficient(효율적인)'로 고쳐야 한다.

alternative 대안 remove 제거하다 reserve 마련해 두다, 확보해 두다 extensive 광범위한 lane 도로, 길 pedestrian 보행자 vehicle 탈것, 차량 motivate 동기를 부여하다 convert 전환하다 accommodate 수용하다 emergency 긴급 essential 필수적인 component 구성 요소 inefficient 비효율적인 transporter 대형 트럭, 운송자 hybrid 하이브리드 차량 distribute 배포하다 vendor 파는 사람, 판매 회사

17. 등위접속사와 상관접속사

1. 접속사의 종류

접속사는 주어+동사의 문장을 연결해 주는 품사인데, 크게 등위접속사와 종속접속사가 있다.
등위 접속사는 문법적으로 대등한 단어, 구, 절을 연결해 주고, 종속절은 부수적인 역할을 하는 종속절을 이끌어
주절을 보완하는 역할을 한다.

1) 등위 접속사

Steve gets up at 7 and his wife gets up at 6. Steve는 7시에 일어나지만, 그의 아내는 6시에 일어난다.

2) 종속절 접속사

(1) 명사절 접속사

Steve knew **that** he made a big mistake. Steve는 그가 큰 실수를 했다는 것을 알았다.

(2) 부사절 접속사

Steve was absent from the meeting **because** he was sick. Steve는 아파서 회의에 빠졌다.

(3) 형용사절 접속사

Steve likes the girl **who** lives next door. Steve는 옆집에 사는 소녀를 좋아한다.

2. 등위접속사

문법적으로 대등한 구조를 연결해 주는 접속사이다. 등위접속사 앞, 뒤에 오는 것은 같은 품사나 구조로 된 것이어
야 한다. 이것을 병치라고 한다.

1) 종류

단어와 단어, 구와 구, 절과 절을 대등하게 연결해 준다.

and 그리고	or 또는	but(yet) 그러나	so 따라서	for 왜냐하면

Everyone was singing **and** dancing. 모든 사람들이 노래하고 춤췄다.
My car isn't the blue one, **but** the red one. 나의 차는 파란색이 아닌 빨간색이다.

I had nothing to eat **or** (to) drink all day. 나는 하루 종일 먹거나 마실 것이 아무것도 없었다.

All guests must present an ID **and** (they must) surrender any electronic devices.
모든 손님들은 신분증을 제시하고 전자장비를 넘겨줘야 한다.

I lost my watch, **so** I bought a new one. 나는 시계를 분실했다, 그래서 새것을 구입했다.

2) 명령문+등위접속사

명령문 뒤에 and나 or가 오면 다음과 같은 의미가 된다.

명령문+and+S V	~해라, 그러면 ~할 것이다
명령문+or+S V	~해라, 그러지 않으면 ~할 것이다

Study hard, **and** you will pass the exam. 열심히 공부해라, 그러면 너는 시험에 합격할 것이다.
Hurry up, **or** you will be late. 서둘러라, 그렇지 않으면 늦을 것이다.

괄호 안에 알맞은 것을 고르시오.

1. Eat more eggs, [and/or] you'll lose weight.

2. Prepare well in advance, [and/or] you'll miss the commuter train.

정답 및 해설

1. or
해석 계란을 많이 먹어라, 그렇지 않으면 살이 빠질 것이다.
해설 문맥상 '그렇지 않으면'이므로 or가 적절하다.

2. or
해석 훨씬 일찍 준비해라, 그렇지 않으면 너는 통근 기차를 놓칠 것이다.
해설 문맥상 '그렇지 않으면'이므로 or가 적절하다.

3) 병렬 구조

등위접속사가 사용되는 경우, 연결되는 두 요소는 반드시 문법적으로 같은 요소여야 한다.
① The newly designed glasses are light and stylish. 그 새롭게 디자인된 안경은 가볍고 세련되었다.
② The boy never paid attention in class, but always scored highly on exam.
그 소년은 수업 중에 집중하지 않았다, 그러나 항상 시험에서 좋은 점수를 받았다.
③ 세 개 이상 나열되면: A, B, C, and D 구조이다.
The candidate is young, enthusiastic, and talented. 그 후보는 젊고, 열정적이고, 재능이 있다.

The doctor specializes in problems with the <u>ears</u>, <u>nose</u> and <u>throat</u>. 그 의사는 눈과 코와 목의 문제를 전문으로 한다.

1. Joe [and/but] Karl are twin brothers.

2. I ran, [but/so] I missed the subway.

3. I found a piece of cheese cake, milk, [so/and] orange juice in the refrigerator.

1. and
해석 Joe와 Karl은 쌍둥이 이다.
해설 '~와'라는 의미로 and가 정답이다.

2. but
해석 나는 달렸다, 그러나 지하철을 놓쳤다.
해설 문맥상 '그러나'의 의미이므로 but이 정답이다.

3. and
해석 나는 한 조각의 치즈 케익과 우유 그리고 오렌지 주스를 냉장고에서 발견했다.
해설 so 뒤에는 명사가 올 수 없고 반드시 문장이 수반되어야 한다.

3. 상관접속사

등위접속사와 함께 짝을 이루어 하나의 덩어리로 사용되는 표현이다.

1) 종류

짝을 이루어 대등하게 좌우를 연결해 주는 접속사이다.

both A and B (A와 B 둘 다)	either A or B (A 또는 B)
neither A nor B (A도 B도 아닌)	not A but B (A가 아니라 B인)
not only A but also B (A뿐만 아니라 B도)	B as well as A (A뿐만 아니라 B도)

His presentation was both interesting and informative. 그의 발표는 흥미롭고 유익했다.

Your presentation should either interesting or informative. 당신의 발표는 흥미롭거나 유익해야 한다.

His presentation was neither interesting nor informative. 그의 발표는 흥미롭지도 않았고 유익하지도 않았다.

His presentation was not interesting but informative. 그의 발표는 흥미로운 게 아니라 유익했다.

His presentation was not only interesting but also informative. 그의 발표는 흥미로울 뿐만 아니라 유익했다.

2) 상관접속사의 수 일치

상관접속사가 주어 자리에 사용되고, 뒤에 나오는 동사의 수를 묻는 문제가 자주 나오는데, 주로 B(동사에 가까운 것)에 의해서 수가 결정된다.

either A or **B**	B에 수 일치
neither A nor **B**	B에 수 일치
not A but **B**	B에 수 일치
not only A but also **B**	B에 수 일치
both **A** and **B**	복수동사
B as well as A	B에 수 일치

Either you or **I** am responsible for the matter. 너 아니면 내가 그 일에 책임이 있다.

Neither you nor **I** am responsible for the matter. 너와 나 둘 다 그 일에 책임이 없다.

Not only the professor but also **his students** are interested in the research.
그 교수님뿐만 아니라 그의 학생들도 그 연구에 관심이 있다.

Both **you** and **I** are responsible for the matter.
너와 나 둘 다 그 문제에 책임이 있다.

His students as well as the professor are interested in the research.
그 교수님뿐만 아니라 그의 학생들도 그 연구에 관심이 있다.

다음 문장을 어법에 맞게 고치시오.

1. German shepherd dogs are smart, alert, and loyalty.

2. To control the process and making improvement was my objectives.

정답 및 해설

1. loyalty → loyal
해석 독일의 셰퍼드 개는 똑똑하고, 기민하고, 충성심이 있다.
해설 are라는 불완전자동사의 보어로 형용사들이 병치되고 있으므로 명사인 loyalty를 형용사형으로 바꾸어야 한다.

2. making → make

해석 프로세스를 관리하고 개선하는 것이 나의 목표이다.

해설 To R가 주어로 사용되고 있으므로 and 뒤에도 to R가 사용되어야 한다. 이때 and 뒤에는 앞에서 반복되는 to 는 생략할 수 있다.

1. 다음 중 어법상 올바른 것을 고르시오.

1. The Easter Bunny is associated with the Easter holiday, [that/yet] its origin remains unclear.
2. In expensive furniture can be bought or rented, but you may need a car to carry it home [also/or] pay a small fee for delivery.
3. Mark Fisher [and/or] James Dean is going to represent Future Design ltd at the international trade fair this weekend.
4. Digital maps can be instantly distributed and [share/shared] via the Internet.
5. Neither Mark nor his parents [has/have] ever been to Latin America.

2. 문법적으로 틀린 부분을 옳게 고치시오.

6. All examinees should bring both a driver's license or passport and a pencil to the testing center.
7. The lack of oxygen in the air would make people dizzy and, perhaps, unconsciously.
8. Linguistics shares with other science a concern to be objective, systematic, consistency, and explicit in its account of language.
9. Not newspaper but the Internet are the biggest source of information today.
10. This not only frees up the line so that other family members can make and receive calls, but teaching you teen moderation and discipline.

1. 우리말을 영어로 잘못 옮긴 것은?

① 나의 이모는 파티에서 그녀를 만난 것을 기억하지 못했다.
→ My aunt didn't remember meeting her at the party.

② 나의 첫 책을 쓰는 데 40년이 걸렸다.
→ It took me 40 years to write my first book.

③ 학교에서 집으로 걸어오고 있을 때 강풍에 내 우산이 뒤집혔다.
→ A strong wind blew my umbrella inside out as I was walking home from school.

④ 끝까지 생존하는 생물은 가장 강한 생물도, 가장 지적인 생물도 아니고, 변화에 가장 잘 반응하는 생물이다.
→ It is not the strongest of the species, nor the most intelligent, or the one most responsive to change that survives to the end.

2. 밑줄 친 부분 중 어법상 옳지 않은 것은?

Sometimes a sentence fails to say ① <u>what</u> you mean because its elements don't make proper connections. Then you have to revise by shuffling the components around, ② <u>juxtapose</u> those that should link, and separating those that should not. To get your meaning across, you not only have to choose the right words, but you have to put ③ <u>them</u> in the right order. Words in disarray ④ <u>produce</u> only nonsense.

3. 다음 글에서 밑줄 친 부분 중 어법상 틀린 것은?

The impressionists ① <u>not only</u> made sketches but also ② <u>painted</u> finished works in the open, ③ <u>which</u> transformed their style but ④ <u>preserving</u> the spontaneity of direct observation.

4. 다음 글의 밑줄 친 부분 중, 어법상 틀린 것은?

There is a reason the title "Monday Morning Quarterback" exists. Just read the comments on social media from fans discussing the weekend's games, and you quickly see how many people believe they could play, coach, and manage sport teams more ① <u>successfully</u> than those on the field. This goes for the boardroom as well. Students and professionals with years of training and specialized degrees in sport business may also find themselves ② <u>being given</u> advice on how to do their jobs from friends, family, or even total strangers without any expertise. Executives in sport management ③ <u>have</u> decades of knowledge and experience in their respective fields. However, many of them face criticism from fans and community members telling ④ <u>themselves</u> how to run their business. Very few people tell their doctor how to perform surgery or their accountant how to prepare their taxes, but many people provide feedback on ⑤ <u>how</u> sport organizations should be managed.

* boardroom : 이사회실

5. 다음 글의 밑줄 친 부분 중, 문맥상 낱말의 쓰임이 적절하지 않은 것은?

While moving is difficult for everyone, it is particularly stressful for children. They lose their sense of security and may feel disoriented when their routine is disrupted and all that is ① <u>familiar</u> is taken away. Young children, ages 3~6, are particularly affected by a move. Their understanding at this stage is quite literal, and it is ② <u>easy</u> for them to imagine beforehand a new home and their new room. Young children may have worries such as "Will I still be me in the new place?" and "Will my toys and bed come with us?" It is important to establish a balance between validating children's past experiences and focusing on helping them ③ <u>adjust</u> to the new place. Children need to have opportunities to share their backgrounds in a way that ④ <u>respects</u> their past as an important part of who they are. This contributes to building a sense of community, which is essential for all children, especially those in ⑤ <u>transition</u>.

1. 다음 중 어법상 올바른 것을 고르시오.

1. yet

(해석)

Easter Bunny는 부활절 휴일과 관련이 있다. 그러나 그 기원은 명확하지 않다.

(해설)

앞, 뒤가 역접의 구조를 이루므로 yet을 사용한다. 이때 yet은 but과 같은 의미이다.

2. or

(해석)

저렴한 가구가 구매되거나 임대될 수 있다. 그러나 그것을 집으로 운반하려면 차가 필요하다. 그렇지 않으면 배송을 위한 약간의 수수료를 지불해야 한다.

(해설)

문맥상 '그렇지 않으면'이 적절하므로 or가 정답이다.

3. or

(해석)

Mark Fisher 또는 James Dean은 이번 주말에 열리는 국제 무역 박람회에서 Future Design ltd를 대표할 것이다.

(해설)

동사 is가 단서이다. 동사가 단수이므로 주어 역시 단수가 되어야 한다. 따라서 or가 정답이다.

4. shared

(해석)

디지털 지도는 인터넷을 통해서 즉각적으로 만들어지고 공유될 수 있다.

(해설)

and 뒤에는 앞에 사용된 (can be)가 생략된 것으로 볼 수 있다. 따라서 p.p. 형인 shared가 정답이다.

5. have

(해석)

Mark뿐만 아니라 그의 부모님도 라틴 아메리카에 간 적이 없다.

(해설)

Neither A nor B 구조에서 동사의 수는 B에 맞춘다. his parents가 복수이므로 동사 역시 have가 되어야 한다.

2. 문법적으로 틀린 부분을 옳게 고치시오.

6. both → either

(해석)

모든 시험 응시생들은 운전면허증이나 여권 그리고 연필을 시험장에 가져와야 한다.

(해설)

뒤에 나오는 or와 호응관계에 있는 것은 either이다.

7. unconsciously → unconscious

(해석)

공기 중의 산소의 부족은 사람들을 졸리게 만들고 아마 의식을 몽롱하게 만들 수 있다.

(해설)

make가 불완전타동사이므로 뒤에 목적어가 오고, 목적어 뒤에는 목적격 보어가 와야 한다. 그리고 목적격 보어 자리에는 부사가 아니라 형용사가 사용된다.

8. consistency → consistent

(해석)

언어학은 언어를 설명할 때 객관적이고, 체계적이고, 일관적이고, 명백하기 위한 관심을 다른 학문과 공유한다.

(해설)

be동사의 보어 자리에 병치되고 있으므로 부사가 아닌

형용사형이 사용되어야 한다.

9. are → is

(해석)

신문이 아니라 인터넷이 오늘날 정보의 가장 중요한 원
천이다.

(해설)

both A but B 구문에서 동사의 수를 결정하는 것은 B이
다. 이 문장에서 the Internet이 단수이므로 동사 역시 단
수가 되어야 한다.

10. but teaching → but teaches

(해석)

이렇게 하는 것은 전화를 자유롭게 하여 다른 가족 구성
원들이 전화를 걸거나 받을 수 있도록 할 뿐만 아니라 당
신의 10대 아이에게 절제와 자제를 가르칠 수 있다.

1. 정답 ④

해설

'A가 아니라 B이다'라는 말을 할 때 쓸 수 있는 구문은 바로 'not A but B'이다. ④에서는 '끝까지 생존하는 생물은 가장 강한 생물도, 가장 지적인 생물도 아니고, 변화에 가장 잘 반응하는 생물이다'라고 하고 있으므로 'not A but B' 구문을 사용하는 것이 옳다. 그런데 이 문장에서 but이 아닌 or를 사용했으므로 옳지 않다.

2. 정답 ②

해석

때때로 문장은 당신이 말하려는 것을 제대로 전달하지 못할 때가 있다. 왜냐하면 문장의 요소들이 적절하게 연결되지 못하기 때문이다. 그러면 당신은 그 구성요소들을 이리저리 섞고, 이어야 할 것들은 병치시키고 그렇지 않은 것들은 분리시킴으로써 수정해야 한다. 뜻을 잘 전달하기 위해서, 적절한 단어들을 선택해야 할 뿐만 아니라 그것들을 올바른 순서로 배치해야 한다. 어지럽게 뒤섞인 단어들은 아무런 의미도 만들어 내지 못할 뿐이다.

해설

전치사 by의 목적어로 동명사(shuffling)가 병치된 구문이다. 즉, by shuffling ~ juxtaposing ~ and separating ~ 'A, B and C'의 병렬 구조로 'juxtaposing'이 들어가야 한다.

어휘

fail to ~하지 못하다 revise 수정하다. 고치다 shuffle 이리저리 바꾸다 juxtapose 병치하다

3. 정답 ④

해석

인상파 화가들은 스케치를 했을 뿐만 아니라 야외에서 완성된 작품을 마무리했는데, 그것은 그들의 양식을 변화시켰지만, 직접적인 관찰의 자연스러움을 유지했다.

해설

④ 주격관계대명사 which이 동사가 transformed와 and 뒤에 preserving이다. 등위 접속사 앞, 뒤로는 동일한 구조가 병치되어야 하므로 preserving을 과거동사형인 preserved로 바꾸어야 한다.

① 'not only ~ but also'의 구조이다.

② 'not only A but also B' 구조에서 A와 B은 같은 구조로 병치되어야 한다. 앞에 과거동사가 사용되었고 but also 뒤에도 painted라는 과거동사가 병치되고 있으므로 맞는 구조이다.

③ 관계대명사의 계속적 용법에서는 which가 왔으면, 이때 선행사는 앞 문장 전체이다.

4. 정답 ④

해석

'Monday Morning Quarterback'이라는 이름이 존재하는 이유가 있다. 주말 경기에 대해 토론하는 팬들의 소셜 미디어의 댓글만 읽어 봐라. 그러면 여러분은 자신이 경기장에 있는 사람들보다 더 성공적으로 경기를 하고, 감독하고, 스포츠팀을 관리할 수 있다고 얼마나 많은 사람들이 믿는지 금방 알 수 있다. 이것은 이사회실에서도 마찬가지이다. 스포츠 사업에서 수년간의 훈련을 받고 전문 학위를 가진 학생들과 전문가들 또한 친구들, 가족, 혹은 전문 지식이 전혀 없는 심지어 완전히 낯선 사람들로부터 어떻게 자신의 일을 해야 하는지에 대한 충고를 듣고 있는 자신을 발견할 수도 있다. 스포츠 경영 임원진들은 자신의 각 분야에서 수십 년의 지식과 경험을 가지고 있다. 하지만, 그들 중 많은 사람이 그들에게 그들의 사업 운영 방식을 알려 주는 팬들과 지역 사회 구성원들로부터의 비난에 직면한다. 자신의 의사에게 수술하는 방법을 알려 주거나 자신의 회계사에게 자신의 세금을 준비하는 방법을 알려 주는 사람은 거의 없지만, 많은 사람이 스포츠 조직이 어떻게 관리되어야 하는지에 대한 피드백은 제공한다.

아이들에게 가장 중요하다.

해설

① 동사 could play, coach, and manage를 수식하는 부사 successfully는 적절하게 쓰였다.

② 'find+목적어+목적격 보어' 5형식 구문으로, 충고를 듣고 있는 자신을 발견한다는 내용이므로 현재 분사의 수동인 being given이 목적격 보어로 적절 하게 쓰였다.

③ 문장의 주어는 Executives이므로 have는 적절하게 쓰였다.

④ 문장의 주어와 목적어가 같은 경우 목적어 자리에 재귀대명사를 쓰는데, 본문은 의미상 fans and community members들이 many of them — (Executives in sport management)에게 사업 운영 방식을 알려 주는 것으로 주어와 목적어가 서로 다른 대상이므로 재귀대명사가 아닌 them으로 써야 한다.

⑤ 전치사 on의 목적어로 how가 이끄는 의문사절은 적절하게 쓰였다.

어휘

specialized 전문화된 expertise 전문지식 executive 임원, 경영진 respective 각각의 criticism 비난, 비판 surgery 수술 accountant 회계사

5. 정답 ②

해석

이사는 모두에게 힘들지만, 아이들에게 특히 스트레스를 준다. 그들은 안전감을 잃고 그들의 일상이 무너지고 익숙한 모든 것이 사라질 때 혼란스러움을 느낄지도 모른다. 3세에서 6세 사이의 어린아이들은 이사에 특히 영향을 받는다. 이 시기에 그들의 이해력은 매우 융통성이 없어서, 그 둘이 새로운 집과 자신의 새로운 방을 미리 상상하는 것은 쉽다(→ 어렵다). 어린아이들은, "내가 새로운 곳에서 여전히 나일까?"와 "내 장난감과 침대가 우리와 함께 갈까?"와 같은 걱정을 할지도 모른다. 아이들의 과거 경험을 인정하는 것과 그들이 새로운 곳에 적응하도록 돕는 데 집중하는 것 사이에 균형을 잡는 것이 중요하다. 아이들은 자신이 누구인지에 대한 중요한 부분으로서 자신의 과거를 존중하는 방식으로 자신의 배경을 공유할 기회를 가져야 한다. 이것은 공동체 의식을 형성하는 데 기여하고, 이는 모든 아이들, 특히 변화를 겪는 아이들에게 가장 중요하다.

해설

아이들의 이해력은 매우 융통성이 없어서 새로운 변화를 미리 상상하는 것은 어렵다는 문맥이 되어야 자연스러우므로, ② 'easy(쉬운)'를 'difficult(어려운)'로 바꿔야 한다.

어휘

security 안전감 disoriented 혼란에 빠진 disrupt 방해하다 literal 융통성 없는 beforehand 미리 establish 확립하다, 설립하다 validate 인정하다 adjust 적응하다 opportunity 기회 background 배경 essential 가장 중요한 transition 변화

18. 부사절 접속사

부사절은 마치 부사와 같이 문장을 꾸며 주는 역할을 하는 절을 말한다.
부사절은 '부사절 접속사+주어+동사'의 구조로 문장에서 부사 역할을 하며, 시간, 조건, 양보, 이유, 결과, 목적 등을 나타낸다.

1. 시간 부사절 접속사

when ~할 때	while ~하는 동안에
before ~하기 전에	after ~한 후에
until ~할 때까지(계속성)	by the time ~할 때까지(1회성)
as soon as ~하자마자(the moment (that))	whenever ~할 때마다
the first time (that) 처음에	the next time (that) 다음에

You need to check the price **before** you place an order. 당신은 주문하기 전에 가격을 확인할 필요가 있다.
When he returns, he will give a presentation. 그가 돌아오면, 발표를 할 것이다.

2. 조건 부사절 접속사

if 만일 ~라면	unless 만일 ~아니라면
providing/provided (that) ~한다면	supposing/suppose (that) 만약 ~라면
as long as ~하는 한	in case (that) ~인 경우에
given (that) ~라고 가정하면	on the condition that ~한다는 조건으로

Unless the budget increases, the problem will continue. 예산이 증가하지 않으면, 문제는 계속될 것이다.
If the plan is approved, the project will begin. 만약 그 계획이 승인되면, 그 프로젝트는 시작할 것이다.

> **시간과 조건의 부사절에서는 미래시제 대신에 현재시제를 사용한다.**

because ~이기 때문에 now that ~이기 때문에 seeing that ~을 고려하면	since/as ~이기 때문에 in that ~라는 점에서

I couldn't go to the party **because** I had to finish the assignment. 나는 과제를 끝내야 하기 때문에, 그 파티에 갈 수 없었다.

Since the deadline in fixed, we have to work extra hours. 마감일이 정해졌기 때문에, 우리는 초과근무를 해야 한다.

4. 양보 부사절 접속사

although/though 비록 ~이지만 while/whereas ~인 반면에	even though/even if 비록 ~이지만 granted/granting (that) 비록 ~일지라도

Although the materials are expensive, they are popular. 그 재료는 비싸지만, 인기가 있다.

Though the store is small, it is the only option. 그 가게는 작지만, 유일한 선택안이다.

형용사/부사/명사+as/though+S+V

명사가 문두에 오는 경우 반드시 무관사 명사를 사용해야 한다.

Although he was a child, he was not afraid of the failure. 그는 어리지만, 실패를 두려워하지 않는다.

Child **as** he was, he was not afraid of the failure.

비록 그는 어리지만, 실패를 두려워하지 않았다.

However+형용사/부사+S+V '아무리 ~하더라도'

However+**형용사**+S+be
However+**부사**+S+V

However careful you may be, you can make a mistake. 네가 아무리 하더라도, 실수할 수는 있다.

However hard you may try, you cannot pass the exam. 네가 아무리 열심히 노력하더라도, 그 시험은 통과할 수 없다.

5. 결과, 목적, 비교의 부사절 접속사

결과	so+형용사/부사+that S V 매우 ~해서 ~하다, so+형용사+a(n)+명사+that S V such+a(n)+형용사+명사+that S V
목적	so that/in order that ~하기 위해서 lest ~ should ~ ~하지 않기 위해서
비교	as/like ~처럼

Set up your computer **so that** all users share the same files. 모든 사용자들이 같은 자료를 공유할 수 있도록 컴퓨터를 설치하세요.

The book was **so** interesting **that** I read it in half an hour. 그 책은 너무 재미있어서 30분 만에 읽었다.

1. I felt [so/such] nervous that I couldn't concentrate on my work.

2. Mike is [so/such] an honest man that everyone in the office likes him.

1. so
해석 나는 너무 초조해서 일에 집중할 수가 없었다.
해설 so ~ that 구문이다.

2. such
해석 Mike는 정직해서 사무실의 모든 사람들이 그를 좋아한다.
해설 so ~ that 구문에서 중간에 명사가 오는 경우에는 so 대신에 such를 사용한다.

unless와 lest는 부정의 의미가 내포되어 있으므로 not과 함께 쓰일 수 없다(이중 부정 금지).

unless	~하지 않는다면(이중 부정 주의)
lest S (should) R	~하지 않기 위해서

다음 문장을 어법에 맞게 고치시오.

1. He studied hard lest he should not fail in the exam.

1. not 생략

해석 그는 시험에 떨어지지 않기 위해서 열심히 공부했다.

해설 lest S V 구문은 그 자체에 부정의 의미가 내포되어 있으므로 부정어 not과 함께 사용할 수 없다.

so ~ that/too ~ to R/형용사+enough+to R

so ~ that	매우 ~해서 ~하다
too ~ to R	너무 ~해서 ~할 수 없다
형용사/부사 enough to R	~할 만큼 충분히 ~하다

The student was **so** tried **that** he fell asleep in the library. 그 학생은 너무 피곤해서 도서관에서 잠이 들었다.

The math question was **too** difficult **to** solve. 그 수학 문제는 너무 어려워서 풀 수 없었다.

She was old **enough to** enter the school. 그녀는 학교에 들어갈 만큼 충분한 나이가 되었다.

다음 문장을 어법에 맞게 고치시오.

1. The bag was too heavy for me to lift it.

2. The rings of Saturn are so distinct to be seen from Earth without a telescope.

1. it 생략

해석 그 가방은 나에게 너무 무거워서 들 수가 없다.

해설 to R의 목적어에 해당하는 것이 주어 자리에 있으면 to R 뒤의 목적어는 비운다.

2. so → too

해석 토성의 고리는 너무 멀어서 망원경 없이는 지구에서 볼 수 없다.

해설 '너무 ~해서 ~할 수 없다'라는 의미로는 too ~ to R 구문을 사용한다.

6. 접속사와 전치사의 구분

접속사와 전치사는 둘 다 대표적인 연결어인데, 전치사 뒤에는 명사(구)가 오고, 접속사 뒤에는 주어+동사의 문장이 연결된다. 따라서 뒤에 구조가 구인지, 절인지를 파악해서 전치사를 사용할지, 접속사를 사용할지를 결정할 수 있다.

	전치사+명사(구)	접속사+S+V
양보(~에도 불구하고)	despite, in spite of, notwithstanding	although, though, even though, even if
이유(~때문에)	because of	because
기간(~동안)	for+숫자 during+the 기간명사	while

The renovation will be done on time <u>despite</u> the delivery delayed.
지연된 배송에도 불구하고, 그 보수공사는 정각에 끝날 것이다.
<u>Although</u> the director didn't arrive, the meeting started on time.
그 임원은 도착하지 않았음에도 불구하고, 그 회의는 정각에 시작되었다.

괄호 안에 알맞은 것을 고르시오.

1. [As/Because of] the sign was written in French, we couldn't read it.

2. New York's Christmas is featured in many movies [while/during] this time of the year.

3. [Despite/Although] he was sleepy, he kept watching TV.

정답 및 해설

1. As
해석 그 간판은 불어로 쓰였기 때문에, 우리는 읽을 수가 없었다.
해설 빈칸 뒤에 주어+동사의 절이 수반되고 있으므로 접속사를 사용한다.

2. during
해석 New York의 크리스마스는 연중 이 기간 동안에 많은 영화에서 소개된다.
해설 this time of the year가 명사구이므로 전치사가 필요하다.

3. Although
해석 그는 잠이 오지만, TV를 계속 봤다.
해설 빈칸 뒤에 주어+동사의 절이 있으므로 빈칸에는 접속사가 필요하다.

before	after	until
since	as	given

7. 접속부사

접속부사는 앞뒤의 절의 의미를 연결해 주는 것이다. 부사이기 때문에 혼자서는 두 개의 절을 연결할 수 없고 앞에 마침표나 세미콜론이 있어야 한다.

인과	therefore 따라서, accordingly 그에 따라서, afterwards 그 후에, consequently 결과적으로
역접	however 그러나, but, yet, nevertheless, nonetheless 그럼에도 불구하고
부연	moreover, furthermore, besides 게다가

It was too late; **besides** we are exhausted. 너무 늦었다; 게다가 우리는 지쳤다.

Draw up a budget. **Then** put it on my desk. 예산을 작성하라. 그리고 그것을 나의 책상 위에 두어라.

1. 다음 중 어법상 올바른 것을 고르시오.

1. Tom made [so/such] firm a decision that it was no good trying to persuade him.

2. His address was [so/such] great that the entire audience appeared to support him.

3. However [weary/wearily] you may be, you must do the project.

4. The investigation had to be handled with utmost care [less/unless] suspicion be aroused.

5. You cannot vote in this country [once/unless] you are a citizen.

2. 다음 문장을 어법에 맞게 고치시오.

6. Although the difficulties he has faced in managing the company, Mr. Kim was considered the best marketing manager.

7. Please refer to the enclosed manual or call one of our technicians unless you are unable to fine-tune your device.

8. However you may try hard, you cannot carry it out.

9. He was so distracted by a text message to know that he was going over the speed limit.

10. The social club is so exclusive that visitors are not permitted to use its service without accompanied by a member.

1. 어법상 옳은 것은?

① The paper charged her with use the company's money for her own purposes.

② The investigation had to be handled with the utmost care lest suspicion be aroused.

③ Another way to speed up the process would be made the shift to a new system.

④ Burning fossil fuels is one of the lead cause of climate change.

2. 우리말을 영어로 잘못 옮긴 것을 고르시오.

① 당신은 그 영화를 봤어야 했다.

→ You should have watched the movie.

② 당신을 성공으로 이끄는 것은 재능이 아니라 열정이다.

→ It is not talent but passion that leads you to success.

③ 시간을 엄수하는 것은 모든 사람들이 갖추어야 할 미덕이다.

→ Being punctual is the virtue everyone has to have.

④ 사람들은 나이가 들면서 엄해지는 경향이 있다.

→ People tend to be strict as though they got old.

3. 다음 글에서 밑줄 친 부분 중 어법상 틀린 것은?

① Each time you appeared to whisk my children off for an hour ② that I could rest, or to bring dinner with a pitcher of iced tea, ③ all I knew was ④ that something incredibly wonderful had just happened.

4. 다음 글의 밑줄 친 부분 중, 어법상 틀린 것은?

Digital technologies are essentially related to metaphors, but digital metaphors are different from linguistic ① ones in important ways. Linguistic metaphors are passive, in the sense that the audience needs to choose to actively enter the world proposed by metaphor. In the Shakespearean metaphor "time is a beggar," the audience is unlikely to understand the metaphor without cognitive effort and without further ② engaging Shakespeare's prose. Technological metaphors, on the other hand, are active (and often imposing) in the sense that they are realized in digital artifacts that are actively doing things, forcefully ③ changing a user's meaning horizon. Technological creators cannot generally afford to require their potential audience to wonder how the metaphor works; normally the selling point is ④ what the usefulness of the technology is obvious at first glance. Shakespeare, on the other hand, is beloved in part because the meaning of his works is not immediately obvious and ⑤ requires some thought on the part of the audience.

5. 다음 글의 밑줄 친 부분 중, 문맥상 낱말의 쓰임이 적
절하지 용호 것은?

Herbert Simon won his Nobel Prize for recognizing our limitations in information, time, and cognitive capacity. As we lack the resources to compute answers independently, we ① distribute the computation across the population and solve the answer slowly, generation by generation. Then all we have to do is socially learn the right answers. You don't need to understand how your computer or toilet works ; you just need to be able to use the interface and flush. All that needs to be ② transmitted is which button to push — essentially how to interact with technologies rather than how they work. And so instead of holding ③ less information than we have mental capacity for and indeed need to know, we could dedicate our large brains to a small piece of a giant calculation. We understand things well enough to ④ benefit from them, but all the while we are making small calculations that contribute to a larger whole. We are just doing our part in a larger computation for our societies' ⑤ collective brains.

1. 다음 중 어법상 올바른 것을 고르시오.

1. so

해석

Tom은 그렇게 확고한 결정을 해서 그를 설득하는 것은 소용없었다.

해설

so+형용사+a+명사+that의 어순을 기억해야 한다.

2. so

해석

그의 연설은 매우 좋아서 전체 청중들이 그를 지지하는 것처럼 보였다.

해설

so+형용사+that 구문이다.

3. weary

해석

네가 아무리 지쳤다 하더라도, 그 프로젝트는 끝내야 한다.

해설

However 뒤에는 형용사나 부사가 오는데, 뒤의 문장이 be동사로 끝나기 때문에 형용사가 필요하다.

4. less

해석

의심의 여지가 발생하지 않도록, 그 조사는 극도의 주의를 기울여서 처리되어야 했다.

해설

unless는 '만약 ~하지 않으면'이라서 문맥상 적절하지 않다. '~하지 않도록 하기 위해서'를 표현할 때 'lest ~ 주어+동사'를 사용한다.

5. unless

해석

만약 네가 시민권자가 아니라면, 이 나라에서 투표를 할 수 없다.

해설

'만약 ~가 아니라면'의 의미이므로 unless가 정답이다.

2. 다음 문장을 어법에 맞게 고치시오.

6. Although → Despite

해석

그가 회사를 운영하는 데 있어서 직면한 어려움에도 불구하고, Kim은 최고의 마케팅 관리자로 여겨졌다.

해설

the difficulties 뒤에는 which가 생략된 구문이다. (which) he has faced in managing the company가 앞에 있는 명사 the difficulties를 수식하고 있으므로 접속사 Although가 아닌 전치사 Despite가 필요하다.

7. unless → if

해석

만약 장비를 미세 조정할 수 없으면, 동봉된 설명서를 참고하거나 우리 기술자 중 한 명에게 전화 주세요.

해설

unable이 부정의 의미를 가지므로 unless와는 함께 사용될 수 없다.

8. However you may try hard → However hard you may try

해석

아무리 열심히 준비한다고 해도, 너는 그것을 수행할 수 없다.

However가 문두로 가서 양보부사절로 사용되는 경우
'However+형용사/부사+주어+동사'와 같은 어순을 따라
야 한다.

9. so → too

그는 문자 메시지에 너무 정신이 팔려서 제한 속도를 넘
는 것을 알 수 없었다.

'너무 ~해서 ~하지 못하다'라는 의미로 too ~ to R 구문
을 사용해야 한다.

10. without → unless

그 사교클럽은 매우 배타적이어서 방문객들은 멤버가
동반하지 않으면 서비스를 이용하는 것이 허락되지 않
는다.

without은 전치사이므로 뒤에 명사나 동명사가 와야 한
다. (they are) accompanied by a member에서 (they
are)가 생략된 구문이므로 접속사가 필요하다. 분사 앞
에는 전치사가 아닌 접속사가 필요하다는 것을 꼭 기억
하자.

1. 정답 ②

해석

① 신문은 그녀가 회삿돈을 그녀 자신의 목적을 위해 사용했다고 비난했다.

② 수사는 의혹이 발생하지 않기 위해서 극도로 조심스럽게 다뤄져야만 했었다.

③ 과정의 속도를 올리는 또 다른 방법은 새로운 시스템으로 변화하는 것이다.

④ 화석 연료를 태우는 것은 기후 변화의 주된 원인 중 하나이다.

해설

② 부사절 접속사 lest는 'lest (should) 동사원형'의 형태로 '~하지 않도록'이라는 부정의 의미를 가지고 있다. 이때 should는 생략할 수 있으므로 동사원형인 be가 온 것은 올바르다.

①'charge A with B'는 'A를 B라는 이유로 비난하다, 고소하다'의 의미로 전치사 with의 목적어로 동사 use가 아닌 동명사 using이 와야 한다.

③ make는 타동사로 목적어에 해당하는 the shift가 있으므로 능동형을 사용해야 하며, '~하는 것이다'는 의미가 성립하기 위해 be동사의 보어가 될 수 있는 to부정사 또는 동명사가 와야 한다. 따라서 made를 to make 혹은 making으로 고쳐야 한다.

④ 수량을 나타내는 'one of the' 뒤에는 복수형 명사가 온다. 따라서 cause를 causes로 고치며, '가장 중요한'의 의미는 동사 lead가 아닌 형용사 leading으로 써야 한다.

2. 정답 ④

해설

④ as though는 '마치 ~처럼'을 뜻하는 접속사이기 때문에 '~하면서, ~함에 따라'라는 뜻의 접속사로는 as가 적절하다. 또한 현재시제이므로 got이 아닌 get을 사용하여, as they get old가 되어야 한다.

① should have+p.p.가 사용되어 '~했어야 했다'의 의미로 옳은 문장이다.

② it is ~ that 강조구문이 사용되었다. not talent but passion을 강조하고 있다.

③ 동명사인 Being punctual이 주어로 사용되었다.

3. 정답 ②

해석

당신이 내가 쉴 수 있도록 한 시간 동안 나의 자녀들을 데려가기 위해 혹은 한 주전자의 아이스티를 가지고 저녁을 가져오기 위해 나타날 때마다, 내가 알고 있는 전부는 무언가 놀라울 정도로 멋진 일이 막 발생했다는 것이었다.

해설

② that은 명사절이나, 형용사절로 사용되지 단독으로 부사절의 기능을 할 수 없다. 뒤에 could라는 조동사가 나오고 '~하기 위해서'라는 문맥을 가지는 부사절 접속사는 so that이다.

① Each time은 접속사로 사용되어서 whenever와 같은 의미이다.

③ 선행사가 all이고 목적격관계대명사가 생략된 구문이다. all (that) I knew였다고 보면 된다.

④ be동사의 보어 자리에 명사절 접속사 that이 사용되고 있으므로 맞는 표현이다.

4. 정답 ④

해석

디지털 기술은 근본적으로 은유와 관련 있지만, 디지털 은유는 중요한 면에서 언어적 은유와 다르다. 언어적 은유는 독자가 은유에 의해 제시된 세계에 적극적으로 들어가도록 선택할 필요가 있다는 점에서 수동적이다. "시간은 구걸하는 자다"라는 셰익스피어의 은유에서, 독자는 인지적 노력 없이는 그리고 셰익스피어의 산문을 더 끌어들이지 않고는 은유를 이해할 것 같지 않다. 반면에 기술적 은유는 사용자의 의미의 지평을 강력하게 바꾸면서 능동적으로 일을 하는 디지털 인공물에서 그것이 실현된다는 점에서 능동적이다. (그리고 종종 강요적이다.) 기술적인 창작자는 일반적으로 그들의 잠재적인 독자에게 어떻게 은유가 작용하는지 궁금해하도록 요구할 여유가 없고, 일반적으로 장점은 기술의 유용성이 첫눈에 분명하다는 것이다. 반면에 셰익스피어는 부분적으로는 그의 작품의 의미가 즉각적으로 분명하지 않고 독자 측에서 어느 정도의 생각을 요 구하기 때문에 사랑받는다.

① 앞에 나온 명사 metaphors를 가리키므로 부정대명사 ones는 적절하게 쓰였다. 뒤 문장이 완전한 2형식이므로 올바르게 쓰였다.
② 전치사 without의 목적어로 동명사 engaging은 적절하게 쓰였다.
③ changing 이하는 동시 동작을 나타내는 분사구문이다.
④ what 뒤에 완전한 문장이 왔으므로 관계대명사가 아닌 접속사 that으로 고쳐야 한다. that이 이끄는 절은 동사 is의 보어절이다.
⑤ because가 이끄는 절에서 the meaning of his works가 주어이고, 두 개의 동사 is와 requires가 접속사 and로 병렬 연결되었다.

essentially 근본적으로, 본질적으로 related to ~와 관련된 metaphor 은유 linguistic 언어적인, 언어의 passive 수동적인 in the sense that ~라는 점에서 audience 독자, 청중 actively 적극적으로 propose 제시하다, 제안하다 cognitive 인지적인 engage 사로잡다 prose 산문 artifact 인공물 horizon 지평(선) potential 잠재적인 normally 일반적으로, 보통 selling point 장점 usefulness 유용성 obvious 명백한 at first glance 첫눈에

5. 정답 ③

Herbert Simon은 정보, 시간, 그리고 인지적인 능력에서 우리의 한계를 인지한 것으로 노벨상을 받았다. 우리는 독립적으로 해답을 계산하기 위한 자원이 부족하기 때문에 우리는 인구 전체에 걸쳐 (복잡한) 계산을 ① 분배하고 세대에 걸쳐 해답을 천천히 풀어낸다. 그러면 우리가 해야 하는 모든 것은 올바른 해답을 사회적으로 배우는 것이다. 여러분은 여러분의 컴퓨터나 변기가 어떻게 작동하는지 이해할 필요가 없고, 여러분은 단지 인터페이스를 사용할 수 있고 (변기의) 물을 내릴 수 있기만 하면 된다. ② 전달될 필요가 있는 모든 것은 어떤 버튼을 눌러야 하는지, 근본적으로 그것들이 어떻게 작동하는지보다는 기술과 상호 작용하는 방법이다. 그렇다면 우리가 정신적 수용을 할 수 있는 것보다 그리고 정말로 알아야 할 필요가 있는 것보다 ③ 더 적은(→ 더 많은) 정보를 가지는 것 대신에 우리는 우리의 큰 두뇌를 거대한 계산의 작은 조각에 바칠 수 있다. 우리는 그것들로부터 ④ 이득을 얻기 충분할 정도로 사물을 잘 이 해하지만, 그러면서 우리는 더 큰 전체에 기여하는 작은 계산을 하고 있다. 우리는 우리 사회의 ⑤ 집합적인 두뇌를 위한 더 큰 (복잡한) 계산에서 단지 우리의 역할을 하고 있다.

우리는 정보, 시간, 인지적 능력에서 한계가 있기 때문에 복잡한 계산을 인구 전체에 걸쳐 분배하고 해답을 찾는다는 내용이다. 우리가 정신적 수용을 할 수 있는 것보다 더 많은 정보를 가지는 대신 우리는 우리의 큰 두뇌를 거대한 계산의 작은 조각에 바칠 수 있다는 문맥이 되어야 자연스러우므로, ③ 'less(더 적은)'를 'more(더 많은)' 등의 어휘로 고쳐야 한다.

limitation 한계 capacity (수용) 능력 resource 자원 compute 계산하다 independently 독립적으로 distribute 분배하다 computation (복잡한) 계산 population 인구 generation 세대 interface 인터페이스 flush 물을 내리다 transmit 전달하다, 보내다 indeed 정말로, 사실은 dedicate 바치다 benefit 이익을 얻다 calculation 계산 contribute 기여하다 collective 집단적인

19. 명사절 접속사

명사절 접속사는 '접속사+주어+동사' 명사의 기능을 가져서 문장에서 주어, 목적어, 보어 자리에 사용되는 것이다. 즉, '주어+동사'가 포함된 절 자체가 문장의 주어, 타동사의 목적어, 전치사의 목적어, 또는 보어 자리에 사용되는 것을 명사절이라고 한다.

1. '~라는 것' [that/what]

'~라는 것'이란 의미로 사용되는 명사절 접속사는 **that**과 **what**이 있다. 접속사 뒤에 절이 완전한 문장이면 **that**이고, 주어나 목적어가 빠져 있는 불완전한 문장이면 **what**을 사용한다.

1) that(접속사)+완전한 문장

That he was promoted to the position is true. 그가 승진했다는 것은 사실이다.

2) what(관계대명사)+불완전한 문장

What happened at the meeting is a secret. 미팅에서 일어났던 일은 비밀이다.
What I didn't know was **that** she was promoted. 내가 몰랐던 것은 그녀가 승진했다는 것이다.

(1) 주어

That he will succeed is certain. 그가 성공할 것은 확실하다.
What you said is not true. 네가 말한 것은 사실이 아니다.

(2) 목적어

James suggests **that** he will write a new song. James는 그가 새로운 노래를 쓸 거라는 것을 제안했다.
You decide **what** you need to do. 네가 할 필요가 있는 것을 결정해라.

(3) 보어

The truth is **that** the Sun rises from the east. 사실은 해가 동쪽에서 뜬다.

빈칸에 알맞은 것을 고르시오.

1. [What/That] appeared to be shark was lurking behind the coral reef.

2. [That/What] the adult smoking rate is gradually dropping is not good news for big tobacco companies.

1. what
해석 상어로 보이는 것이 산호 뒤에 숨어 있었다.
해설 주어 자리이므로 명사절을 사용한다. 그리고 뒤 문장에는 명사절의 주어가 없이 appeared라는 동사가 바로 나오므로 불완전문장이다. 따라서 what이 정답이다.

2. That
해석 성인의 흡연율이 점진적으로 떨어지고 있는 것은 커다란 담배 회사들에게는 좋은 소식이 아니다.
해설 주절 자리이므로 명사절을 사용한다. 그리고 drop은 자동사이므로, 접속사 뒤의 문장은 완전한 문장이다. 따라서 that이 정답이다.

2. '~인지, 아닌지' [if/whether]

'~인지 아닌지'라는 의미를 가지는 명사절 접속사는 if와 whether이 있다.
Whether he comes or not is very important. 그가 올지 안 올지는 매우 중요하다.

1) if의 특징

명사절 접속사 if는 주어 자리나 전치사 뒤에는 올 수 없다.

① 주어 자리(×)
② 전치사 뒤(×)
③ or not과 함께 사용(×)
→ 타동사의 목적어만 가능
He asked if he could speak to you. 그는 당신에게 이야기할 수 있는지를 물었다.

2) whether의 형태

whether은 다음과 같은 세 가지 형태로 사용이 가능하다.

① whether+주어+동사
② whether (or not) to R
③ whether A or B
I'm not sure **whether** I'm doing this right. 나는 이것을 제대로 하고 있는지 모르겠다.
You have to choose **whether (or not) to buy** it. 너는 그것을 구매할지를 결정해야 한다.

<u>**Whether**</u> he is smart **or** <u>pretentious</u> is debatable. 그가 똑똑한지 그런 척하는지는 논쟁의 여지가 있다.

1. [If/Whether] you pass the exam or not is up to you.

2. It is very difficult to determine [what/whether] he is qualified for the position.

3. Customer have concerns about [if/whether] the hardware store will be closed for renovations.

1. Whether
해석 시험에 통과할지 떨어질지는 너에게 달렸다.
해설 주어 자리에는 if를 사용할 수 없으므로 whether이 정답이다.

2. whether
해석 그가 그 직책에 자격이 될지를 결정하는 것은 매우 어렵다.
해설 진주어 자리에 명사절이 사용되고 있는데, 뒤에 문장이 완전하므로 what을 사용할 수 없다.

3. whether
해석 고객들은 그 철물점이 보수를 위해서 문을 닫을지에 관한 걱정이 있다.
해설 전치사의 목적어 자리에는 if가 사용될 수 없으므로 whether이 정답이다.

3. 의문사

의문사가 이끄는 절을 **간접의문문**이라고 한다. 간접의문문은 어순이 반드시 시험에 나오는데, '의문사+주어+동사'의 어순을 취한다.
의문사는 크게 의문대명사와 의문부사로 나누는데, 뒤에 주어나 목적어가 없는 불완전한 문장이 수반되면 의문대명사를 사용하고, 반면 뒤에 완전한 문장이 수반되면 의문부사를 사용한다.

의문대명사	who 누가 ~하는지　what 무엇이(무엇을) ~하는지 which 어느 것이(을) ~하는지	+S(x)+V+O +S+V+O(x) [불완전문장]
의문 부사	when 언제 ~하는지　where 어디서 ~하는지 how 어떻게 ~하는지 why 왜 ~하는지	+S+V+O [완전문장]

1) 의문대명사

<u>Who will be the boss</u> is uncertain. 누가 사장이 될지는 확실하지 않다.

The problem is <u>who will take care of children</u>. 문제는 누가 애들을 돌볼지이다.

Please tell Mr. White <u>which you prefer</u>. White 씨에게 당신이 어떤 것을 선호하는지를 말하세요.

2) 의문부사

I asked <u>when he is going to New York</u>. 나는 그가 언제 New York에 갈지를 물었다.

No one knew <u>why the CEO suddenly retired</u>. 아무도 왜 그 최고경영자가 은퇴할지를 모른다.

I don't know <u>how to place an advertisement</u>. 나는 어떻게 광고를 내야 할지를 모른다.

빈칸에 알맞은 것을 고르시오.

1. What [you need/need you] can be arranged by the hotel.

2. He talked about [if/why] his family wants to live in the countryside.

3. The police asked me to explain [what/why] I hadn't reported the accident sooner.

정답 및 해설

1. you need
해석 당신이 필요한 것은 호텔에 의해서 준비될 수 있다.
해설 간접의문문의 어순은 '의문사+주어+동사'이다.

2. why
해석 그는 왜 그의 가족이 시골에서 살기를 원하는지에 관해서 이야기했다.
해설 전치사 뒤에는 if를 사용할 수 없다.

3. why
해석 경찰은 왜 내가 그 사고를 더 일찍 보고하지 않았는지를 설명할 것을 요구했다.
해설 명사절로 의문사가 사용되는데, 뒤에는 주어+동사+목적어를 다 갖춘 완전한 문장이므로 의문대명사가 아닌 의문부사 why가 들어가야 한다.

4. 복합관계대명사

관계대명사 뒤에 ~ever가 붙은 복합관계대명사도 명사절 접속사로 사용된다. 복합관계대명사는 그 자체가 명사절의 주어나 목적어 역할을 수행하므로, 뒤에는 주어나 목적어가 빠져 있는 불완전한 문장이 나온다.

whoever 누구든지	+S(x)+V+O
whichever 어느 것이든	+S+V+O(x)
whatever 무엇이든지	**[불완전문장]**

Whoever wants the book may have it. 이 책을 원하는 사람이 누구든지 가질 수 있다.
Let's do **what** you want. 네가 원하는 것이 무엇이든지 하자.

복합관계부사는 명사절로 사용될 수 없고, 부사절로 사용된다. 그리고 복합관계대명사와는 달리 뒤에는 완전한 문장이 와야 한다.

whenever 언제든지	+S+V+O
wherever 어디든지	**[완전문장]**
however 아무리 ~하더라도	

빈칸에 알맞은 것을 고르시오.

1. [Whatever/Whenever] he leaves the house, he always takes an umbrella.

2. The supervisor was advised to give the assignment to [whoever/whomever] he believed had a strong sense of responsibility.

3. No matter [what/how] cold it may be, you should let in some fresh air from time to time.

정답 및 해설

1. Whenever
해석 그가 집을 나설 때는 언제든지, 우산을 챙긴다.
해설 뒤에 콤마로 문장이 연결되고 있으므로 명사절이 아닌 부사절이다. 그리고 뒤에는 완전한 문장이 수반되고 있으므로 복합관계부사인 whenever가 정답이다.

2. whoever

해석 그 관리자는 그 임무를 누구라도 그가 믿기에 강한 책임감이 있는 사람에게 부여할 것을 충고받았다.

해설 빈칸 뒤에 (he believed)는 삽입절로 없다고 간주해야 한다. 그러면 뒤에는 had라는 동사가 나오므로 주어 역할을 할 수 있는 whoever가 정답이 된다.

3. how

해석 아무리 춥다고 하더라도, 가끔씩 신선한 공기를 들이마셔야 한다.

해설 no matter how는 however와 같은 의미로 '아무리 ~하더라도'라는 의미로 해석이 된다.

1. 다음 중 어법상 올바른 것을 고르시오.

1. The students learned [how did general win/how the general won] the battle.
2. The people were stunned into silence as they slowly began to realize [that/what] the mayor's statement meant to their future as citizens in the city.
3. [That/When] Laura has been with the company for over ten years was a testament to her dedication and commitment.
4. They questioned her regarding her skills instead of [if/whether] she had the appropriate experience.
5. [That/What] happens in a particular period does not have any significant effects on the long-term investors in the stock market.

2. 다음 문장을 어법에 맞게 고치시오.

6. Not being able to sleep at night is why did I stop drinking coffee.
7. What air and noise pollution is a problem in many cities is very obvious.
8. For those who have made an investment, that happens during the first year is an important indicator of how successful the company will be.
9. What a husband understand a wife does not mean they are necessarily compatible.
10. As an advertiser, it is absolutely vital to understand that most customers expect and want from manufacturers.

1. 어법상 옳은 것은?

① The traffic of a big city is busier than those of a small city.
② I'll think of you when I'll be lying on the beach next week.
③ Raisins were once an expensive food, and only the wealth ate them.
④ The intensity of a color is related to how much gray the color contains.

2. 어법상 옳지 않은 것은?

① You might think that just eating a lot of vegetables will keep you perfectly healthy.
② Academic knowledge isn't always that leads you to make right decisions.
③ The fear of getting hurt didn't prevent him from engaging in reckless behaviors.
④ Julie's doctor told her to stop eating so many processed foods.

3. 다음 글에서 밑줄 친 부분 중 어법상 틀린 것은?

Advertisers know that ① <u>if</u> they present a claim they cannot support with evidence, they can be fined, so they avoid ② <u>making</u> explicit claims that can be checked for truth. Also, major advertises know ③ <u>what</u> their products differ from their competitors' products in very minor manners, so there is no point in making claims ④ <u>that</u> their product is clearly superior in some way.

4. 다음 글의 밑줄 친 부분 중, 어법상 틀린 것은?

Some countries have proposed tougher guidelines for determining brain death when transplantation — transferring organs to others — is under consideration. In several European countries, there are legal requirements which specify ① <u>that</u> a whole team of doctors must agree over the diagnosis of death in the case of a potential donor. The reason for these strict regulations for diagnosing brain death in potential organ donors ② <u>is</u>, no doubt, to ease public fears of a premature diagnosis of brain death for the purpose of obtaining organs. But it is questionable whether these requirements reduce public suspicions as much as they create ③ <u>them</u>. They certainly maintain mistaken beliefs that diagnosing brain death is an unreliable process ④ <u>lack</u> precision. As a matter of consistency, at least, criteria for diagnosing the deaths of organ donors should be exactly the same as for those for ⑤ <u>whom</u> immediate burial or cremation is intended.

* diagnosis : 진단
** donor : 기증자
*** cremation: 화장

5. 다음 글의 밑줄 친 부분 중, 문맥상 낱말의 쓰임이 적
절하지 않을 것은?

The term minimalism gives a negative impression to some people who think that it is all about sacrificing valuable possessions. This insecurity naturally stems from their ① attachment to their possessions. It is difficult to distance oneself from something that has been around for quite some time. Being an emotional animal, human beings give meaning to the things around them. So, the question arising here is that if minimalism will ② hurt one's emotions, why become a minimalist? The answer is very simple ; the assumption of the question is fundamentally ③ wrong. Minimalism does not hurt emotions. You might feel a bit sad while getting rid of a useless item but sooner than later, this feeling will be ④ maintained by the joy of clarity. Minimalists never argue that you should leave every convenience of the modern era. They are of the view that you only need to ⑤ eliminate stuff that is unused or not going to be used in the near future.

1. 다음 중 어법상 올바른 것을 고르시오.

1. how the general won

(해석)

그 학생들은 어떻게 그 장군이 전투에서 이겼는지를 배웠다.

(해설)

learn이라는 동사의 목적어 자리에 있는 간접의문문이다. 간접의문문은 '의문사+주어+동사'의 어순을 따라야 한다.

2. what

(해석)

그 도시의 시민들로서 그들의 미래에 시장의 발표가 의미하는 바를 깨닫기 시작하면서, 사람들은 놀라서 침묵에 빠졌다.

(해설)

realize라는 타동사의 목적어 자리에 명사절이 사용되고 있다. 뒤의 구조를 보면 meant라는 타동사의 목적어가 없는 불완전문장이므로 what이 정답이다.

3. That

(해석)

Laura가 그 회사에 10년 이상 있었다는 것은 그녀의 몰두와 헌신의 증거이다.

(해설)

주어 자리에 명사절이 사용되고 있다. That과 When 뒤에 둘 다 완전한 문장이 올 수 있으므로 해석을 해 봐야 한다. '~라는 것'이라는 의미이므로 That이 정답이다.

4. whether

(해석)

그들은 그녀가 적절한 경력이 있는지가 아닌 그녀의 기술에 관해 질문했다.

(해설)

명사절 접속사 if는 전치사 뒤에는 사용할 수 없다.

5. What

(해석)

특정한 기간에 발생한 것은 증권 시장에서 장기적으로 중요한 영향을 미치지는 않는다.

(해설)

주어 자리에 명사절 접속사가 사용되고 있다. 뒤의 구조를 보면 주어가 없이 바로 happens라는 동사가 나오므로 불완전문장이다. 따라서 what이 정답이 된다.

2. 다음 문장을 어법에 맞게 고치시오.

6. why did I stop → why I stopped

(해석)

밤에 잠을 잘 수 없는 것이 내가 커피 마시는 것을 중단한 이유이다.

(해설)

주격 보어 자리에 명사절이 사용되고 있다. 간접의문문의 어순은 '접속사+주어+동사'가 되어야 한다.

7. What → That

(해석)

많은 도시에서 대기와 소음 공해가 문제라는 것은 매우 명백하다.

(해설)

주어 자리에 명사절이 사용되고 있다. 명사절 자체의 구조가 완전한 문장이므로 what 대신에 that을 사용해야 한다.

8. that → what

(해석)

투자를 하는 사람들에게 있어서, 첫해에 발행하는 것은 그 회사가 얼마나 성공적으로 될지에 관한 중요한 지표이다.

(해설)

주어 자리에 명사절 접속사가 사용되고 있다. 뒤에 주어가 없이 happens라는 동사가 제시되는 불완전문장이므로 that 대신에 what을 사용해야 한다.

9. What → That

(해석)

남편이 아내를 이해한다는 것이 그들이 필연적으로 사이 좋게 지낸다는 것을 의미하는 것은 아니다.

(해설)

주어 자리에 명사절이 사용되고 있다. 명사절은 주어, 동사, 목적어를 다 갖춘 완전한 문장이므로 what 대신에 that을 사용해야 한다.

10. that → what

(해석)

광고업자로서, 고객들이 제조사로부터 무엇을 기대하고 원하는지를 이해하는 것은 매우 중요하다.

(해설)

understand라는 타동사의 목적어 자리에 명사절이 사용되고 있다. expect와 want의 목적어가 없는 불완전문장이므로 that 대신에 what을 사용해야 한다.

1. 정답 ④

해석

① 대도시의 교통은 소도시의 그것보다 더 혼잡하다.
② 다음 주에 해변에 누워 있을 때 당신을 떠올릴 것이다.
③ 건포도는 한때 값비싼 음식이어서 부유층만이 그것을 먹었다.
④ 색의 농도는 그 색이 얼마나 많은 회색을 포함하고 있는지와 관련되어 있다.

해설

④ 전치사 to의 목적어로 의문사가 이끄는 명사절이 간접의문문이 되었는데 간접의문문의 어순은 '의문사+주어+동사'이다. 의문사 how much gray, 주어 the color, 동사 contains로 어순이 적절하며, 이때 how much gray는 의문사인 동시에 동사 contains의 목적어 역할을 한다.
① 비교급에서 지칭하는 비교의 대상은 서로 일치시켜야 한다. 제시된 문장에서 비교 대상은 the traffic of a big city와 those of a small city인데, 이때 those가 앞의 traffic(단수명사)을 받고 있지 않으므로 those를 단수 지시대명사인 that으로 고쳐야 한다. those → that
② 시간과 조건의 부사절에서는 현재시제가 미래시제를 대신하므로 when절의 미래시제를 현재시제로 고쳐야 한다. will be lying → am lying
③ 'the+형용사'는 복수 보통명사를 의미하는데 제시된 문장의 the wealth에서 the 다음에 형용사가 아닌 명사 wealth가 위치하여 문법적으로 옳지 않다. 따라서 명사인 wealth를 형용사인 wealthy로 고쳐야 한다. the wealth → the wealthy

2. 정답 ②

해석

① 당신은 아마 야채를 많이 먹으면 건강을 완벽히 유지할 수 있을 것이라고 생각할 것이다.
② 학업적 지식은 당신이 항상 올바른 결정을 내리도록 하지 않는다.
③ 상처 입을까 두려워하는 것은 당신의 무모한 행동에 대한 변명이 되지 않는다.
④ 줄리의 의사는 그녀에게 가공식품을 지나치게 많이 섭취하지 말라고 하였다.

해설

② 보어의 역할을 하는 명사절을 이끌면서 leads의 주어가 될 수 있는 접속사를 사용해야 하므로 that이 아닌 what을 써야 한다.
① keep을 이용한 5형식 구조로 목적격 보어 자리에는 healthy(형용사)가 적합하다.
③ prevent A from ~ing 표현으로 적합한 표현이다.
④ stop ~ing 표현으로 '~하던 것을 중단하다'의 뜻이다.

3. 정답 ③

해석

광고주들은 만약 그들이 증거를 가지고 뒷받침할 수 없다는 주장을 제시한다면 그들이 벌금을 물 수 있다는 것을 알고 있다. 따라서 광고주들은 진실에 대해 확인할 수 있는 명백한 주장을 하는 것을 회피한다. 또한 주요 광고주들은 그들의 제품이 대단히 사소한 면에서 경쟁사들의 제품과 다르다는 것을 알고 있다. 따라서 그들의 제품이 어떤 면에서 분명하게 우월하다는 주장을 하는 것은 의미가 없다.

해설

③ know라는 타동사의 목적어 자리에 명사절을 사용하고 있는데, differ는 자동사이므로 명사절의 구조가 완전하다. 따라서 what이 아닌 that을 사용해야 한다.
① that절 안에 부사절이 다시 사용된 것이다. that (if they present a claim they cannot support evidence)가 부사절로 묶어서 없다고 보면 된다.
② avoid는 목적어로 동명사를 수반한다.
④ claims라는 명사를 that절이 동격절로 구체적으로 설명하는 구조이다.

4. 정답 ④

일부 국가는 장기 이식, 즉 다른 사람에게 장기를 전달하는 것을 고려 중일 때 뇌사를 결정하는 것에 대한 더 엄격한 지침을 제안해 왔다. 몇몇 유럽 국가에서는 잠재적 기증자의 경우 의사 팀 전체가 사망 진단에 동의해야 한다고 명시하는 법적 요건들이 있다. 잠재적인 장기 기증자의 뇌사 진단에 대한 이런 엄격한 규정들의 이유는 의심할 바 없이 장기 확보를 목적으로 너무 이른 뇌사 진단에 대한 대중의 두려움을 완화하기 위한 것이다. 하지만 이런 요건들이 대중의 의심을 만들어 내는 만큼 그것을 줄여 줄지는 의문이다. 그것들은 뇌사 진단이 정확성이 결여된 신뢰하기 어려운 과정이라는 잘못된 믿음을 확실히 유지시킨다. 적어도 일관성의 이유로 장기 기증자의 사망 진단 기준은 즉각적인 매장이나 화장이 예정된 사람들에 대한 그것과 정확히 동일해야 한다.

(해설)

① that 뒤에 완벽한 절이 왔고, 관계사절 안의 동사 specify의 목적어절을 이끌어야 하므로 명사절을 이끄는 접속사 that은 적절하게 쓰였다.

② 문장의 주어는 The reason이므로 술어 동사 is는 적절하게 쓰였다. for these strict regulations for diagnosing brain death in potential organ donors는 주어를 수식하는 전치사구이다.

③ 앞에 나온 명사 public suspicions을 대신하는 대명사이므로, them은 적절하게 쓰였다.

④ 앞에 있는 명사 process를 수식하는 현재분사가 필요하므로 lack을 lacking으로 고쳐야 한다.

⑤ 뒤에 이어지는 문장이 완전하고, those를 선행사로 하는 관계대명사이므로 for whom은 적절하게 쓰였다.

(어휘)

tough 엄한 guideline 지침 determine 결정하다 brain death 뇌사 transplantation 이식 transfer 옮기다, 전달하다 organ 장기 under consideration 고려 중인 legal 법적인 specify 명시하다 regulation 규정 ease 완화하다 premature 너무 이른 for the purpose of ~의 목적으로, ~을 위해 questionable 의심스러운 reduce 줄이다 suspicion 의심 maintain 유지하다 mistaken 잘못된, 틀린 unreliable 신뢰할 수 없는 precision 정확성 consistency 일관성 criteria 기준 immediate 즉각적인 burial 매장 intend 계획하다, 의도하다

5. 정답 ④

(해석)

미니멀리즘이라는 용어는 그것을 소중한 소유물을 희생하는 것에 관한 것으로만 생각하는 일부 사람들에게는 부정적인 인상을 준다. 이런 불안은 자신의 소유물에 대한 애착에서 자연스럽게 비롯된다. 꽤 오랫동안 곁에 있었던 것으로부터 자신을 멀리 두는 것은 어렵다. 인간은 감정의 동물이기 때문에 그들 주변에 있는 물건에 의미를 부여한다. 그래서 여기서 생기는 질문은 미니멀리즘이 사람의 감정을 상하게 한다면 왜 미니멀리스트가 되느냐는 것이다. 대답은 매우 간단하다. 그 질문의 가정은 근본적으로 틀리다. 미니멀리즘은 감정을 상하게 하지 않는다. 여러분은 쓸모없는 물건을 치우면서 조금 슬플 수도 있지만 머지않아 이 느낌은 명료함의 기쁨으로 유지될(→ 극복될) 것이다. 미니멀리스트는 여러분이 현대의 모든 편의를 버려야 한다고 주장하지 않는다, 그 둘은 여러분이 사용되지 않거나 가까운 미래에 사용되지 않을 물건을 없애기만 하면 된다는 견해를 가지고 있다.

(해설)

미니멀리즘은 감정을 상하게 하는 것이 아니며 쓸모없는 물건을 치우면서 슬플 수도 있지만 곧 이 슬픈 느낌은 명료함의 기쁨으로 극복될 거라고 문맥이 되어야 자연스러우므로, ④ 'maintained(유지될)'를 'overcome(극복될)' 등의 어휘로 고쳐야 한다.

(어휘)

impression 인상 sacrifice 희생하다 valuable 소중한 possession 소유물 insecurity 불안 naturally 자연히, 자연스럽게 stem from ~에서 유래하다, 생겨나다 attachment 애착 distance (곁에 있었던 것으로부터) 떼어 놓다 assumption 가정 fundamentally 근본적으로 get rid of 제거하다 useless 쓸모없는 clarity 명료함 convenience 편의 modern 현대의 era 시대, 시기 eliminate 제거하다 stuff 물건

20. 관계대명사

관계대명사는 두 개의 문장을 연결해 주는 접속사의 기능과 앞에 나온 명사를 대신 받아 주는 대명사의 기능을 동시에 해 주는 말이다. 따라서 관계대명사 앞에는 명사(선행사)가 있어야 하고, 뒤에는 불완전한 문장이 수반된다.

I like the girl. 나는 그 소녀를 좋아한다. + The girl lives next door. 그 소녀는 옆집에 산다.

=I like the girl **and she** lives next door. 나는 그 소녀를 좋아한다 그리고 그녀는 옆집에 산다.

=I like the girl **who** lives next door. 나는 옆집에 사는 소녀를 좋아한다.

1) 관계대명사의 종류와 해석

관계대명사 앞에 나온 명사를 선행사라 하고, 이 선행사가 사람인지, 사물인지, 없는지에 따라 관계대명사가 달라진다. 또한 관계대명사 뒤에는 불완전한 문장이 수반되므로, 뒤 문장에서 빠진 요소를 확인해서 관계대명사의 격을 결정한다.

선행사	주격	소유격	목적격
사람	who/that	whose	whom/that
사물/동물	which/that	whose/of which	which/that
선행사 포함	what	–	what
해석	그런데 그 명사는	그런데 그 명사의	그런데 그 명사를

2) 격의 결정

관계대명사 뒤에는 불완전한 문장이 나오는데, 그 빠져 있는 성분이 관계대명사의 격이 된다.

(1) 주격관계대명사

뒤에 주어가 없는 불완전한 문장이 온다.

I know a woman **who lives** next door to me. 나는 나의 옆집에 사는 여자를 안다.

The car **which is** in the garage is out of order. 차고에 있는 그 차는 고장 났다.

(2) 목적격관계대명사

뒤에 목적어가 없는 불완전한 문장이 온다.

This is the book **which** I **bought** yesterday. 이것은 내가 어제 구입했던 책이다.

All employees **whom** the company **hired** should attend the seminar. 그 회사가 고용했던 모든 직원들은 그 세미나에 참석해야 한다.

(3) 소유격관계대명사

바로 뒤에 명사가 오고, 뒤에 문장은 완전한 구조이다.

She bought the book **whose cover** is white. 그녀는 표지가 흰색인 책을 구입했다.

They will introduce a new car **whose design** is very innovative. 그들은 디자인이 혁신적인 신차를 소개할 것이다.

1. The teacher whose we respect most retired last month.

2. She never listens to the advice which I give it to her.

3. Severe acute respiratory syndrome is caused by a virus that identified in 2003.

4. The head of department, which receives twice the salary, has to take responsibility.

정답 및 해설

1. whose → whom
해석 우리가 가장 존경하는 선생님은 지난달에 은퇴했다.
해설 선행사가 사람이고 respect에 대한 목적어가 없으므로 소유격이 아닌 목적격관계대명사가 사용되어야 한다.

2. it 생략
해석 그녀는 내가 해 주는 조언을 결코 듣지 않는다.
해설 which가 목적격관계대명사이다. 그러면 관계절에는 목적어가 없는 불완전한 문장이 수반되어야 하므로 it을 생략한다.

3. identified → was identified
해석 중증 급성 호흡기 증후군은 2003년에 확인된 바이러스에 의해서 발생한다.
해설 주격관계대명사 that은 앞에 있는 선행사 a virus를 받는 것이다. 바이러스는 2003년에 발견되는 것이므로 관계절에서의 동사가 수동태가 되어야 한다.

4. which → who
해석 월급을 두 배로 받는 그 부서장이 책임을 져야 한다.
해설 선행사가 부서장으로 사람이다. 따라서 which 대신에 who를 사용해야 한다.

3) 주의해야 할 관계대명사

(1) 관계대명사 that만 사용하는 경우
관계대명사 that은 선행사가 사람, 사물 둘 다 사용이 가능한데, 꼭 that을 사용해야 하는 경우와 that을 사용할 수 없는 경우를 기억해야 한다.
선행사가 의문사 who, ~thing, ~body, 최상급, 서수, all, the very, the only, the same인 경우.

Man is **the only** animal **that** can speak. 인간은 말을 하는 유일한 동물이다.

1. This is exactly [what/that] I wanted.

2. Snakes are an animal of [which/that] I'm afraid.

3. He was the only man [who/that] I knew in my neighborhood.

1. what
해석 이것은 정확하게 내가 원했던 것이다.
해설 is 이하는 보어 자리에 사용되는 명사절이다. 그리고 wanted라는 타동사의 목적어가 없으므로 what이 정답이다.

2. which
해석 뱀은 내가 두려워하는 동물이다.
해설 전치사 뒤에는 that을 사용할 수 없으므로 which가 답이다. be afraid of에서 of가 관계대명사 앞으로 이동한 것이다.

3. that
해석 그는 내가 이 동네에서 아는 유일한 사람이다.
해설 선행사에 the only 같은 한정사가 포함되면 관계대명사는 that을 사용한다.

(2) 관계대명사 that을 쓸 수 없는 경우

① 콤마(,) 뒤 [계속적 용법]

② 전치사 뒤

The attendees, **who** were from headquarters, were impressed by the speech.
본사에서 온 참석자들은 연설에 감동을 받았다.
Our company moved to the city in **which** the president lives now.
우리 회사는 사장님이 현재 살고 있는 도시로 이전했다.

1. It was the main entrance for that she was looking.

2. We were fortunate enough to visit the Grand Canyon, that has much beautiful landscape.

정답 및 해설

1. for that → for which
해석 이것이 그녀가 찾고 있었던 정문이다.
해설 전치사 뒤에 that을 사용할 수 없어서 which로 바꾸어야 한다. be looking for에서 for가 관계대명사 앞으로 이동한 것이다.

2. that → which
해석 우리는 많은 경치가 있는 Grand Canyon을 방문할 만큼 운이 좋았다.
해설 콤마 뒤에는 that을 사용하지 않는다. 선행사가 사물이고 뒤에 동사가 있으므로 which로 바꾸어야 한다.

(3) 선행사가 구나 앞 문장 전체인 경우: which를 사용한다.

His daughter was very intelligent, which was a source of pride to him.
그의 딸은 굉장히 똑똑했는데, 그것은 그의 자부심의 원천이었다.
She became a professor, which was very difficult.
그녀는 교수님이 되었다, 그것은 매우 어려운 것이었다.

빈칸에 알맞은 것을 고르시오.

1. I do aerobics three times a week, [who/which] makes me stay in shape.

2. Marks didn't say anything, [that/which] made me upset.

3. It will snow tomorrow, [that/which] is very unusual in Busan.

정답 및 해설

1. which
해석 나는 에어로빅을 일주일에 3번 하는데, 그것은 나를 건강하게 만든다.
해설 선행사가 앞 문장 전체이므로 which를 사용한다.

2. which
해석 Marks는 아무 말도 안 했는데, 그것이 나를 화나게 만들었다.

해설 선행사가 앞 문장 전체이므로 which를 사용한다.

3. which
해석 내일 눈이 올 것이다. 그것은 부산에 매우 드문 일이다.
해설 선행사가 앞 문장 전체이므로 which를 사용한다.

(4) 관계사절 내에 삽입절이 있는 경우(괄호 처리하고 없다고 무시한다)
관계대명사의 격과, 관계절 동사의 수 일치에 주의한다.

선행사+관계대명사+(S+think/say/believe/know/guess/feel)+V

This is the man **who** (we think) is reliable. 이분이 우리가 믿을 만하다고 생각하는 사람이다.

빈칸에 알맞은 것을 고르시오.

1. This is the boy [who/whom] I believe deceived me.

2. We can all avoid doing things that we know [damage/damages] the body.

정답 및 해설

1. who
해석 이 녀석이 내가 생각하기에 나를 속인 소년이다.
해설 관계대명사 뒤에 I believe는 삽입절로 없다고 보면, 뒤에 동사가 수반되고 있으므로 주격관계대명사가 정답이다.

2. damage
해석 우리 모두는 우리가 알기에 신체를 손상시키는 일들을 피할 수 있다.
해설 that 뒤에 we know는 삽입절로 없다고 봐야 한다. 선행사가 things로 복수명사이므로 관계절의 동사 역시 복수형이 되어야 한다.

(5) 전치사+관계대명사
전치사는 관계사절 맨 끝에 위치하거나, '전치사+관계대명사'의 형태로 관계절 앞에 위치할 수 있다. 그리고 그 뒤에는 완전한 문장이 온다.
전치사를 묻는 문제이면 선행사를 관계를 맨 끝에 넣고 보고 고르면 된다.
This is **the man.** 이분이 그 사람이다. + We can rely on **the man**. 우리는 사람을 믿을 수 있다.
=This is the man **whom** we can rely **on**. 이분이 우리가 믿을 수 있는 사람이다.
=This is the man **on whom** we can rely.

1. The man to [whom/that] I spoke was attractive.

2. This is the new table [in which/with which] I am satisfied.

3. His sense of responsibility urged him to undertake the dangerous task [which/for which] he eventually sacrificed himself.

1. whom
해석 내가 이야기했던 그 사람은 매력적이었다.
해설 전치사 뒤에는 that을 사용할 수 없다. 선행사가 사람이므로 whom을 사용한다.

2. with which
해석 이것은 내가 만족하는 테이블이다.
해석 be satisfied with에서 전치사가 관계대명사 앞으로 이동한 것이다.

3. for which
해석 책임감이 그로 하여금 결국 자신을 희생하게 한 위험한 일을 맡도록 재촉하였다.
해설 sacrifice는 자동사이므로 목적격관계대명사 which를 혼자서 받을 수 없다. 따라서 뒤에 전치사가 필요한데 sacrifice와 어울리는 전치사는 for이고, 이 전치사가 앞으로 이동한 형태이다.

(6) 부정대명사+of+목적격관계대명사

'부정대명사(all, most, some, both, none)+of+관계대명사'의 구조에서 관계대명사는 목적격이 되어야 하고 관계대명사 자리에 일반대명사 them을 사용하지 않는다.
We hired ten workers, <u>and</u> all of <u>them</u> are bilingual. 우리는 10명의 직원을 고용했다 그리고 그들 모두는 2개 국어를 구사한다.
We hired ten workers, all of **whom** are bilingual. 우리는 10명의 직원을 고용했다. 그리고 그들 모두는 2개 국어를 구사한다.

1. A tree provides homes for many creatures, all of [them/which] also use it for food.

1. which

해석 나무는 많은 생명체에게 집을 제공하는데, 그 생물들 모두는 그것을 또한 먹이로도 사용한다.

해설 접속사 and가 없이 두 문장이 연결되고 있으므로 대명사가 아닌 관계대명사가 들어가야 한다.

2. 관계부사

선행사가 사람이나 사물이 아닌, 시간, 장소, 방법, 이유와 같이 부사가 오는 경우 관계부사를 사용한다.

1) 개념

선행사가 부사일 때 관계부사를 사용한다.

They didn't tell me **the time**. 그들을 나에게 그 시간을 말해 주지 않았다.

+They could come back at **that time**. 그들은 그 시간에 돌아올 수 있다.

=They didn't tell me the time which they could come back at. 그들은 돌아올 수 있는 시간을 나에게 말해 주지 않았다.

=They didn't tell me the time **at which** they could come back.

=They didn't tell me the time **when** they could come back.

선행사	종류	해석
시간 the time	when	그런데 그 시간에
장소 the place	where	그런데 그 장소에
방법 the way	how	그런데 그 방법으로
이유 the reason	why	그런데 그 이유로

- 관계부사는 접속사의 역할과 함께 부사의 역할을 하므로, 뒤에는 **완전한 문장**이 온다.

괄호 안에 알맞은 것을 고르시오

1. The shop [where/which] I bought the shirt is having a summer sale next week.

2. He recommended some places [which/where] we can have nice seafood.

3. We are looking forward to the time [which/when] we can get together again.

4. Trees must be fitted for the places [which/where] they live in.

1. where
해석 내가 그 셔츠를 구입했던 그 가게는 다음 주에 여름 세일을 할 것이다.
해설 관계대명사와 관계부사의 구분은 뒤의 문장구조를 보고 파악할 수 있다. 불완전한 문장이 수반되면 관계대명사를, 완전한 문장이 수반되면 관계부사를 사용한다. 뒤에 주어+동사+목적어의 완전한 구조이므로 관계부사 how가 정답이다.

2. where
해석 그는 좋은 해산물을 먹을 수 있는 장소를 추천했다.
해설 선행사가 장소이고 뒤에 완전한 문장이 나오므로 관계부사를 사용한다.

3. when
해석 우리는 우리가 다시 만날 수 있는 시간을 기대하고 있다.
해설 선행사가 시간이고 뒤에 문장이 완전한 구조이므로 관계부사 when을 사용한다.

4. where
해석 나무들은 그들이 사는 곳에 꼭 맞아야 한다.
해설 선행사가 장소이고 뒤에 문장이 완전하므로 관계부사 where를 사용한다.

- 관계 부사는 생략이 가능하다.
The village (where) he lives in surrounded by a rain forest. 그가 사는 마을은 열대우림으로 에워싸여 있다.

다음을 어법에 맞게 고치시오.

1. Is there any reason which they didn't open the store today?

2. This may be one of the reasons so many people struggling early in their retirement.

정답 및 해설

1. which → why
해석 그들이 오늘 가게를 오픈하지 않은 이유가 있나요?
해설 선행사가 이유이고 뒤에 문장이 완전하므로 관계부사 why를 사용해야 한다.

2. struggling → struggle
해석 이것이 그렇게 많은 사람들이 은퇴 초기에 고생을 하는 이유 중의 하나일 수 있다.
해설 reasons 뒤에는 관계부사 why가 생략된 문장이다. 따라서 뒤에는 완전한 문장이 와야 한다. struggling은 분사나 동명사이므로 동사형인 struggle로 바꾸어야 한다.

복합관계사는 관계사에 ~ever가 붙은 것으로, 복합관계대명사와 복합관계부사가 있다.

1) 복합관계대명사

명사절과 부사절 역할을 하고, 뒤에는 불완전한 문장이 온다.

복합관계대명사	명사절	부사절
whoever/whomever	~하는 사람이면 누구나 (=anyone who/whom)	~하는 사람이면 누구든지 간에
whichever	~하는 것이면 어느 것이든(제한) (=anything that)	~하는 것이면 어느 것이든지 간에
whatever	~하는 것이면 무엇이든 (=anything that)	~하는 것이면 무엇이든지 간에

Whoever comes here first will get this. [명사절] 가장 먼저 오는 사람은 누구든지 이것을 가질 것이다.

(**Whatever** they say,) I don't care. [부사절] 그들이 무슨 말을 하든지, 나는 신경 쓰지 않는다.

2) 복합관계부사

부사절 역할을 하고, 뒤에는 완전한 문장이 온다.

복합관계부사	부사절
whenever+S+V+O	~할 때면 언제든지
wherever+S+V+O	~할 때면 어디든지
however+**형용사** S+be +**부사**+S+V	아무리 ~하더라도 (=no matter how)

괄호 안에 알맞은 것을 고르시오.

1. He disagree with [whatever/wherever] I say to him.

2. I'll be impressed by [whoever/wherever] can solve this problem.

정답 및 해설

1. whatever

해석 그는 내가 그에게 말하는 것은 무엇이든지 반대한다.

해설 전치사 with의 목적어 자리이므로 명사절을 사용한다. 그리고 say라는 동사가 목적어가 없으므로 복합관계대명사 whatever가 정답이다.

2. whoever

해석 나는 이 문제를 푸는 사람이 누구든지 감동을 받을 것이다.

해설 전치사 by의 목적어 자리에 사용되는 명사절이 필요하다. 그리고 뒤에 주어가 없으므로 복합관계대명사 whoever가 정답이다.

주의: 복합관계사의 격은 주절에서의 격이 아니라, 복합관계절 내의 격에 의해 결정된다.

괄호 안에 알맞은 것을 고르시오.

1. No matter [how/when] young you are, you should take care of your health.

2. A gift card will be given to [whoever/whomever] completes the questionnaire.

3. However [hard/hardly] you may try, you cannot pass the exam.

4. The boss will give the assignment to [whoever/whomever] he believes has worked hard.

정답 및 해설

1. how

해석 네가 아무리 어리다 하더라도, 건강을 돌봐야 한다.

해설 'no matter how+형용사/부사'는 'however+형용사/부사'와 같은 의미를 가져서 '아무리 ~하더라도'라는 양보부사절로 사용된다.

2. whoever

해석 설문조사지를 작성하는 누구라도 선물 카드를 받을 것이다.

해설 전치사 to의 목적어 자리에 명사절이 사용된다. 그리고 뒤에 나오는 동사 completes의 주어가 될 수 있는 whoever가 정답이다.

3. hard

해석 네가 아무리 열심히 한다고 하더라도, 그 시험은 통과할 수 없다.

해설 however뒤에는 형용사나 부사가 오는데, 이 문장의 경우 try라는 동사를 수식하는 부사 hard가 사용되어야 한다. hardly는 부정부사로 '좀처럼 ~하지 않다'라는 의미이다.

1. 다음 중 어법상 올바른 것을 고르시오.

1. The scholarship will be given to students [who/whom] want to pursue a master's degree.
2. The company has focused on the packing in [that/which] costumer goods are shipped.
3. David paid a recent visit to Chicago [where/which] he had grown and studied.
4. We conducted a survey on a number of workers, most of [who/whom] are employed and living in urban areas.
5. The building was destroyed in a fire, the cause of [it/which] was never confirmed.

2. 각 문장의 틀린 부분을 옳게 고치시오.

6. Enclosed you will find the copy of the presentation when the general manager gave at the meeting.
7. The hotel which they arrived was near the convention hall.
8. She applied to the company which she had previously worked when just out of university.
9. The stock market which claims on the earnings of corporation are traded, is the most widely followed financial market in America.
10. The homeowner appreciated the home's solar panels, which installed to reduce electrical costs.

1. 밑줄 친 부분 중 어법상 가장 옳지 않은 것은?

Squid, octopuses, and cuttlefish are all ① types of cephalopods. ② Each of these animals has special cells under its skin that ③ contains pigment, a colored liquid. A cephalopod can move these cells toward or away from its skin. This allows it ④ to change the pattern and color of its appearance.

2. 밑줄 친 부분 중 어법상 옳지 않은 것은?

I am writing in response to your request for a reference for Mrs. Ferrer. She has worked as my secretary ① for the last three years and has been an excellent employee. I believe that she meets all the requirements ② mentioned in your job description and indeed exceeds them in many ways. I have never had reason ③ to doubt her complete integrity. I would, therefore, recommend Mrs. Ferrer for the post ④ what you advertise.

3. 다음 글의 (A), (B), (C)에서 어법상 옳은 것을 모두 고른 것은?

Pattern books contain stories that make use of repeated phrases, refrains, and sometimes rhymes. In addition, pattern books frequently contain pictures (A) [that/what] may facilitate story comprehension. The predictable patterns allow beginning second language readers to become involved (B) [immediate/immediately] in a literacy event in their second language. Moreover, the use of pattern books (C) [meet/meets] the criteria for literacy scaffolds by modeling reading, by challenging student's current level of linguistic competence, and by assisting comprehension through the repetition of a simple sentence pattern.

	(A)	(B)	(C)
①	that	immediate	meet
②	what	immediately	meets
③	that	immediately	meets
④	what	immediate	meet

You may have seen headlines in the news about some of the things machines powered by artificial intelligence can do. However, if you were to consider all the tasks ① that AI-powered machines could actually perform, it would be quite mind-blowing! One of the key features of artificial intelligence is ② that it enables machines to learn new things, rather than requiring programming specific to new tasks. Therefore, the core difference between computers of the future and ③ those of the past is that future computers will be able to learn and self-improve. In the near future, smart virtual assistants will know more about you than your closest friends and family members ④ are. Can you imagine how that might change our lives? These kinds of changes are exactly why it is so important ⑤ to recognize the implications that new technologies will have for our world.

Plant growth is controlled by a group of hormones called auxins found at the tips of stems and roots of plants. Auxins produced at the tips of stems tend to accumulate on the side of the stem that is in the shade. Accordingly, the auxins ① stimulate growth on the shaded side of the plant. Therefore, the shaded side grows faster than the side facing the sunlight. This phenomenon causes the stem to bend and appear to be growing ② towards the light. Auxins have the ③ opposite effect on the roots of plants. Auxins in the tips of roots tend to limit growth. If a root is horizontal in the soil, the auxins will accumulate on the lower side and interfere with its development. Therefore, the lower side of the root will grow ④ faster than the upper side. This will, in turn, cause the root to bend ⑤ downwards, with the tip of the root growing in that direction.

1. 다음 중 어법상 올바른 것을 고르시오.

1. who

(해석)

그 장학금은 석사 학위를 추구하는 학생들에게 수여될 것이다.

(해설)

선행사가 사람이고 뒤에 동사가 있으므로 주격인 who가 정답이다.

2. which

(해석)

그 회사는 소비자 제품을 선적해서 넣는 포장에 집중해 왔다.

(해설)

전치사 뒤에는 that을 사용할 수 없으므로 which가 정답이다.

3. where

(해석)

David는 그가 자리가 공부했던 시카고에 최근에 방문했다.

(해설)

선행사가 Chicago이므로 관계대명사와 관계부사 들 다 가능하다. 이런 경우 뒤의 문장구조를 살펴야 한다. 이 문장의 경우 완전한 문장이 수반되므로 관계부사 where이 정답이다.

4. whom

(해석)

우리는 많은 직원들에게 설문조사를 실시했는데, 그들 대부분은 도시에서 고용되어 살고 있다.

(해설)

두 문장이 접속사 and 없이 연결되고 있으므로 접속사

역할을 할 수 있는 관계대명사가 사용되어야 한다.

5. which

(해석)

그 건물은 화재로 붕괴되었는데, 그것의 원인은 확인되지 않았다.

(해설)

두 문장이 접속사 없이 연결되고 있으므로 대명사가 아닌 관계대명사를 사용해야 한다.

2. 각 문장의 틀린 부분을 옳게 고치시오.

6. when → which

(해석)

동봉된 것은 오늘 총괄 매니저가 회의에서 했던 발표의 사본이다.

(해설)

presentation이 선행사이고, 뒤에 gave라는 타동사의 목적어가 없으므로 which가 사용되어야 한다.

7. which → at which

(해석)

그들이 도착했던 그 호텔은 집회장 근처에 있었다.

(해설)

arrived는 자동사이므로 목적격관계대명사를 받을 수 없다. 전치사 at이 필요하다. 이때 전치사는 목적격관계대명사 앞으로 이동이 가능하다.

8. which → for which

(해석)

그녀는 그녀가 대학을 막 졸업했을 때 일했던 그 회사에 지원했다.

work는 자동사이므로 목적격관계대명사를 바로 받을
수 없다. 동사 뒤에 for라는 전치사가 필요하다. 그리고
전치사가 목적격관계대명사 앞으로 이동할 수 있다.

9. which → where

기업의 수익에 대한 권리가 거래되는 주식시장은 미국에
서 가장 활발한 금융시장이다.

선행사가 장소를 나타내고, 관계절 안의 구조가 완전한
문장이므로 관계대명사가 아닌 관계부사 where을 사용
해야 한다.

10. which installed → which had been installed

그 집주인은 전기요금을 줄이도록 설치된 그 가정의 태
양열 판에 대해 감사했다.

선행사가 태양열판이므로, 주격관계대명사 뒤에 나오는
동사는 수동태가 되어야 한다. 그리고 주절 동사보다 이
전 시제이므로 과거완료시제를 사용해야 한다.

1. 정답 ③

해석

오징어, 문어, 갑오징어는 모두 두족류의 일종이다. 이 각각의 동물들은 특별한 세포를 피부 아래에 가지고 있는데, 그 세포들은 색이 있는 액체인 색소를 함유하고 있다. 두족류는 이 세포들을 피부 쪽으로 혹은 바깥쪽으로 이동시킬 수 있다. 이것은 두족류들이 외양의 패턴과 색을 바꿀 수 있게 한다.

해설

③ 관계대명사 that의 선행사는 skin이 아닌 special cells이므로 동사는 복수형이 되어야 한다. 따라서 contains를 contain으로 고쳐야 한다.

① all은 복수형의 가산명사와 함께 온다.

② 이들 동물 각각을 의미하므로 each가 올바르게 쓰였으며, each는 단수 취급한다.

④ allow는 목적격 보어로 to부정사를 취하므로 to change가 올바르게 쓰였다.

어휘

cephalopod 두족류 동물(문어·오징어 등) contain ~이 들어 있다 pigment 색소 appearance 외양, 외모

2. 정답 ④

해석

저는 귀하의 페러 부인에 대한 추천서 요청에 답변하고자 메일을 드립니다. 그녀는 지난 3년 동안 저의 비서로서 일을 해 왔으며 탁월한 직원이었습니다. 저는 그녀가 귀하의 직무 기술서에 언급된 모든 자격요건을 충족하며, 여러 방면에서는 그것들(자격요건)을 능가한다고 생각합니다. 그녀의 완벽한 성실성을 의심할 이유는 단 한 번도 없었습니다. 그러므로 저는 귀하가 공고한 직책에 페러 부인을 추천하는 바입니다.

해설

④ 관계대명사 what은 선행사를 포함하므로 선행사 the post와 같이 쓰이지 않는다. 관계대명사절에 목적어가 생략된 불완전한 문장이므로 목적격관계대명사이면서 선행사(the post)가 올 수 있는 which 또는 that이 적절하다.

① 전치사 for는 기간을 나타내는 시간 표현으로 주로 완료시제에 사용된다. '지난 3년 동안'의 기간을 나타내므로 현재완료시제(has worked)와 적절하게 사용되었다.

② 여전히 동사의 성질을 가지고 있는 분사(mentioned)는 명사(requirements)를 수식하는 기능을 한다. 이때 타동사인 mention에 목적어가 없으므로 수동의 의미를 나타내는 과거분사가 적절하게 사용되었다.

③ to doubt가 명사(reason)를 수식하는 to부정사의 형용사적 용법으로 사용되었다. to부정사 역시 동사의 성질을 가지고 있는데 타동사 doubt에 목적어(integrity)가 있으므로 to부정사의 능동형이 적절하게 사용되었다.

어휘

reference 추천서, 추천인 requirement 필요한 것, 요건 job description 직무 기술서 in many ways 여러모로 meet 충족시키다 doubt 의심하다, 의심 integrity 성실, 정직, 완전한 상태

3. 정답 ③

해석

패턴책은 반복되는 구, 후렴 그리고 때때로 시를 사용하는 이야기를 포함한다. 게다가, 패턴책은 흔히 이야기의 이해를 용이하게 해 주는 그림을 포함한다 예측할 수 있는 패턴은 제2외국어 입문자들이 제2외국어를 읽고 쓰는 행위에 즉시 몰입하도록 하는 것을 포함한다. 게다가, 패턴책의 사용은 학생들의 최근(현재) 언어 능력의 수준에 도전하고, 단순한 문장 패턴의 반복을 통해서 이해를 도움으로써 읽기의 표본이 되고, 이는 글을 쓰고 읽는 뼈대의 기준을 충족시킨다.

해설

(A)에는 앞에 선행사가 있고 뒤에는 불완전한 문장이 오는 것으로 보아 관계대명사 that이 적절하다. (B)에는 앞의 과거분사를 수식할 수 있는 부사인 immediately가

와야 한다. (C)에는 문장의 주어가 the use, 즉 단수이므로 동사는 단수 주어에 맞는 meets가 된다.

make use of ~을 사용하다 refrain 자주 반복되는 말, 삼가다, 후렴 facilitate 용이하게 하다, 촉진하다 comprehension 이해 be involved in ~에 연루되다, 몰두하다 literacy 글을 읽고 쓸 줄 아는 능력 criteria 표준, 기준 competence 능력. 적성, 역량 repetition 반복, 중복

4. 정답 ④

여러분은 인공 지능으로 구동되는 기계가 할 수 있는 몇 가지 일에 관한 헤드라인들을 뉴스에서 본 적이 있을 것이다. 하지만, 만약 여러분이 AI로 구동되는 기계가 실제로 수행할 수 있는 모든 작업을 고려한다면, 그것은 꽤 놀라울 것이다! 인공 지능의 핵심 특징 중 하나는 그것이 새로운 작업에 특화된 프로그래밍을 필요로 하기보다는 기계들이 새로운 것들을 학습할 수 있게 한다는 것이다. 따라서, 미래의 컴퓨터들과 과거의 그것들 사이의 핵심적인 차이는 미래의 컴퓨터가 학습하고 스스로 개선할 수 있을 것이라는 점이다. 가까운 미래에, 스마트 가상 비서는 여러분에 대해 여러분의 가장 가까운 친구와 가족이 아는 것보다 더 많이 알게 될 것이다. 여러분은 그것이 우리의 삶을 어떻게 변화시킬지 상상할 수 있는가? 왜 이런 종류의 변화는 정확히 새로운 기술들이 우리 세계에 미칠 영향을 인식하는 것이 아주 중요한가에 대한 이유이다.

① that 뒤에 목적어가 없는 불완전한 문장이 왔고, 앞에 있는 선행사 all the tasks를 수식하는 관계대명사절이므로 목적격관계대명사 that은 적절하게 쓰였다.
② 문장의 주어인 One of the key features of artificial intelligence의 동사로 단수동사 is는 적절하게 쓰였다.
③ 지시대명사 those는 의미상 computers라는 복수 명사를 대신 받아야 하므로 적절하게 쓰였다.
④ 문장의 동사인 know를 대신하는 대동사가 와야 하므로 are를 do로 고쳐야 한다.
⑤ why가 이끄는 절의 주어 자리에 가주어 it이 왔고, to recognize 이하가 진주어로 왔으므로 적절하게 쓰였다.

power 동력을 공급하다 artificial intelligence 인공 지능 consider 고려하다 perform 수행하다 mind-blowing 놀랄 만한 feature 특징 enable ~을 할 수 있게 하다 require 필요하다, 요구하다 specific 특화된 core 핵심 difference 차이 virtual 가상의 assistant 조수 imagine 상상하다 recognize 인식하다 implication 영향

5. 정답 ④

식물의 성장은 식물의 줄기와 뿌리 끝에서 발견되는 옥신이라고 불리는 호르몬 그룹에 의해 조절된다. 줄기 끝에서 생산된 옥신은 그늘진 곳에 있는 줄기의 옆면에 축적되는 경향이 있다. 따라서, 옥신은 식물의 그늘진 면에서의 성장을 ① 자극한다. 그 결과 그늘진 면은 햇빛을 마주하는 면보다 더 빨리 자란다. 이 현상은 줄기가 휘어지게 하고 빛을 ② 성장하는 것처럼 보이게 한다. 옥신은 식물의 뿌리에서는 ③ 반대의 효과를 가진다. 뿌리 끝에 있는 옥신은 성장을 억제하는 경향이 있다. 만약 하나의 뿌리가 토양 속에서 수평이라면, 옥신은 아래쪽에 축적되어 그것의 발달을 방해할 것이다. 그러므로 뿌리의 아래쪽은 위쪽보다 ④ 더 빠르게 (→ 더 느리게) 자랄 것이다. 이는 결과적으로 뿌리의 끝부분이 그 방향으로 자란 채 뿌리가 ⑤ 아래로 휘어지게 한다.

식물의 뿌리 끝에 있는 옥신은 성장을 억제하는 경향이 있다고 했으므로 뿌리의 아래쪽은 위쪽보다 성장이 느려야 한다는 흐름이 되어야 문맥상 자연스럽다. 따라서 ④ 'faster(더 빠르게)'를 'slower(더 느리게)'로 고쳐야 한다.

stem 줄기 produce 생산하다 tend to-v ~하는 경향이 있다 accumulate 축적하다 accordingly 따라서 stimulate 자극하다 face 마주하다, 직면하다 sunlight 햇빛 phenomenon 현상 bend 구부러지다 appear ~처럼 보이다 towards ~을 향하여 opposite 반대의 effect 효과 limit 제한하다 horizontal 수평의 interfere 방해하다 development 발달 in turn 결과적으로 downwards 아래쪽으로 direction 방향

21. 강조, 도치

문장에서 특정한 내용을 강조하기 위해서 아래와 같은 다양한 방법들이 사용된다.

1) 동사 강조

일반동사를 강조할 때에는 일반동사 앞에 do/dose/did를 넣어서 강조한다.

do/does+R

I **do** like the class. 나는 이 수업을 정말 좋아한다.

2) 부정어 강조

not이나 never와 같은 부정어 뒤에 다음과 같은 표현이 사용되어서 부정어를 강조할 수 있다.

부정어+at all, at bit, in the least

I **don't** like the class **at all.** 나는 이 수업이 전혀 마음에 들지 않는다.

3) It ~ that 강조구문

가장 중요한 강조구문으로 It is ~ that 사이에 주어, 목적어, 부사구(절)를 넣어서 강조하는 구문이다.

It is+강조대상(주어/목적어/부사구(절))+that+나머지 성분

Laura lost the watch at the department store. Lauren은 백화점에서 시계를 분실했다.
It was **Laura** that lost the watch at the department store. 백화점에서 시계를 분실한 사람은 바로 Lauren이었다.
It was **the watch** that Laura lost at the department store. Lauren이 백화점에서 분실했던 것은 시계였다.
It was **at the department** store that Laura lost the watch. Lauren이 시계를 분실한 것은 바로 백화점이었다.

It ~ that 강조구문 vs It ~ that 가주어-진주어 구문

① It ~ that 강조구문+**불완전문장**
② It ~ that 가주어-진주어 구문+**완전문장**

It was obvious **that the manager made a big mistake.** 매니저가 큰 실수를 한 것은 명백했다.

2. 도치

주어가 아닌 문장의 다른 성분이 문두에 오게 되는 경우, 주어와 동사는 순서를 바꾸어 도치된다.

1) 부사구 도치

장소, 방향 부사구나 There, Here이 문두에 오는 경우, 주어가 명사이고 동사가 1형식 동사일 때 도치가 일어난다. 단, 대명사가 주어일 경우 도치되지 않는다.

> 장소, 방향 부사구/There/Here+동사+**주어(명사)**
> 장소, 방향 부사구/There/Here+**주어(대명사)**+동사 [도치 ×]

On the hill stood the strange man. 언덕 위에 이상한 사람이 서 있다.
Here comes the subway. 지하철이 온다.
There he comes. 그가 온다.

1. On top of the rooftop [is/are] a luxurious penthouse.

1. is
해석 옥상층에 고급 펜트하우스가 있다.
해설 On top of the rooftop이라는 위치 부사구가 문두에 있으므로 주어와 동사가 도치된 것이다. 문장의 주어가 a luxurious penthouse로 단수명사이므로 동사 역시 단수가 되어야 한다.

2) 부정부사 도치

부정의 의미를 가지는 부사가 문두에 오는 경우, 강조하기 위한 것으로 뒤에 나오는 주어와 동사는 도치된다.
부정부사: never, little, hardly, scarcely, seldom, rarely, not only, no sooner, not until, under no circumstances 어떠한 상황에서도 ~아니다, on no account 무슨 일이 있어도 ~아니다

부정부사+동사+주어

이때 동사가 일반 동사인 경우 do, does, did를 이용해서 도치한다.
I **never** imagined that you would become a professor. 나는 네가 교수가 되리라고는 상상도 못했다.
Never did I imagine that you would become a professor. 나는 네가 교수가 되리라고 상상도 못했다.
Not only did the samples arrive two weeks late but they were also severely damaged.
샘플이 2주 늦게 도착했을 뿐만 아니라 심각하게 손상이 되었다.

1. Little [do/did] we think that three months ago that we'd be working together.

2. Under no circumstances [you should/should you] not leave here.

1. did
해석 우리가 함께 일할 것이라고 3개월 전에는 생각하지 않았다.
해설 부정부사 Little이 문두에 있으므로 주어와 동사가 도치되어야 한다. 그리고 three months ago라는 과거시간 부사구가 있으므로 시제는 과거가 되어야 한다.

2. should you

해석 어떠한 상황에서도 당신은 이곳을 떠나서는 안 된다.

해설 문두에 부정부사가 있으므로 주어와 동사가 도치되어서 should you의 어순이 되어야 한다.

3) 보어도치

주로 2형식 문장에서 be동사의 보어가 문두에 가는 경우 주어와 동사가 도치된다.

A tentative schedule is attached. 잠정적인 일정이 첨부되었다.

Attached is a tentative schedule. 잠정적인 일정이 첨부되었다.

4) so/neither 도치구문

'~ 또한 그렇다'나 '~ 또한 그렇지 않다'와 같이 동의를 나타낼 때 주어와 동사가 도치된다. 긍정문과 부정문에서 사용되는 부사가 시험에 출제된다.

긍정동의	so+동사+주어	주어+동사, too	주어 또한 ~하다
부정동의	neither+동사+주어	주어+동사, either	주어 또한 ~하지 않다
	nor+동사+주어		

He works hard and **so** does his wife. 그는 열심히 일하고 그리고 그의 아내 또한 그러하다.

He didn't call me, and **neither** did his wife. 그는 나를 부르지 않았고, 그의 아내 또한 부르지 않았다.

1. Wooden spoons are excellent toys for children, and so plastic bottles are.

1. so plastic bottle are → so are plastic bottle

해석 나무 숟가락은 아이들에게 매우 좋은 장난감이고 플라스틱 병 또한 그렇다.

해설 '~ 또한 ~하다'라는 표현으로 so를 사용하고, 그 뒤에는 주어와 동사가 도치되어야 한다.

5) only+부사(구/절) 도치

'only+부사'가 강조하기 위해서 문두에 오는 경우, 주어와 동사는 도치된다.

Only+then/recently+동사+주어
    when/after/if

Only recently have we decided to move. 우리는 최근에 이사 가기로 결정했다.

6) so+형용사/부사 도치

so ~ that 구문에서 'so+형용사/부사'가 문두에 나오는 경우, '대동사+주어'의 어순으로 도치된다.

So+형용사/부사+동사+주어+that S V	매우 ~해서 ~하다

So cold was it that the outing was cancelled. 너무 추워서 야유회는 취소되었다.

빈칸에 알맞은 것을 고르시오.

1. So [anxious/anxiously] was he end the conversation, he said abruptly 'I should return to the dissertation room.

2. So diligently [he worked/did he work] that he was rewarded by the company.

정답 및 해설

1. anxious
해석 대화를 끝내기를 그는 열망해서 그는 갑자기 말했다. "해부실로 돌아가야 해요".
해설 he was so anxious that에서 so anxious가 문두로 가서 주어와 동사가 도치된 구문이다. 따라서 was라는 불완전동사의 보어로, 형용사가 사용되어야 한다.

2. did he work
해석 그는 매우 근면하게 일해서 회사로부터 보상을 받았다.
해설 so diligently가 강조를 위해서 문두로 갔으므로 주어와 동사가 도치되어야 한다. worked는 일반동사이므로 did를 이용해서 도치하고 주어 뒤로는 동사원형을 사용한다.

7) as 양보도치구문

'as 형용사/부사 as'가 강조를 위해서 문두로 가는 경우 술어부 일부가 주어+동사 앞에 위치하는 도치가 발생한다. 그리고 앞에 사용되는 as는 탈락이 가능해서 '형용사/부사+주어+동사'의 구조가 되고, 해석은 '비록 ~일지라도'로 양보로 해석이 된다.
(As)Young as he may be, he is brave. 비록 어리지만, 그는 용감하다.
Odd as this may sound, this theft of your works was legal. 비록 이상하게 들리겠지만, 당신 작품의 도난은 합법적이다.

8) as/than+도치

'~처럼'이라는 의미의 접속사 as와 '~보다'라는 의미의 접속사 than은 뒤에 대동사가 사용되는 경우 도치가 가능하다(선택적 도치).

| as+동사+주어 | 주어가 ~한 것처럼 |
| than+동사+주어 | 주어가 ~한 것보다 |

Kevin is very tall, as is his farther. Kevin은 그의 아버지처럼 매우 키가 크다.

John arrived earlier than did his coworkers. John은 그의 동료들보다 일찍 도착했다.

'~처럼'이란 뜻으로 쓰인 접속사 as가 문두에 오더라도, 2개절의 주어가 같은 경우 도치가 일어나지 않는다.

The police department assembled to discuss crime reports, as **it does** each month.

경찰부는 매달 하는 것처럼 범죄 보고서를 토론하기 위해서 모였다.

1. 다음 중 어법상 올바른 것을 고르시오.

1. Little [did he dream/he dreamed] that he could see his hometown again.

2. It took me more than 10 years [write/to write] my first essay.

3. Only after the seminar [did they realize/they realized] the seriousness of the economic depression.

4. [Hard/Never] have they encountered any serious problems with the new safety door lock system.

5. Members of running club gathered at the entrance at 9, as [they have/have they] every week.

2. 다음 문장을 어법에 맞게 고치시오.

6. Only lately sales figures have begun to show some growth in comparison to last year's total revenue.

7. Attached are the document file you've requested.

8. Only after a consensus was taken the manager decided to forgo having his employees to mandatory overtime work.

9. Never did the Carl's attention to detail interfered with his capacity to see the whole picture when making management decisions.

10. The store will not let you return your orders for a refund and will they replace any broken items.

1. 어법상 옳은 것은?

① They didn't believe his story, and neither did I.

② The sport in that I am most interested is soccer.

③ Jamie learned from the book that World War I had broken out in 1914.

④ Two factors have made scientists difficult to determine the number of species on Earth.

2. 어법상 옳은 것은?

① The oceans contain many forms of life that has not yet been discovered.

② The rings of Saturn are so distant to be seen from Earth without a telescope.

③ The Aswan High Dam has been protected Egypt from the famines of its neighboring countries.

④ Included in this series is "The Enchanted Horse," among other famous children's stories.

3. 밑줄 친 부분 중 어법상 옳지 않은 것은?

Allium vegetables — edible bulbs ① including onions, garlic, and leeks — appear in nearly every cuisine around the globe. ② They are fundamental in classic cooking bases, such as French *mirepoix* (diced onions, celery, and carrots), Latin American *softito* (onions, garlic, and tomatoes), and Cajun *holy trinity* (onions, bell peppers and celery). ③ While we sometimes take these standbys for granted, the flavor of allium vegetables cannot be replicated. And neither their health benefits ④ can, which include protection from heart diseases and cancer.

4. 다음 글의 밑줄 친 부분 중, 어법상 틀린 것은?

The human brain, it turns out, has shrunk in mass by about 10 percent since it ① peaked in size 15, 000~30, 000 years ago. One possible reason is that many thousands of years ago humans lived in a world of dangerous predators ② where they had to have their wits about them at all times to avoid being killed. Today, we have effectively domesticated ourselves and many of the tasks of survival — from avoiding immediate death to building shelters to obtaining food — ③ has been outsourced to the wider society. We are smaller than our ancestors too, and it is a characteristic of domestic animals ④ that they are generally smaller than their wild cousins. None of this may mean we are dumber — brain size is not necessarily an indicator of human intelligence — but it may mean that our brains today are wired up differently, and perhaps more efficiently, than ⑤ those of our ancestors.

5. 다음 글의 밑줄 친 부분 중, 문맥상 낱말의 쓰임이 적절하지 않은?

Hunting can explain how humans developed reciprocal altruism and social exchange. Humans seem to be unique among primates in showing extensive reciprocal relationships that can last years, decades, or a lifetime. Meat from a large game animal comes in quantities that ① <u>exceed</u> what a single hunter and his immediate family could possibly consume. Furthermore, hunting success is highly ② <u>variable</u>; a hunter who is successful one week might fail the next. These conditions ③ <u>encourage</u> food sharing from hunting. The costs to a hunter of giving away meat he cannot eat immediately are ④ <u>high</u> because he cannot consume all the meat himself and leftovers will soon spoil. The benefits can be large, however, when those who are given his food return the generous favor later on when he has failed to get food for himself. In essence, hunters can ⑤ <u>store</u> extra meat in the bodies of their friends and neighbors.

* reciprocal altruism 상호 이타주의

** primates: 영장류

1. 다음 중 어법상 올바른 것을 고르시오.

1. did he dream

(해석)

그는 그가 다시 고향을 보게 될지는 꿈도 꾸지 않았다.

(해설)

Little이라는 부정부사가 문두에 갔으므로 주어와 동사는 도치되어야 한다.

2. to write

(해석)

나의 첫 번째 수필을 쓰는 데에는 10년 이상이 걸렸다.

(해설)

'It takes 사람 시간 to R' '~가 ~하는 데 (얼마의) 시간이 걸리다'라는 구문이므로 빈칸에는 to부정사가 사용되어야 한다.

3. did they realize

(해석)

세미나가 끝나고 나서야, 그들은 그 경기침체의 심각성을 깨닫게 되었다.

(해설)

'only+부사'가 강조를 위해서 문두에 가는 경우, 뒤에 주어와 동사는 도치된다.

4. Never

(해석)

그들은 새로운 안전 도어락 시스템에 어떠한 문제도 직면하지 않아 왔다.

(해설)

빈칸 뒤에 주어와 동사가 도치되어 있으므로 빈칸에는 부정부사가 와야 한다. Hard는 일반부사로 '열심히'라는 의미이다. hardly가 되면 가능하다.

5. they have

(해석)

달리기 클럽의 회원들은 매주 하는 것처럼 9시에 입구에서 모였다.

(해설)

'~처럼'이라는 의미를 가지는 접속사 as 뒤에는 주어와 동사가 도치되는 것이 원칙이지만, 2개절의 주어가 같은 경우에는 도치되지 않는다.

2. 다음 문장을 어법에 맞게 고치시오.

6. sales have begun → have sales begun

(해석)

최근 들어서야 매출액이 작년의 총수익과 비교해서 성장을 보이기 시작했다.

(해설)

'only+부사'가 강조를 위해서 문두에 갔으므로 주어와 동사는 도치되어야 한다.

7. are → is

(해석)

당신이 요청하신 문서 파일을 첨부했습니다.

(해설)

주격 보어인 attached가 강조를 위해서 문두로 갔으니 주어와 동사가 도치되어야 한다. 이때 문장의 주어는 the document file이라는 단수명사이므로 동사 역시 단수가 되어야 한다.

8. the manager decided → did the manager decide

(해석)

합의가 이루어지고 나서야 비로소, 그 매니저는 직원들에게 의무적인 초과근무를 시키지 않을 것으로 결정하였다.

only+부사절이 문두에 갔으므로 주어와 동사가 도치되어야 한다. 이때 일반동사는 대동사 do를 사용하는데, 시제가 과거이므로 did를 사용하고 뒤에 나오는 동사는 원형으로 바꾸어야 한다.

9. interfered → interfere

경영 결정을 할 때 Carl의 세부사항에 대한 관심이 전체 그림을 보는 그의 능력을 방해한 적이 없다.

문두에 부정부사가 있으므로 주어와 동사가 도치되는 구문이다. 대동사 did가 주어 앞에 있으므로 주어 뒤의 동사의 형태는 원형이 되어야 한다.

10. and → and neither

그 가게는 환불을 위해서 제품을 반납하게 하지 않을 것이며 고장 난 품목도 교체해 주지 않을 것이다.

and 뒤에 will they와 같이 주어와 동사가 도치되어 있고, '~ 또한 ~하지 않다'라는 의미이므로 and를 and neither 또는 nor로 바꾸어야 한다.

1. 정답 ①

(해석)

① 그들은 그의 이야기를 믿지 않았고, 나 또한 믿지 않았다.

② 내가 가장 흥미 있어 하는 운동은 축구이다.

③ 제이미는 그 책에서 1차 세계대전이 1914년에 발발했다는 사실을 배웠다.

④ 두 요인으로 인하여 과학자들은 지구상의 종들의 숫자를 결정하는 데 어려움을 겪어 왔다.

(해설)

① 부정문 뒤에 등위접속사 and로 연결된 절에서 "또한 그렇지 않다"라고 할 때 'Neither+동사+주어'로 사용한다. 이때 도치가 된다는 것에 주의해야 한다.

② '전치사+관계대명사'는 가능하지만, 관계대명사 that은 앞에 전치사를 붙일 수 없다. 따라서 in that를 in which로 수정해야 한다.

③ 1차 세계대전이 1914년에 발발했다는 것은 "역사적인 사실"로 과거시제를 사용해야 한다. 따라서 had broken을 broke로 수정해야 한다.

④ 과학자들을 어렵게(difficult) 만든다는 것은 문맥적으로 어색하며, 형용사 difficult는 사람을 주어로 쓸 수 없다. 과학자들로 하여금 지구에 존재하는 종의 수를 알아내는 것을 어렵게 했다고 하기 위해서 to부정사의 의미상의 주어로 'for+명사'를 사용하는 것이 적절하다 It ~ for ~ to부정사. 따라서 'Two factors have made it difficult for scientists to determine the number of species on Earth'로 고쳐야 한다.

2. 정답 ④

(해석)

① 해양에는 아직 발견되지 않은 수많은 형태의 생명체가 존재한다.

② 토성의 고리는 매우 뚜렷해서 지구에서도 망원경 없이 관측 가능하다.

③ 아스완 댐은 이집트를 이웃 나라들의 기근으로부터 보호해 주었다.

④ 이 시리즈에 포함된 "마법에 걸린 말"은 아이들에게 유명한 이야기이다.

(해설)

④ 보어가 문두에 위치해서 주어와 동사가 도치된 문장으로 올바른 표현이다.

① 관계대명사인 that 뒤에 동사가 있는 것을 보아 선행사와 수 일치를 시켜야 한다. 선행사는 many forms이므로 has가 have가 되어야 한다.

② 문맥상 너무 멀어서 볼 수 없다가 되어야 하므로 too ~ to로 써야 한다. 따라서 so가 to가 되어야 한다.

③ has been protected 뒤에 목적어도 있고, 문맥상 댐이 이집트를 보호하는 것이 되어야 하므로 능동형인 has protected가 되어야 한다.

3. 정답 ④

(해석)

양파, 마늘, 리크를 포함한 식용구근인 파속 식물은 전 세계적으로 거의 대부분의 요리에서 등장한다. 파속 식물은 프랑스의 미르포아(사각으로 썬 양파, 셀러리, 당근), 라틴 아메리카의 소프리또(양파, 마늘, 토마토), 케이준 삼위 일체(양파, 피망, 셀러리)와 같은 고전적인 요리의 기본에서 필수적이다. 우리는 때때로 언제나 이용 가능한 파속 식물들을 당연한 것으로 받아들이지만. 파속 식물의 맛은 모방될 수 없다. 또 심장병과 암으로부터의 보호 효능이 포함되어 있는 그것들의 건강상의 이익들도 모방될 수 없다.

(해설)

④ '또한 아니다'는 'neither+조동사+주어'의 표현을 사용한다. ④의 경우 도치가 되어 있지 않으므로 적합하지 않다.

① including은 '포함하는, 포함하여'라는 전치사이다. 여러 가지를 '열거, 나열'할 때 including, such as, like 등을 사용한다. including 다음에 명사들(onions, garlic, and leeks)이 위치하고 있기 때문에 included를 사용할

수 없다.

② They는 대명사로 앞에 있는 Allium vegetables를 받는 것으로 문제가 없다.

③ while은 '~이긴 하지만'이라고 해석하며, 접속사로 뒤에 '주어+동사'가 위치한다. 접속사인 while은 뒤의 구조도 맞고, 의미상도 맞는 표현이다(접속사는 구조와 의미를 둘 다 확인해야 한다).

(어휘)

allium 파속 식물 bulb 전구, 구근 dice 깍둑 썰기를 하다 fundamental 근본적인 leek 리크(부추같이 생긴 채소) replicate 복제하다 take A for granted A를 당연시하다

4. 정답 ③

(해석)

인간의 뇌는 15,000년에서 30,000년 전 크기가 정점에 도달한 이후로 부피가 약 10%만큼 줄어들었다는 것이 밝혀졌다. 한 가지 가능한 이유는 수천 년 전에 인간은 죽임을 당하는 것을 피하기 위해 항상 그들(위험한 포식자)에 대한 그들의 기지를 발휘했어야 하는 위험한 포식자 세계에서 살았다는 것이다. 오늘날, 우리는 우리 자신을 효율적으로 길들여 왔고 생존의 많은 과업이 — 즉각적인 죽음을 피하는 것부터 은신처를 짓고 음식을 얻어 내는 일까지 — 더 넓은 사회로 위탁되어 왔다. 우리는 우리의 조상보다 더 작기도 한데, 가축이 그들의 야생 사촌보다 일반적으로 더 작다는 것은 가축의 한 특징이다. 이것의 어떤 것도 우리가 더 어리석다는 것을 의미하지는 않지만 — 뇌 크기가 반드시 인간 지능의 지표는 아니다 — 그것은 오늘날 우리의 뇌가 다르게, 그리고 우리 조상들의 그것들보다 아마도 더 효율적으로 타고났다는 것을 의미할지도 모른다.

(해설)

① 명백히 과거를 나타내는 부사구 '15,000~30,000 years ago'로 보아 since 절의 시제는 과거가 되어야 하므로 peaked는 적절하게 쓰였다.

② where 뒤에 완전한 절이 왔고, 앞에 있는 선행사 'a world of dangerous predators'를 수식해야 하므로 관계부사 where는 적절하게 쓰였다.

③ and 이후의 문장에서 주어는 'many of the tasks of survival'이므로 단수 동사 has를 복수 동사 have로 고쳐 써야 한다.

④ that 뒤에 완전한 절이 왔고, it이 가주어이므로 진주어를 이끌어 오는 접속사 that은 적절하게 쓰였다.

⑤ 비교급 문장으로 brains를 받는 대명사 those는 적절하게 쓰였다.

(어휘)

turn out 밝혀지다 shrink 줄어들다 mass 부피 possible 가능한 domesticate 길들이다 immediate 즉각적인 shelter 은신처 obtain 얻다 outsource 외부에 위탁하다 ancestor 조상 characteristic 특징 dumber 바보 necessarily 반드시 indicator 지표 intelligence 지능

5. 정답 ④

(해석)

사냥은 인간이 어떻게 '상호 이타주의'와 '사회적인 교류'를 발전시켰는지를 설명할 수 있다. 인간은 영장류 중에서 몇 년, 수십 년, 혹은 평생 지속될 수 있는 광범위한 상호 관계를 보여 준다는 점에서 특별한 것 같다. 큰 사냥감 고기는 한 명의 사냥꾼과 그의 직계가족이 소비할 수 있을 만한 양을 ① 초과한다. 게다가, 사냥의 성공은 매우 ② 가변적이다. 한 주에는 성공한 사냥꾼이 다음 주에는 실패할 수도 있다. 이런 조건들은 사냥으로 인한 음식 공유를 ③ 장려한다. 사냥꾼이 당장 먹을 수 없는 고기를 나눠 주는 데 드는 비용은 혼자서 고기를 전부 먹을 수 없고 남은 고기는 곧 상하게 되기 때문에 ④ 높게 → 적게 든다. 하지만 그 사람이 나중에 스스로 음식을 얻지 못했을 때, 그 사람의 음식을 받은 사람들이 관대한 호의에 보답할 때 그 혜택은 클 수 있다. 본질적으로 사냥꾼들은 그들의 친구와 이웃의 몸에 여분의 고기를 ⑤ 저장할 수 있다.

(해설)

한 명의 사냥꾼이 사냥감 고기를 소비하기에는 양이 많아서 다 소비할 수가 없고 남은 고기는 곧 상할 수 있기 때문에 남은 고기를 다른 사람들에게 나누어 주는 것이 비용 측면에서는 효율적이다. 따라서 문맥상 고기를 나눠 주는 데 드는 비용은 적게 든다는 것이 자연스러우므

로 ④ 'high(높은)'를 'low(낮은)' 등으로 고쳐야 한다.

extensive 광범위한 relationship 관계 exceed 초과하다
immediate family 직계가족 variable 가변적인 leftover
남은 음식 in essence 본질적으로

손태진
문법 원리

ⓒ 손태진, 2026

초판 1쇄 발행 2026년 3월 12일

지은이　손태진
펴낸이　이기봉
편집　좋은땅 편집팀
펴낸곳　도서출판 좋은땅
주소　서울특별시 마포구 양화로12길 26 지월드빌딩 (서교동 395-7)
전화　02)374-8616~7
팩스　02)374-8614
이메일　gworldbook@naver.com
홈페이지　www.g-world.co.kr

ISBN　979-11-388-5595-2 (53740)

- 가격은 뒤표지에 있습니다.
- 이 책은 저작권법에 의하여 보호를 받는 저작물이므로 무단 전재와 복제를 금합니다.
- 파본은 구입하신 서점에서 교환해 드립니다.